HEINRICH HEINE

CONFESSIO JUDAICA

Eine Auswahl aus seinen
Dichtungen, Schriften und Briefen

Heruasgegeben von
Dr. Hugo Bieber

mit einem Vorwort von
Yigal Lossin

Melzer Verlag

Satz und Layout des Vorworts: Publikations Atelier, Dreieich
Einbandgestaltung: Entwurf: Abraham Melzer
Ausführung: Publikations Atelier

Druck und Bindung: Ma Tisk, Slowenien

ISBN 3-937389-97-0

Printed in Slovenia

Internet: www.melzerverlag.de

HEINRICH HEINE: CONFESSIO JUDAICA
Vorwort von Yigal Lossin

Die erste Auflage von *Heinrich Heine: Confessio Judaica* erschien 1925 in Berlin. Der Herausgeber Dr. Hugo Bieber (1883 – 1950) war Kulturhistoriker und Redakteur im Volksverband der Bücherfreunde. Im Jahre 1928 veröffentlichte er sein Werk „Kampf um die Tradition“, eine Geschichte der literarischen und intellektuellen Bewegungen im neunzehnten Jahrhundert. Nach Hitlers Machtergreifung im Jahr 1933 emigrierte er in die USA, dort brachte er unter anderem eine Faksimile-Ausgabe der *Confessio Judaica* heraus. Als Klappentext dieses Buches, das *Heinrich Heine. Jüdisches Manifest* genannt wurde, konnte man lesen: This anthology, with its excellent annotations, will come as a great surprise even to those who have read and reread Heine's writing many times.

Die Überraschung ist in der Tat sehr groß, insbesondere für die Leser, die Heine hauptsächlich aus seinen Gedichten kennen und weniger aus seiner Prosa oder seinen privaten Briefen und Gesprächen, wie sie von seinen Freunden und Bekannten aufgeschrieben wurden.

Ich erinnere mich, dass mich der Bibliothekar erstaunt ansah, als ich das Buch in der Jerusalemer National-Bibliothek auslieh: „Heine? Was hast du denn mit diesem Burschen zu tun?“ Ich antwortete irgendetwas, und er, Absolvent eine orthodoxen Talmudschule, sagte: „Heine? Der, der zum Christentum konvertiert ist und der sagte, dass der 'Rabbi stinkt'?“ Amüsiert kehrte ich nach Hause zurück und zeigte das Buch meiner Schwiegermutter, einer orthodoxen Frau, deren Vater viele Jahre Rabbiner in Nürnberg gewesen war. Sie kannte natürlich Heines Gedichte, denn in den orthodoxen Familien in Deutschland bemühte man sich, ein möglichst modernes Leben zu führen und den Kindern eine breite Allgemeinbildung zu vermitteln. Es stellte sich heraus, dass auch für sie der Inhalt der *Confessio Judaica* eine wunderbare Entdeckung war. Ich fragte sie: „Wie viele Punkte auf einer Skala von 1 bis 100 gibst Du Heines „Judentum“?“ „200 Punkte!“ sagte sie lächelnd. Ich fragte provozierend: „Obwohl er konvertiert ist und obwohl er unhöflich über Rabbiner gesprochen hat?“ „Ja, absolut“, sagte sie, ohne zu zögern. Und tatsächlich, die Trennung von „jüdischen“ Stellen, wie es Bieber tat, und ihre anschließende Zusammenführung, ruft eine einmalige literarische Überraschung hervor, die die Augen des Lesers so sehr blendet, dass ihm möglicherweise die Relationen verloren gehen.

II

Die Wahrheit ist, dass Heines Genius sich über die ganze Welt ausdehnt, und das Judentum – so sehr es auch für ihn von Bedeutung war – nur *eine* Welt der vielen, für ihn relevanten Welten darstellt. Man kann sein Deutschtum, sein Hellenentum oder seine Verbindung zu Frankreich unabhängig voneinander beurteilen, ebenso wie seinen Platz in der Geschichte des Liberalismus, Sozialismus und Kommunismus. Es ist zudem möglich, seinen Weg vom Hegelschen Atheismus über die Verehrung der griechischen Götzendienerei zurück zum Gott der Bibel zu verfolgen.

Heine (1797 – 1856) war der Sohn jüdischer Eltern, konvertierte zum Protestantismus und heiratete eine französische Verkäuferin nach katholischem Ritus. Er war als Dichter, Satiriker, Journalist, Philosoph und Gesellschaftskritiker ein vielseitiger Schriftsteller ohnegleichen. Weder Menschliches noch Jüdisches war ihm fremd. Er schrieb über die Philosophie Spinozas und Kants, zeigte Interesse an der Geschichte von Dämonen und Elementargeistern, lobte Shakespeare, kritisierte Goethe und verleumdete Victor Hugo. Er beschrieb ein Konzert von Paganini, verfasste ein Szenario zu einem Ballett über „Doktor Faust", machte die nichtjüdische Welt mit Jehuda Halevi bekannt, den bedeutendsten Dichter des Goldenen Zeitalters der spanischen Juden. Richard Wagner vertonte „Die Grenadiere", legte Heines Bearbeitung der „Fabel vom fliegenden Holländer" seiner Opern-Version des Stoffs zu Grunde, und Spuren des Tannhäuserliedes finden sich in seiner Oper mit dem gleichnamigen Helden. Heine schrieb Gedichte über Boabdil, den letzten maurischen König von Granada, über Maria Antoinette, die französischen Königin, der man den Kopf abgeschlagen hat, und über den weißen Elefanten des Königs von Siam. Ganz Deutschland sang seine Gedichte wie beispielsweise „Im wunderschönen Monat Mai", oder „Du bist wie eine Blume" und natürlich die „Loreley".

Heine war ein scharfsinniger Beobachter der politischen Bühne Europas, mit einer genialen Begabung, die feinsten Strömungen der Geschichte zu entdecken. Er verkündete vor Nietzsche „Gott ist tot" [113] und prophezeite lange vor Marx die kommunistische Revolution. Er sah auch die Geburt des Nazismus aus dem Geist der Romantik voraus, ebenso wie die Shoa, die der Nazismus über die Juden brachte.

Confessio Judaica erschien 1925, in dem Jahr, in dem in Deutschland Adolf Hitlers „Mein Kampf" erschien.

Nachdem wir all diese Punkte erwähnt und viele Aspekte unberücksichtigt gelassen haben, müssen wir feststellen, dass Heine an erster Stelle Dichter war. Man kann sagen, dass sein Ruhm „[a]uf Flügeln des Gesanges" verbreitet wurde, eine Formulierung, die er selbst in einem seiner berühmtesten Gedichte verwendet hat. „Den höchsten Begriff vom Lyriker hat mir Heinrich Heine gegeben.“, schrieb Nietzsche, „Ich suche umsonst in allen Reichen der Jahrtausende nach einer gleich süssen und leidenschaftlichen Musik.“ Seine gewaltige Popularität resultierte insbesondere aus seinen bitter-süßen Liebesgedichten, von denen viele durch Schubert, Mendelssohn, Schumann, Liszt, Brahms und sogar den jungen Richard Wagner vertont wurden. Das „Buch der Lieder“ nimmt unter den Bestsellern deutscher Dichtung den ersten Platz ein und stellt die am häufigsten übersetzte und vertonte Gedichtsammlung dar. Allein diese Gedichtsammlung wurde bis zum Jahr 1994 4579 Mal vertont, während Heines gesamte Dichtung etwa zehntausend Mal vertont wurde; das ist (nach der Bibel) eine Rekordzahl in der Literaturgeschichte. Übrigens zog es Heine vor, nicht als Dichter von Liebesgedichten, sondern als engagierter Dichter in Erinnerung behalten zu werden. Sein Zyklus „Die Nordsee“ beginnt mit folgenden Versen:

Ihr Lieder! Ihr meine guten Lieder!
Auf, auf! und wappnet Euch!

In einer besonders berühmten Stelle aus der *Reise von München nach Genua* bittet er darum, dass man keine Kränze auf seinen Sarg legen solle, da er seinem Ruhm als Dichter keine Bedeutung beimesse. *„Aber ein Schwert sollt Ihr mir auf den Sarg legen;“, schrieb er, „ denn ich war ein braver Soldat im Befreyungskriege der Menschheit“.*

Heine war ein außerordentlich mutiger Soldat. Er sandte vergiftete Pfeile gegen Könige und Prinzen, gegen die Kirche, gegen die Kräfte der Reaktion. Es war der Krieg eines Einzelnen, denn keine Armee oder Regierung stand hinter ihm; noch nicht einmal eine Partei. Es bedurfte eines ungewöhnlichen Mutes, um als Einzelner gegen diese gewaltigen Kräfte in den Krieg zu ziehen.

Für diesen Krieg hat er teuer bezahlt: Die preußische Regierung hat seine Bücher zum Teil verboten und erließ Haftbefehle gegen ihn. Fast die Hälfte seines Lebens musste er als politischer Flüchtling in Frankreich verbringen, und selbst dort ist er ständig von österreichischen Spionen und von preußischen Geheimagenten beobachtet worden. Er stand auf der Liste der Pariser Polizei, und sollte auch von dort vertrieben werden. Seine Bücher wurden auf den „Index“ der katholischen Kirche gesetzt, wo er sich in Gesellschaft von Spinoza, Kant, Casanova, dem Marquis de Sade und vielen anderen fand. Nach seinem Tod führten wichtige deutsche Professoren eine Schlacht mit dem Ziel zu beweisen, dass Heine ein Abenteurer und Betrüger gewesen sei, der den Himmel entweiht und der Heimat die Zunge herausgestreckt habe, und der deshalb ungeeignet sei, als deutscher Dichter anerkannt zu werden. Zwar konnten sie alle Pläne, in deutschen Städten ein Heine-Denkmal zu errichten, verhindern, aber sie hatten nicht die Macht, die Druckerpressen aufzuhalten, die unzählige Auflagen von Heines Werk ununterbrochen druckten. Der Zauber, der von seinen Gedichten ausging, war stärker als alle Vorurteile. Die Deutschen haben ihn gehasst *und* geliebt; sie verleumdeten seine Gedichte und sangen sie dennoch mit Begeisterung - eine außergewöhnliche Geschichte von Hass und Liebe.

Heine weckte den Widerstand der Deutschen wegen seiner scharfen, zügellosen Zunge und wegen der von ihm verursachten Skandale. Furchtlos warnte er die Welt vor dem preußischen König, schrieb Spottgedichte auf den bayerischen König („das sanglanteste, was ich je geschrieben") und schlug vor, den Adel an die Straßenlaternen zu hängen. Metternich, der Führer des Zeitalters der postnapoleonischen Reaktion, befahl, seine Bücher zu zensieren, verbot ihren Druck sowie ihre Verbreitung und sorgte dafür, dass an jeder Grenzstation ein Haftbefehl für den Dichter vorlag. Neben seinem Bett lag jedoch ein Exemplar vom „Buch der Lieder". Im Juli 1855 schrieb Heine, dass er erfahren habe, dass Metternich bei der Lektüre seiner Gedichte Tränen vergossen habe.

Bismarck, der eiserne Kanzler, der Deutschland vereint hat, ein Vorgang, vor dem Heine gewarnt hatte, da er in ihm eine Gefahr für den Weltfrieden sah, sagte, dass man den Namen Heine nur in einem Atemzug mit Goethe erwähnen dürfe. Elisabeth („Sissi"), die österreichische Kaiserin und ungarische Königin, verehrte Heine so sehr, dass sie ihm zur Ehre zwei Denkmäler zu seinem Gedenken errichtete.

Heine war in seiner Seele ein Oppositioneller, lehnte Konventionen ab und zerschmetterte Götzen. Obwohl der Drang zur Polemik die stärkste Antriebskraft in seinem Leben war, kann man ihn nicht als einen Nihilisten bezeichnen, da er von seiner Jugend an für die fortschrittlichsten Werte der Menschheit gekämpfte hatte. Als er sah, dass von den Idealen der französischen Revolution - Freiheit, Gleichheit, Brüderlichkeit – nur die Mitglieder der hohen Stände profitieren, forderte er, diese Ideale auch den unteren Gesellschaftsschichten zu Teil werden zu lassen. Im Krieg zwischen den Hungrigen und Satten stand er immer auf der Seite der Hungrigen, griff ununterbrochen die Macht des Kapitals an und stellte die „große Suppenfrage". In den dreißiger Jahren schrieb er seine Werke im Geiste des Sozialismus von Saint-Simon, in den vierziger Jahren kooperierte er mit Karl Marx, der, wie er selbst, Flüchtling in Paris war. Als August Bebel das Parteiprogramm der Sozialdemokraten während der feierlichen Eröffnung des neuen Reichstags im Jahre 1871 vorstellte, zitierte er einige Zeilen aus „Deutschland ein Wintermärchen", in dem die Vision eines neuen Zeitalters von Schönheit, Glück, Wohlstand und Gerechtigkeit entworfen wird:

Wir wollen auf Erden glücklich seyn,
Und wollen nicht mehr darben;
Verschlemmen soll nicht der faule Bauch
Was fleißige Hände erwarben.

Der Saint-Simonismus, mit dem Heine in Paris in Kontakt kam, rief dazu auf, die Menschheit nicht nur von politischer Versklavung und gesellschaftlichem Unrecht zu befreien, sondern auch von religiöser Unterdrückung. Mit der saint-simonistischen Forderung der „Emanzipation des Fleisches“ griff Heine den jüdisch-christlichen Spiritualismus an. Zu jenem Zeitpunkt schrieb er seine gewagtesten erotischen Gedichte. Nach Meinung des Literaturhistorikers Georg Brandes „there can be little doubt that nothing has been more injurious to Heine's general reputation than his indiscreet loquacity on sexual subjects".

Die Gedichte, die über gelegentliche Liebschaften geschrieben wurden, sind aus heutiger Perspektive ungewöhnlich naiv, wurden jedoch zu der damaligen Zeit als sehr gewagt und unmoralisch eingestuft. Ihre Gefahr für die gesellschaftliche Ordnung wurde mit der von den Reden der politischen Verschwörer ausgehenden Gefahr verglichen. Schriftsteller wurden wegen viel gemäßigterer Sätze ins Gefängnis geworfen. Heine jedoch sah in der sexuellen Befreiung einen wichtigen Pfeiler in seinem Kampf für die Befreiung der Menschheit.

So wurde Heine zwar zu einer *persona non grata* in seinem Vaterland, jedoch nicht in der übrigen Welt. Nietzsche sagte über ihn, dass er ein „europäisches Ereignis“ sei, das heißt, eine Persönlichkeit, deren Bedeutung die Grenzen der nationalen deutschen Kultur sprengt. Die Verbindung von romantischem Dichter und Freiheitskämpfer brachte die Franzosen, in deren Mitte er seine letzten 25 Jahre verbracht hat, dazu, ihn „Voltaire au Claire de Lune“ zu nennen. Im angelsächsischen Sprachraum wurde er, nach Goethe, am meisten verehrt. Matthew Arnold, der große viktorianische Kritiker, schrieb: „Heine had all the culture of Germany; in his head fermented all of the ideas of modern Europe.“

Der Gedanke, dass ein zügelloser, profranzösischer Dichter – und dazu noch jüdischer Abstammung – der deutschen Literatur Ruhm und Ehre verschafft, rief in seinem Land viel Feindschaft und Frustration hervor.

Richard Wagner nannte Heine einen Lügen-Dichter; nach Heinrich von Treitschke hat mit ihm der Einfall der Juden in die deutsche Literatur begonnen, der „Stürmer" nannte ihn das „jüdische Schwein aus Montmartre" und Goebbels befahl, seine Bücher ins Feuer zu werfen.

Jedoch bekämpften nicht nur grobe und ungebildete Antisemiten Heine, sondern auch schöngeistige Intellektuelle nahmen an seiner Dichtung Anstoß. Karl Kraus, der zornige Kritiker und Satiriker aus Wien, verglich seine Gedichte mit banaler Operettenlyrik. „Heine", so schrieb er, „hat der deutschen Sprache so sehr das Mieder gelockert, das heute alle Kommis an ihren Brüsten fingern können." Dieser Angriff hinterließ einen gewaltigen Eindruck: In Kraus` Nachfolge standen nacheinander Kritiker auf, die diese reine, klar verständliche und vergnügliche Dichtung gering schätzten und auch ihre Popularität als Fehler betrachteten. Im Dritten Reich wurde der Jude Heine vollkommen boykottiert; nach dem Krieg war das Verhältnis der Deutschen zu ihm gespalten. In der früheren DDR erlangte der Dichter als Freund von Karl Marx Heldenruhm, in Westdeutschland wurde er hingegen etwas langsamer rehabilitiert, da man sich an seine zuweilen beleidigende und verletzende Kritik an den Vorfahren erinnerte. Man konnte ihm nur schwer verzeihen, dass er die Deutschen wegen ihrer politischen Gleichgültigkeit, ihres Gehorsams und ihrer Bereitschaft, jedem gewissenlosen Herrscher zu dienen, beschuldigt hatte. Heine hat die Deutschen übrigens nicht kollektiv beschuldigt. Er betrachtete das deutsche Volk als ein gespaltenes Volk und lobte „die bessere[…] und schönere[….] Hälfte des deutschen Volkes […], die keine Waffen trägt […]."

Es wäre demnach ein Fehler, Heine auf das „Judentum" zu reduzieren, aber ein noch größerer Fehler wäre es, diese Komponente zu ignorieren.

HEINES JÜDISCHE IDENTITÄT

Die 274 Seiten von der *Confessio Judaica* bezeugen, wie wichtig und zugleich wie kompliziert Heines jüdische Identität war. Hugo Bieber hat nicht nur lobende Stellen zusammengestellt, sondern auch kritische und satirische Sticheleien. Er hat es den Lesern, die die jüdische Identität des Dichters entschlüsseln wollen, nicht leicht gemacht.

Die erste Schwierigkeit liegt in Heines Konversion im Juni 1825, die zu einem Zeitpunkt vollzogen wurde, als er sich am meisten mit dem Judentum identifizierte. Der Autor schrieb damals seine Erzählung „Der Rabbi von Bacherach“, [32-60] die er „mit unsäglicher Liebe“ [28] in seiner Brust getragen hat, und als eine „ewige Lampe im Dome Gottes“ bezeichnete. In dieser Zeit hat er auch ein gefühlvolles Klagelied verfasst, über die Juden, die sich um der Heiligkeit des Namens willen töten lassen. [29] Es wundert deshalb nicht, dass seine Taufe, zu der er sich nicht entschieden hätte, wenn „die Gesetze das Stehlen silberner Löffel erlaubt hätten“, [64] in ihm Zorn, Scham und Reue hervorgerufen haben.

Und du bist zu Kreuz gekrochen,
Zu dem Kreuz das du verachtest
Das du noch vor wenig Wochen
In den Staub zu treten dachtest!

In seinen privaten Briefen und Gesprächen verspottete er die „Meschumodim“ (Abtrünnige, Konvertierte) und sah in ihnen Verräter und Fahnenflüchtige, aber in für die Publikation bestimmten Texten äußerte er sich nach seiner Konversion sehr kritisch über das Judentum. In den „Bädern von Lucca“ schreibt der Autor beispielsweise, dass das Judentum keine Religion, sondern ein „Unglück“ [83] sei, und in der „Stadt Lucca“ ist zu lesen, dass das Judentum, die Mutterreligion des Christentums, der Welt „[...] de[n] Glaubenszwang, und all jene heiligen Greul, die dem Menschengeschlechte so viel Blut und Thränen gekostet“ beschert habe. [90]

Das antireligiöse Werk „Die Stadt Lucca“ verfasste Heine paradoxerweise gerade zu dem Zeitpunkt, als er die Bibel entdeckte. „Welch ein Buch!“ schrieb er begeistert, „Sonnenaufgang und Sonnenuntergang, Verheißungund Erfüllung, Geburt und Tod, das ganze Drama der Menschheit, Alles ist in diesem Buche ...Es ist das Buch der Bücher, Biblia.“ [91]

Die Bibel hat ihn verzaubert, wenn auch nicht in einem religiösen Sinn. „Dies Buch“, schrieb er, „ist [das] Vaterland [der Juden], ihr Besitz, ihr Herrscher, ihr Glück und ihr Unglück. Sie leben in den umfriedeten Marken dieses Buches, hier üben sie ihr unveräußerliches Bürgerrecht, hier kann man sie nicht verjagen, nicht verachten, hier sind sie stark und bewunderungswürdig.“ [92] Die Bibel, insbesondere das Alte Testament, war nicht nur sein Lieblingsbuch, sondern auch eine der Hauptquellen seiner lyrischen Inspiration. Sein Werk ist voller biblischer Motive, Metaphern und Symbole. In „Ludwig Börne. Eine Denkschrift“ (1840) erwähnt er die Zerstörung Jerusalems fünf Mal (in dieser Anthologie auf den Seiten [91,140,146]. Auch findet sich in der „Denkschrift“ eine der schönsten Textstellen, die jemals über den jüdischen Messias geschrieben wurden. [146-147]

Alle diese Äußerungen finden sich in einem Buch, in dem er schreibt: „alle Menschen sind entweder Juden oder Hellenen " [138] und gesteht, ein „heimlicher Hellene" [91] zu sein. In der „Denkschrift" verschmelzen die als „sinnverwandte Worte" geltenden Begriffe ‚Juden' und ‚Christen' zu einer Einheit und werden den Hellenen, die für Heine „kein bestimmtes Volk, sondern eine sowohl angeborene als angebildete Geistesrichtung und Anschauungsweise" darstellen, antithetisch gegenübergestellt. Der „übergeistige Judäismus" sei dem „dürren Boden Judäas" entsprungen, die „hellenische Heiterkeit" dem „dem blühenden Griechenland". Später sollte sich Nietzsche diese Auffassung als Ausgangspunkt für seinen Angriff auf das Christentum aneignen. Heine war ihm voraus, als er die Frage stellte, „ob der trübsinnige, magere, sinnenfeindliche, übergeistige Judäismus der Nazarener, oder ob hellenische Heiterkeit, Schönheitsliebe und blühende Lebenslust in der Welt herrschen solle?" [115-116]

Im Jahr 1840, als die „Börne-Denkschrift" erschien, veröffentlichte Heine seine Erzählung „Der Rabbi von Bacherach", an der er fünfzehn Jahre lang nicht gearbeitet hatte. Die Forscher entdeckten auch hier Gegensätze und scheinbare Widersprüche. Im zweiten Kapitel, zum Beispiel, lobt er die Thora als das Buch, „das Gott mit heilig eigner Hand geschrieben", und im dritten Kapitel stellt er dem orthodoxen Rabbi einen getauften Juden gegenüber, der verkündet, dass der Religion Israels „die rechte Sauçe" fehle und der deshalb den götzendienerischen Kult der Astarte vorzieht. [135] Hinter den Äußerungen Don Isaak Abarbanels verbirgt sich das eigene sensualistische Bekenntnis des Autors.

Einige Forscher stellten einen eklatanten Widerspruch fest zwischen Heines Verehrung der Bibel einerseits und seiner Kritik an der jüdischen Religion andererseits. Ihrer Meinung nach hinderte ihn seine Feindseligkeit gegenüber der Religion an der Bildung einer jüdischen Identität.

Mehr noch, wer in *Confessio Judaica* die Stellen liest, die in Heines Lyrik, seiner Prosa oder in seinen journalistischen Arbeiten für ein breites Publikum gedacht waren, wird von seinem Drang beeindruckt sein, fast zwanghaft über Juden und Judentum zu schreiben, aber auch von seinen Bemühungen, über sie in der dritten Person als ein außenstehender Beobachter zu schreiben. Wer seine Biographie nicht kennt, kann seine jüdische Herkunft aus diesen Stellen nicht herauslesen. Er schrieb oft „wir Deutsche", jedoch niemals „wir Juden". In einem seiner Gedichte aus der „Heimkehr" verkündete er „Ich bin ein deutscher Dichter" und in den „Geständnissen", in denen er sich mit seinen „College[n] Wolfgang Goethe" verglich, prahlte er, dass er selbst „ein großer lyrischer Dichter […] in Deutschland [sei], unter dem Volke, das in zwey Dingen, in der Philosophie und im Liede, alle anderen Nazionen überflügelt hat."

Im Pariser Exil präsentierte er sich als Deutscher. Nur vor seiner Frau, einer einfachen Französin, die seine Gedichte selbst in der französischen Übersetzung nicht lesen konnte, gelang es ihm, die Wahrheit über seine Herkunft zu verbergen, nicht aber vor seinen anderen Pariser Bekannten. In dem Roman „Illusions Perdues" beschreibt Balzac vier Juden: Rothschild, Meyerbeer, Heine und die Schauspielerin Rahel. Hans Christian Andersen, der sich mit dem Dichter im Juli 1833 traf, beschrieb ihn z. B. als „einen kleinen Mann mit jüdischem Aussehen". Durch bittere Erfahrungen lernte Heine, dass das Judentum jeden einholt, der sich von ihm zu entfernen versucht. Nicht ohne Grund beschrieb er das Judentum als das „dunkle Weh, das sich vererbt vom Vater" und als eine „unheilbar große [165-166] Brüderkrankheit".

Heine war eine Quelle des Verdrusses für Juden, denen der entsprechende Humor fehlte, um mit seinen Sticheleien gegenüber Deutschen und Juden fertig zu werden. Einer seiner größten Feinde war Gabriel Rießer, einer der bekanntesten Vorkämpfer für die Emanzipation der Juden, der in ihm einen konvertierten Verräter sah, der den Hass der Deutschen gegen die Juden nur verstärkte. Er wollte er sich sogar mit dem Dichter duellieren.

Heine seinerseits erklärte, dass er kein „Enthousiast für die jüdische Religion sey. Daß ich für die Rechte der Juden und ihre bürgerliche Gleichstellung enthousiastisch sein werde das gestehe ich [17]." Diese Absicht setzte er während der Ritualmordanklage von Damaskus (1840) um, als er seine ganze polemische Begabung dafür einsetzte, die Unschuldigen zu retten und den guten Ruf des Judentums zu verteidigen. [148-157] Da er mit scharfen Worten die zynische Unterstützung der Affäre durch die französische Regierung verurteilt hatte, gefährdete er sein politisches Asyl, das ihm die Französische Regierung gewährt hatte.

Heine betrachtete die Zukunft der europäischen Juden mit großem Pessimismus. Im Jahre 1838, genau hundert Jahre vor der Kristallnacht, prophezeite er ihnen „[13] ein Verfolgungsgewitter, das ihre früheren Erduldungen noch weit überbieten wird …" [130] Diese schreckliche Prophezeiung steht im absoluten Gegensatz zum Geist der damaligen Zeit. Das neunzehnte Jahrhundert war das Jahrhundert der Optimisten, des Glaubens an den Fortschritt, der Ansicht, dass die Geschichte vorwärts schreitet, zur Freiheit, Gleichheit und Brüderlichkeit der Völker. Heine sah als einziger seiner Generation den Holocaust voraus.

Heine kämpfte ununterbrochen gegen die Gegner der Juden. In diesem Zusammenhang hat er auch Shylock rehabilitiert, eine Symbolfigur in der Geschichte des Antisemitismus. In einer glänzenden Analyse zeigte er, dass Shylock nicht der Schurke, sondern das Opfer ist, und dass seine Beweggründe in der Affäre um das Pfund „Herzfleisch“ nicht Geld, sondern Selbstachtung waren. [118-131] Trotz alledem benutzt Heine antisemitische Stereotypen wie die jüdischen „Langnasen“, [80, 117] den jüdischen Hausierer und sogar den jüdischen „Knoblauchgeruch“. [249, 12] So legte er zum Beispiel Ludwig Börne die erstaunliche Äußerung in den Mund: „Widerwärtiger war mir noch der Anblick von schmutzigen Bartjuden, die aus ihren polnischen Kloaken kamen, von der Bekehrungsgesellschaft in Berlin für den Himmel angeworben wurden, und in ihrem mundfaulen Dialekte das Christenthum predigten und so entsetzlich dabey stanken.“ [143]

Heine war von seiner Jugend an kränklich, litt an Kopfschmerzen und angespannten Nerven, Augenkrankheiten und schleichender Lähmung. Im Mai 1848 ist er zusammengebrochen, diesmal ohne die Möglichkeit wieder aufzustehen, und seitdem war er bis zu seinem Tode an sein Krankenbett, das er „Matratzengruft“ nannte, gebunden.

Im Nachwort zum „Romanzero“ (1851) behauptete er, dass der Zusammenbruch im Louvre stattgefunden habe, zu Füßen der *Venus von Milo*, und diese ihn mitleidig betrachtet habe, „als wollte sie sagen: siehst du denn nicht, daß ich keine Arme habe und also nicht helfen kann?“ Mit diesen Sätzen verlieh er der Revolution, die in seinem Leben stattgefunden hatte, Ausdruck: Sein Abschied vom Hellenismus, von der Philosophie des Hedonismus, und seine Rückkehr zum Gott der Bibel, dessen Tod er dreizehn Jahre zuvor verkündet hatte.

Am 3. Dezember 1848 diktierte er einen Brief an seinen Bruder Max.

„In meinen schlaflosen Marternächten verfaße ich sehr schöne Gebete, die ich aber doch nicht niederschreiben laße und die alle an einen sehr bestimmten Gott, nemlich an den Gott unserer Väter gerichtet sind.“ [184]

In seinen Marternächten dachte er an die Odyssee seines Lebens: Ein romantischer Dichter, der sein Ziel darin sah, die romantische Schule zu begraben; Mentor der liberalen Bewegung des „Jungen Deutschland“, der zudem an den Sozialismus Saint-Simons glaubte, mit Karl Marx kooperierte, und nachdem er sich über einen langen Zeitraum hinweg zum Hellenismus und zum Weltbürgertum bekannt hatte, schloss er den Kreis mit der stolzen Erklärung, dass seine „Ahnen dem edlen Hause Israel angehörten, daß er ein Abkömmling jener Märtyrer, die der Welt einen Gott und eine Moral gegeben, und auf allen Schlachtfeldern des Gedankens gekämpft und gelitten haben.“ [257]

Auf seinem Todeslager schrieb er die „Hebräischen Melodien“, drei Gedichte voller Humor und Liebe zum Judentum. Das erste „Prinzessin Sabbat“

lobt die traditionelle-jüdische Lebensweise; [205-209] es folgt „Jehuda ben Halevy", eines der schönsten und ergreifendsten Zion-Gedichte. [210, 236] Im dritten Gedicht, „Disputation", wird in dem letzten Vers diese unvergessliche Aussage formuliert: „Doch es will mich schier bedünken, Daß der Rabbi und der Mönch, Daß sie alle beide stinken." [236-249]

Diese und andere Aussagen verhinderten, dass die Gelehrten ein abschließendes Urteil über Heines jüdische Identität finden konnten. Einige erkannten bei ihm jüdischen Selbsthass; andere einen Liebe-Hass-Komplex. Wiederum andere lösten das Problem, indem sie es seinem clownesken Charakter zuschrieben, seiner wilden, unberechenbaren Natur.

Vielleicht repräsentiert Heine etwas Neues, etwas ganz Einfaches, so einfach, dass es bis heute den Augen der Forscher und Biographen verborgen blieb.

EIN JUDE DER DRITTEN KATEGORIE

Die Veröffentlichung der „Hebräischen Melodien", und der „Geständnisse" verursachte eine Sensation, und als man Heine erzählte, dass alle von seiner Rückkehr zum Judentum sprächen, antwortete er: „Ich mache kein Hehl aus meinem Judentume, zu dem ich nicht zurückgekehrt bin, da ich es niemals verlassen hatte."

Wichtige Forscher haben Zweifel an der Aufrichtigkeit dieser Aussage. Sie merken an, dass Heines Rückkehr nicht mit religiösen Doktrinen verbunden war. Als Beweis führen sie u.a. das Gedicht an, in dem Heine schreibt, dass man an seinem Grab kein „Kadish" [189] sagen werde (er schrieb „Kadosch"), und sein Testament, in dem er darum bat, dass kein Repräsentant institutionalisierter Religionen zu seinem Begräbnis eingeladen werden soll.

Was ist dann die Art des Judentums, die er niemals verlassen hat?

Heine lebte in der ersten Hälfte des neunzehnten Jahrhunderts, in der Periode der „Haskala", der jüdischen Aufklärung. Immer mehr Jugendliche lehnten sich gegen die religiöse Tradition ihrer Eltern auf, verließen scharenweise die Ghettos und fingen an, sich europäische Bildung anzueignen. Sehr bald spaltete sich das Judentum in zwei Hauptlager auf, in das orthodox-konservative Lager und in das liberal-reformerische. Heine sah den Unterschied zwischen den beiden darin, dass die eine Partei „das Tischgebet auf deutsch spricht, während [die] andere es auf hebräisch absingt". [99] Aber der eigentliche Unterschied darin, dass die Orthodoxen als Hüter der Tradition das Judentum weiterhin als eine Verbindung von Religion und Nation sahen, während sich die Reformer bemühten, zwischen diesen beiden Komponenten zu differenzieren, indem sie das Judentum nur als Religion betrachteten.

Warum wollten Juden mit einer modernen Weltanschauung an dem Grundsatz festhalten, dass das Judentum eine Religion darstellt und die Juden eine religiöse Sekte sind? Der Grund dafür liegt in ihrem Kampf für die Emanzipation. Sie wollten glauben, dass ihre Anerkennung als „Deutsche mosaischen Glaubens", das bedeutet als Deutsche im nationalen und als Juden im religiösen Sinn, die Hauptschwierigkeit auf dem Wege zur Erlangung der vollen Bürgerrechte beseitigen würden. So wie es protestantische und katholische Deutsche gibt, dachten sie, so wird uns als deutsche Juden auch die deutsche Nation mit offnen Armen aufnehmen. Deshalb wollte die Reformbewegung den jüdischen Ritus von allen nationalen Symbolen bereinigen, den Gottesdienst auf Deutsch, und nicht auf Hebräisch halten, und aus den Gebeten die Stellen entfernen, die zur Rückkehr nach Zion aufrufen sowie alle andere Stellen, vor deren Hintergrund man sie einer doppelten Loyalität verdächtigen könnte.

Im Jahre 1822, als Heine Student an der Berliner Universität war, schloss er sich dem „Verein für Cultur und Wissenschaft der Juden" an, aus dem auch die von Leopold Zunz begründete „Wissenschaft des Judentums" hervorging. Im Verein traf er zum ersten Mal die Anführer der Reformbewegung und opponierte sofort gegen sie. Er widersetzte sie ihnen, da sie wegen einer Reihe von Bürgerrechten bereit waren, ihre jüdische Identität vollkommen aufzugeben, und verglich ihre Reformbestrebungen mit einem „Aderlaß", an dem „Israel verbluten" [13] müsse. Das Judentum des neunzehnten Jahrhunderts benötige jedoch eine „Aufregung der Kraft. Eben an letzterer fehlt es in Israel". [13] Hätte er in der Sprache unserer Zeit gesprochen, dann hätte er bestimmt zur „Stärkung der jüdischen Identität" aufgerufen. Im Gegensatz zu den Reformern, die aus patriotischen Gründen die Erwähnung Zions und Jerusalems vermieden haben, erklärte Heine ohne Scham: „Verwelke meine Rechte wenn ich Deiner vergesse Jeruscholayim", ein Schwur, den er im Laufe seines Lebens mehrfach wiederholte. Später schrieb er, dass das Ziel des Vereins nicht gewesen sei, nur Bildung zu verbreiten und die Emanzipation voranzutreiben, wie seine Begründer gedacht hatten, sondern vor allem eine Art jüdisch-deutsche Renaissance zu bewirken, oder „die Rettung einer längst verlorenen Sache". [17]

Seinen Beitrag zu dieser Renaissance wollte er mit dem „Rabbi von Bacherach" leisten, dem ersten Versuch eines historischen Romans über das Leben der Juden. Wer diese Erzählung liest, wird originelle Ideen entdecken, die in jener Zeit unüblich waren, heute jedoch geradezu selbstverständlich sind. So beschäftigt er sich beispielsweise zum ersten Mal in der Neuzeit mit dem Gedanken einer jüdischen Selbstverteidigung. „[54] wie schlecht geschützt ist Israel! Falsche Freunde hüten seine Thore von außen, und drinnen sind seine Hüter Narrheit und Furcht!“ Auf den Pogrom in Hamburg im Jahre 1830 reagierte Heine mit der Bemerkung: „Ein Jude sagt zum andern: ‚Ich war zu schwach.‘ [264] Dies Wort empfiehlt sich als Motto zu einer Geschichte des Judenthums.“ Erstaunlicher ist seine im „Rabbi von Bacherach“ formulierte Aufforderung, dass sich das jüdische Volk an seinen Feinden Israels rächen solle: „[53] einst kommt der Tag, wo der Engel des Todes den Schlächter schlachten wird, und all unser Blut kommt über Edom; denn Gott ist ein rächender Gott ---“ Solche Texte haben den Zorn der emanzipierten Juden hervorgerufen, die an die Apologetik glaubten und Möglichkeit einer jüdischen-deutschen Symbiose glaubten. Es musste eine nationale Revolution stattfinden, damit Juden solch eine Selbstsicherheit erlangen und in einem solch scharfen Ton sprechen konnten. Kein Mensch – auch Heine nicht – konnte ahnen, dass seine ungewöhnlichen Ansichten eines Tages das Erbe einer ganzen Generation sein würden, die scharenweise in den achtziger Jahren des neunzehnten Jahrhunderts aufgetreten ist, fünfundzwanzig Jahre nach seinem Tod.

Den Charakter dieser Generation deutet Heine in seinem Gedicht „An Edom“ [29] an, das er nach seiner Konversion schrieb, das aber erst nach seinem Tod veröffentlicht wurde. Auch dieses Gedicht ist nicht mit dem von der Generation der Emanzipation ausgehenden Geist der Versöhnung vereinbar. (Edom ist ein Synonym für Esau, Jakobs Bruder. Im Altertum bezeichneten talmudische Rabbinen mit diesem Namen das verhasste Rom, im Mittelalter wurde er den verhassten Christen zugeschrieben). Von dem antichristlichen Widerstand abgesehen verbirgt sich in diesem Gedicht auch eine interessante Prophezeiung über das Aufkommen einer neuen Generation von Juden, die genau so gewalttätig sein werden wie alle anderen Völker.

Heine, mit seinem dialektischen Gehirn und seiner Neigung gegen den Strom zu schwimmen, schwamm ganz allein gegen zwei Ströme. Er wusste nicht wohin, aber durch seinen Lebensweg gab er unbewusst den dritten Strom vor. Von den Vorurteilen der Orthodoxen und den Lügen der liberalen Reformer befreit, befürwortete auch Heine die Trennung von Religion und Nation. Das Judentum war in seinen Augen eine historische Qualität, die das Volk Israel nicht mit den Fesseln der Glaubensgrundsätze oder mit den Geboten und Verboten der Halacha zusammenhält, sondern mit der Kraft des Instinkts, mit einem kollektiven Gedächtnis und mit dem Gefühl nationaler Solidarität. Diese

Ansichten, die als absolute Antithese zu allen Geistesströmungen der Juden seiner Zeit angesehen wurden, waren nichts anderes als eine neue Synthese des Judentums, die zu Heines Zeit noch unbekannt, jedoch zwei, drei Generationen nach ihm bereits weit verbreitet war: Junge Menschen erhoben sich, hörten auf, an Gott zu glauben und fühlten sich gleichzeitig in der Tiefe ihres Herzens weiterhin als Juden. Ihre Verbindung zum Judentum basierte lediglich auf Gefühlen, befreit von religiösem Glauben und der Pflicht, Gebote zu erfüllen. Achad ha-Am, der Vordenker des geistigen Zionismus, erklärte diese neue, revolutionäre Metamorphose, als ein „Judentum der dritten Kategorie", in dem er zwischen dem Juden des „Ich glaube" und dem Juden des „Ich fühle" unterschieden hat.

Vor diesem Hintergrund gelangte Heine zu einer neuen Beurteilung der Ostjuden, die als revolutionär zu bezeichnen ist. Im August und September 1822 machte er eine Reise durch Polen, und in dem Beitrag, den er im Berliner „Gesellschafter" veröffentlichte, beschrieb er das Gefühl des Ekels, das ihn angesichts der armseligen Juden, die er dort gesehen hatte, erfüllt hatte; schmutzige und stinkende Kreaturen, die Mitleid erregten, die den ganzen Tag mit Schachern und Beten verbrachten. Seine Beschreibung ist nicht frei von antisemitischen Stereotypen, dennoch ist der Schluss überraschend:

„Dennoch, trotz der barbarischen Pelzmütze, die seinen Kopf bedeckt, und der noch barbarischeren Ideen, die denselben füllen, schätze ich den polnischen Juden weit höher als so manchen deutschen Juden, der seinen Bolivar auf dem Kopf, und seinen Jean Paul im Kopf trägt. In der schroffen Abgeschlossenheit wurde der Charakter des polnischen Juden ein Ganzes; durch das Einathmen toleranter Luft bekam dieser Charakter den Stempel der Freyheit. Der innere Mensch wurde kein quodlibetartiges Kompositum heterogener Gefühle [12]."

Es scheint das erste Mal zu sein, dass ein Angehöriger der Generation der Emanzipation das alte Ghetto -Judentum neu bewertet, gleichzeitig wird auch die Schwierigkeit einer modernen jüdischen Identität sichtbar. Im Gegensatz zu seinen liberalen Zeitgenossen, die sich instinktiv von den Ostjuden distanzierten, war Heines Verhältnis zu ihnen ambivalent: Er betrachtete sie als primitiv, aber authentisch, als anachronistische Gestalten, die ihre Identität nicht hinter Masken verbergen müssen. Die Liberalen hingegen, die Gruppe, der er angehörte, sind entwurzelte Menschen, die unter Selbstverachtung und der Not ihrer Identität leiden. Heine verschärfte diese Auffassung ein Jahr später während seines Besuches in Hamburg, als eine harte Auseinandersetzung zwischen Reformern und Orthodoxen stattfand. Während seine Familie und Freunde die Reformer unterstützen, erregte Heine ihren Ärger, als er verkündete, dass er auf der Seite der Orthodoxen stehe. Er tat dies wiederum nicht, weil er sich mit ihren Ideen identifizierte, sondern vor dem Hintergrund des dialektischen, paradoxen, prozionistischen Verhältnisses. „ Bernais habe ich predigen gehört", schrieb er, „er ist ein Charlatan, keiner von den Juden versteht ihn, [...] aber er ist doch ein geistreicher Mann, und hat mehr Spiritus in sich als Dr Kley, Salomon, Auerbach I und II. (Die Prediger des Reform-Tempel)".

Erst viele Jahre später veröffentlicht Achad ha-Am seinen Essay „Sklaverei innerhalb der Freiheit" (1891), in dem er auf den hohen Preis hinweist, den die Westjuden für ihre Emanzipation bezahlt haben. Das Paradox „Sklaverei innerhalb der Freiheit", einer der tiefergehenden Gedanken des modernen Zionismus, erscheint in allen Werkphasen Heines, angefangen mit „Über Polen" [12] (1823), fortgeführt im ersten Kapitel des „Rabbi von Bacherach" (1825) [32-43], in der Beschreibung des Hausierers Moses Lump („Die Bäder von Lucca", 1829) [84] und des Rabbi Chayim aus der Frankfurter Judengasse (*Ludwig Börne. Eine Denkschrift*, 1840) [139-140], und schließlich in dem Gedicht „Prinzessin Sabbat", das er in der „Matratzengruft" schrieb [139-140] („Hebräische Melodien", 1851). In all diesen Texten findet sich als ein roter Faden das Paradox, dass die armen Ghettojuden glücklicher als die aufgeklärten Juden sind, und die versklavten Juden freier als die emanzipierten Juden des Westens.

Sein scheinbar ambivalentes Verhältnis zum Judentum kommt auch in dem Fragment „Aus den Memoiren des Herren von Schnabelewopski" (1833) zum Ausdruck, in dem Heine vom „kleinen Simson" erzählt, der sich „[102] für die Existenz Gottes [schlug], des alten Jehovah, des Königs der Könige. Dieser aber gewährte seinem Champion nicht die mindeste Unterstützung [103]." Es finden sich in dem Erzählfragment wunderschöne Zeilen über die Bibel („das aufgeschriebene Vaterland der Kinder Gottes"), ein Kompliment für das jüdische Volk, das als das „auserwählte[100] Volke Gottes" bezeichnet wird, ein Protest gegen die Nichtjuden („O, die Philister! sie hatten uns unterjocht und verspottet [103]."). Nur hinsichtlich Gott erfolgt eine Distanzierung („O Gott, du hilfst unseren Feinden!"), was viele als mangelnde Solidarität des Erzählers mit dem Judentum auffassen könnten. Das Stellen ketzerischer Fragen hinsichtlich der göttlichen Gerechtigkeit und des himmlischen Erbarmens ist dem Judentum jedoch keineswegs fremd. Heine hat diese schwierige Frage jedoch zum ersten Mal in der Moderne gestellt, eine alte, lästige Frage, die seit Abraham, Jeremias und Hiob, über die theologischen Debatten zwischen Juden und Christen im Mittelalter bis zum heutigen Tag gestellt wird. Heutzutage wird kein vernünftiger Mensch die jüdische Identität der Juden anzweifeln, die fragen, wo sich der Gott Israels versteckt hat, als Millionen seiner Töchter und Söhne, darunter auch kleine Kinder, in den Öfen von Auschwitz und Treblinka verbrannt sind. Dadurch, dass Heine hundert Jahre zuvor den Mut hatte, „vom undankbarsten der Götter“ zu schreiben [103], eröffnete er die Debatte, die die jüdische Welt von heute beschäftigt.

Heine war ein Ketzer, wie Spinoza, den er seinen „Unglaubensgenosse[...]“ nannte. Sigmund Freud, der diesen Begriff für sich selbst adoptiert hat, nannte Heine einen „unserer Unglaubensgenossen“. Als er 1938 wegen seines Judentums aus Wien vertrieben wurde - die Gestapo machte keinen Unterschied zwischen gläubigen und nicht gläubigen Juden -, gab es in der Welt schon Millionen säkularisierter Juden, Unglaubensgenossen, wie sie Heine nannte.

Die meisten Einwohner der jüdischen Siedlungen in Palästina, etwa eine halbe Million, waren säkularisierte Juden. Sie legten das Fundament für den „Judenstaat“, in dem sie sich auf die Balfour-Deklaration aus dem Jahre 1917 stützten, in der geschrieben stand: His Majesty's Goverment view with favour the establishment in Palestine of a national home to the Jewish People. Sie errichteten in dem „national home“ nationale Institutionen wie eine „Nationalbank“ und „Nationalbibliothek“, und sie hatten auch eine „Nationalhymne“. Man bemühte sich, wie es Herzl in seinem Buch „Der Judenstaat“ gefordert hatte, den Wirkungsbereich der Rabbiner auf die Synagoge zu beschränken.

Dass Heine über die Juden in nationalen Begriffen sprach, war sehr mutig, da nur die Gegner der Juden damals das jüdische Volk als Nation betrachteten. In den „Geständnissen“ (1854) lobte er Moses, „Mosche Rabenu“ wie er auf Hebräisch betonte, nicht als Religionsstifter, sondern als Begründer des Volkes Israel:

Welche Riesengestalt! [256] Wie klein erscheint der Sinai, wenn der Moses darauf steht! ... er nahm einen armen Hirtenstamm und schuf daraus ein Volk, ... ein großes, ewiges, heiliges Volk, ein Volk Gottes, das allen andern Völkern als Muster, ja der ganzen Menschheit als Prototyp dienen konnte: er schuf Israel!

Erst kurz vor Heines Tod beweist Heinrich Graetz in seiner „Geschichte der Juden“, dass die Geschichte der Juden nicht die Geschichte einer Religion ist, sondern die Geschichte eines Volkes. Nach ihm schrieb der Kommunist Moses Hess unter dem Eindruck der italienischen Befreiungskriege sein Werk „Rom und Jerusalem“, in dem der moderne Zionismus verkündet wurde. Diese beiden Bücher in deutscher Sprache aus den fünfziger und sechziger Jahren des neunzehnten Jahrhunderts verkünden die nationale Revolution, die Massen von jüdischen Menschen in den achtziger und neunziger Jahren begeistert hat. Wenn wir uns daran erinnern, mit welchem Zorn man Theodor Herzl angriff, als er ausrief: „Wir sind ein Volk, ein Volk“ („Der Judenstaat“ 1896), dann werden wir verstehen wie revolutionär Heines Worte waren, als er Jahre vor Graetz, Hess und der Zionistischen Bewegung, von einem „historischen Judentum“ [176] sprach und von „Israel“, das in seinen Augen ein Volk war. [256].

Heine, der in den jüdischen Geschichtsbüchern das konvertierte Judentum symbolisiert, kann daher mit aller Vorsicht als einer der ältesten und paradoxesten Verkünder der nationalen Erneuerung des Judentums betrachtet werden. Auch wegen seiner Einstellung zur Bibel, die nicht aus einem religiösen Glauben resultiert, sondern aus einer historischen Beziehung kann er als Verkünder dieser Erneuerung angesehen werden. Heine war um einige Generationen den hebräischen Denkern und Dichtern aus der Zeit der „Nationalen Erneuerung“ voraus, die sich von der Bibel inspirieren ließen, während sie die überflüssige Geistigkeit des Judentums kritisierten. Wer die heidnischen Stellen in der modernen hebräischen Dichtung und die Geisteshaltung der Jugend im Staat Israel kennt, den befremdet es nicht, wenn Heine „die heilige Astarte“ verherrlicht und die „Lebenslust [135] im Tempel der Götter“ lobt, genauso wie ihn Heines Worte über die Rabbiner erschüttern können.

Etwas über die Qualität dieses Judentums, zu der Heine sich hingezogen fühlte, finden wir in seinem Versepos „Atta Troll“ (1843), in dem in der Mitte des Jagdheeres drei „femmes fatales“ erscheinen, die die drei großen Traditionen symbolisieren, aus denen der Dichter seine Inspirationen schöpft: Die Göttin Diana, die die griechische Antike repräsentiert, die keltische Fee Abunde, die die nordische Romantik vertritt , und Judäas Königin Herodias, die Johannes den Täufer enthaupten ließ. Zu welcher der drei Musen fühlt sich der Dichter hingezogen?

Denn ich liebe dich am meisten!
Mehr als jede Griechengöttin,
Mehr als jene Fee des Nordens,
Lieb' ich dich, du todte Jüdinn! [161]

Auf Herodias, die Enkelin des großen Herodes und der Hasmonäerin Mirjam, fällt Heines Wahl höchst wahrscheinlich deshalb, weil sie ein bodenbeständiges Judentum repräsentiert, ein sinnliches Judentum, eine Antithese zu dem asketischen und abstrakten Judentum der Rabbiner, gegen das er sich auflehnte.

Einige bezeichnen Heine vor diesem Hintergrund als einen jüdischen „Nationalisten“ oder sogar als einen „Zionisten“. Das sind weitreichende Schlussfolgerungen, die die Komplexität des Problems unberücksichtigt lassen. Heine schwor zwar mehrere Male „Verwelke meine Rechte wenn ich Deiner vergesse Jeruscholayim“ [210, 25] und sagte auch, dass der Psalm „Bey den Wassern Babels saßen [w]ir“ ihn zum Weinen bringe [68, 139, 215], aber jeder Versuch, jemanden aus jener Zeit mit dem Prädikat „Zionist“ zu belegen, ist eine anachronistische Sünde. In jenen Tagen gab es noch keine zionistische Bewegung, und an keiner Stelle in Heines Werk ist die ausdrückliche Aufforderung, nach Zion zurückzukehren und dort einen jüdischen Staat zu errichten, zu finden. Als er den Entschluss fasste, Deutschland aus Angst vor einer Verhaftung zu verlassen, folgte er nicht den Spuren des von ihm verehrten Dichters Jehuda ben Halevi gen Osten, in die Trostlosigkeit Palästinas. Seine Füße trugen ihn gen Westen nach Paris, zum „neue[n] Jerusalem“, wie er die Stadt nannte, die ihm für den Rest seines Lebens Zuflucht bot.

* * *

Heine war ein deutscher Dichter jüdischer Abstammung, der sich selbst als Weltbürger betrachtete, der trotz seines Kosmopolitismus sein Leben lang ein deutscher Patriot blieb und den seine Konversion zum Christentum nicht daran hinderte, „von Herzen ein Jude“ [63] zu sein. So wie Paris, wo er als politischer Flüchtling die letzten fünfundzwanzig Jahre seines Lebens verbrachte, für ihn die allgemein-menschlichen Ideale symbolisierte, so symbolisierte Jerusalem für ihn seine Verbindung zum Judentum.

„Sein Gemüthe machte beben / Schon das Wort Jerusalem“ – so schrieb er in seinem teilweise autobiographischen Gedicht über Jehuda Halevi. [218]

JERUSALEM? BERLIN? PARIS?

Paris. Vor einigen Jahren ging ich mit meiner Frau und unserer kleinen Tochter zum Friedhof von Montmartre. Wir hatten keine Schwierigkeiten Heinrich Heines Grab, das von vielen Besuchern umringt und mit frischen Blumen überhäuft war, zu finden. Keines der Gräber der berühmten Franzosen, die hier begraben liegen, kann als Wallfahrtsort mit dem Grab dieses fremden, deutschen und jüdischen Dichters konkurrieren. An Heines Grab standen zwei junge Mädchen in Jeans, die eine hielt einen Blumenstrauß in ihrer Hand, die andere ein Exemplar des „Buchs der Lieder“. Wir fragten woher sie kämen, und sie antworteten: aus Berlin. Sie fragten woher wir seien, und wir antworteten: aus Jerusalem. Aus der Höhe des Denkmals betrachtete uns Heines Büste, und ich fragte mich, was der Dichter sagen würde, wenn er gewusst hätte, dass sein Grab eines Tages ein Treffpunkt zwischen Deutschen und Israelis sein würde, hier auf neutralem französischen Boden. Seine Augen waren geschlossen, aber ich glaubte den ironischen Funken gesehen zu haben, der in ihnen sicherlich aufblitzen würde angesichts der Anwesenheit von Angehörigen der beiden Völker, die seine gespaltene Identität symbolisieren, seine gespaltene Seele, sein „Doppelleben".

Als wir den Blumenkranz auf sein Grab legten, entdeckte ich, auf dem Marmor eingraviert, folgende Verse aus seinem Gedicht „Wo wird einst des Wandermüden":

Wo wird einst des Wandermüden
Letzte Ruhestätte seyn?
Unter Palmen in dem Süden?
Unter Linden an dem Rhein?

In diesem Gedicht ist der Schlüssel zum Verständnis des Geheimnisses von Heines verborgen. In den ersten vier Versen wird seine deutsch-jüdische Gespaltenheit angedeutet, während in den folgenden Versen auf seine allgemein menschliche Zuflucht verwiesen wird.

Werd ich wo in einer Wüste
Eingescharrt von fremder Hand?
Oder ruh ich an der Küste
Eines Meeres in dem Sand?
Immerhin Mich wird umgeben
Gotteshimmel, dort wie hier,
Und als Todtenlampen schweben
Nachts die Sterne über mir.

Aus dem Hebräischen übersetzt von Abraham Melzer--

HEINRICH HEINE

VORWORT DES HERAUSGEBERS

In diesem Buche sind Heinrich Heines Äußerungen über Juden und Judentum mit der Vollständigkeit, die überhaupt zur Zeit erreichbar ist, gesammelt — offene Bekenntnisse und unwillkürliche Geständnisse, Dokumente seiner seelischen Situationen und seiner unzerstörbaren Eigenart, der Liebe und des Hasses, der Ergriffenheit und der Spottlust, der kontemplativen Stimmung und des Kampfes. Das Judentum als geschichtliche Erscheinung und als Zeitproblem, die einzelnen Juden und die jüdische Gemeinschaft, seine religiösen Urkunden und seine Lebensgewohnheiten, die Politik und die Kulturfragen haben Heinrich Heine zur Stellungnahme veranlaßt. Er spricht als historischer Betrachter und als Lebensbeobachter, als innerlich Beteiligter und als überlegener Richter, nicht zuletzt spricht der Dichter. Heines Verhältnis zum Judentum ist ebenso eine Angelegenheit seiner Anschauung wie seines Willens, seines Urteils wie seines Instinktes. Er hat früh zu spüren bekommen und bis zuletzt fühlen müssen, daß seine bürgerliche Existenz und sein dichterisches Bewußtsein, sein literarischer Erfolg, sein Nachruhm und die Gegnerschaft, die er hervorrief, durch seine Abstammung bedingt war und blieb. Das Schicksal Israels hat ihn tief ergriffen, die schicksalbildende Gewalt der Tatsache, daß er als Jude geboren ist, hat die Formung seines Weltbildes, die Richtung seines Denkens, die Färbung seines Gefühls bestimmt.

Als Kind in den Rheinlanden unter der Herrschaft Napoleons aufwachsend, dessen Gesetzgebung den Juden die bürgerliche Gleichstellung gab, hat Heine nach dem Ende des Napoleonischen Kaisertums in Hamburg die Spannung zwischen Juden und Nichtjuden stärker empfinden gelernt. Aber erst während seines Berliner Studienaufenthalts ist sein jüdisches Bewußtsein erwacht. Er kam in Berlin den religiösen Kämpfen innerhalb der deutschen Judenschaft näher. Die Bemühungen, den

Kultus durch Einführung deutscher Gebete und Predigten zu reformieren, hatten gerade den Widerstand der preußischen Staatsregierung, die auch hier konservative Tendenzen verfolgte, überwunden. Vor allem hat der „Verein für Kultur und Wissenschaft der Juden" Heines Interesse stark in Anspruch genommen. Über diese Periode spricht sich Heine in dem Gedenkwort auf Ludwig Marcus aus (S. 170). Der Übertritt zum Christentum, lange vorher im Kreise der Heinischen Familie erwogen, fällt noch in diese Zeit erregter Stellungnahme zu jüdischen Lebensfragen, die zugleich die Zeit ernsten Studiums jüdischer Geschichte ist. Die Taufe ist von ihm als belangloser Akt aufgefaßt worden. Heine blieb nicht nur Jude nach der Taufe, er brachte sein jüdisches Empfinden mit größerer Rücksichtslosigkeit zum Ausdruck. In Paris traten mit der Reibungslosigkeit des französischen Gesellschaftslebens auch die jüdischen Interessen Heines für einige Zeit zurück. Die Vorgänge in Damaskus, die Heine zu einem publizistischen Feldzug großen Stils veranlaßten (S. 148), noch mehr aber die Vertiefung in die Bibel, die bei Heines zunehmender Hinfälligkeit seine Geschichtsauffassung, sein Denken und sein dichterisches Empfinden zu beherrschen begann, haben Heines offenes Bekenntnis zum Judentum zutage gefördert.

Heines Liebe ist nirgends frei von Widerspruch, auch seine neu erwachte Liebe zum Judentum ist es nicht. Das Problem, das er als Gegensatz von Nazarener und Hellenen gefaßt hat, ist in ihm nicht zur Ruhe gekommen. Es hat ihn um so stärker gepackt, je mehr seine Krankheit ihm zu fühlen gab, was Gesundheit, Heiterkeit, Leben und Lebenslust bedeuten. Der Gegensatz von Judentum und Christentum, wie Heine ihn sah, ist aus anderen Voraussetzungen erwachsen, als der Kontrast von Hellas und Judäa. Die Motive der Lebensdeutung kreuzen sich vielfach. Deshalb mußten in unsere Sammlung auch Heines Äußerungen über das Christentum aufgenommen werden, soweit ihm das Christentum eine geschichtliche Fortsetzung des Judentums oder den Kontrast zu ihm bedeutete.

Widerspruchsvoll in Einzelheiten, konsequent in der Bindung durch Heines Individualität, sind Heines Aussagen über das Judentum Bruchstücke einer großen Konfession. Sie ordnen sich zu einer ungewollten Einheit — Heines *Confessio Judaica*. Sein Bekenntnis zum Judentum — für den Gegner Anlaß zu erneuten Angriffen — wird jedem unbefangenen Leser zu einem ergreifenden Dokument, in dem sich Heines Lebensgeschichte, Heines Künstlertum, Heines Gedankenwelt spiegelt.

Über die äußere Gestaltung des Textes ist folgendes zu bemerken:

Dem Text der Werke ist die Elstersche Ausgabe zugrunde gelegt, dem Text der Briefe die von Hirth herausgegebene Sammlung von Heines Briefen. Die Orthographie ist die heute übliche.

Die Anordnung ist streng chronologisch. Aus diesem Grunde wurde z. B. das dritte Kapitel des „Rabbi von Bacherach" seiner Entstehungszeit gemäß an den Anfang der vierziger Jahre gesetzt.

Die selbständigen Stücke sind durch „Sterne" getrennt. Wo mehrere kleine Stücke eine Einheit bilden, sind sie, wie in den „Gedanken und Einfällen" durch Striche getrennt, oder wie in den „Damaskus-Briefen" durch Datierungen.

Im allgemeinen sind nur vollständige Werke mit einer eigenen Überschrift versehen worden — mit Ausnahme der Briefe, die sämtlich beschriftet worden sind —, wie etwa der „Rabbi von Bacherach", „Ludwig Marcus" usw.

Die vollständigen Gedichte haben nur dann eine Überschrift, wenn sie auch in den Ausgaben der Werke mit solchen versehen sind. Bruchstücke, sei es in Prosa, sei es in Versen, wurden nicht beschriftet. Die Äußerungen zur Damaskus-Affäre sind unter dem Titel „Damaskus-Briefe" zusammengefaßt worden.

Die Quellen für die einzelnen Stücke sind aus der ersten Spalte des Inhaltsverzeichnisses ersichtlich. Zur Identifizierung sind die Anfänge der den Werken entnommenen Stücke in der zweiten Spalte aufgeführt; bei Briefen ist an Stelle der Anfangsworte das Datum getreten.

★

JUGENDJAHRE
1816—1825

AN CHRISTIAN SETHE

Hamburg, 6. Juli 1816

Hauptsächlich, lieber Christian, muß ich Dich bitten, Dich des armen Levys anzunehmen. Es ist die Stimme der Menschlichkeit, die Du hörst. Ich beschwöre Dich bei allem, was Dir heilig ist, *hilf ihm. Er ist in der größten Not.*

★

AN CHRISTIAN SETHE

Hamburg, 27. Okt. 1816

Und gegen Dich kann ich's aufrichtig gestehen: außerdem daß in dieser Schacherstadt nicht das mindeste Gefühl für Poesie zu finden ist — — so hat sich auch noch dazugesellt seit einiger Zeit eine schwüle Spannung zwischen den getauften und ungetauften Juden (alle Hamburger nenne ich Juden, und die ich, um sie von den Beschnittenen zu unterscheiden: getaufte Juden benamse, heißen auch vulgo: Christen). Bei so bewandten Umständen läßt sich leicht voraussehen, daß christliche Liebe die Liebeslieder eines Juden nicht ungehudelt lassen wird.
— —

In religiöser Hinsicht habe ich Dir vielleicht bald etwas sehr Verwunderliches mitzuteilen. Ist Heine toll geworden? wirst Du ausrufen. Aber ich *muß* ja eine Madonna haben. Wird mir die Himmlische die Irdische ersetzen? Ich *will* die Sinne berauschen. Nur in den unendlichen Tiefen der Mystik kann ich meinen unendlichen Schmerz hinabwälzen. Wie erbärmlich scheint mir jetzt das Wissen in seinem Bettlerkleid. Was mir einst durchsichtige Klarheit schien, zeigt sich mir jetzt als nackte Blöße. „Werdet wie die Kindlein" lange wähnte ich dies zu verstehen, o ich närrischer Narr. — Kindlein *glauben.*

★

AN FRIEDRICH VON BEUGHEM

Bonn, 15. Juli 1820

Steinmann, ein Jude, ein Poet, der Prinz Wittgenstein und dessen Hofmeister sind jetzt mein ganzer Umgang.

★

BELSATZAR

Die Mitternacht zog näher schon;
In stiller Ruh' lag Babylon.

Nur oben in des Königs Schloß,
Da flackert's, da lärmt des Königs Troß.

Dort oben in dem Königssaal
Belsatzar hielt sein Königsmahl.

Die Knechte saßen in schimmernden Reihn,
Und leerten die Becher mit funkelndem Wein.

Es klirrten die Becher, es jauchzten die Knecht';
So klang es dem störrigen Könige recht.

Des Königs Wangen leuchten Glut;
Im Wein erwuchs ihm kecker Mut.

Und blindlings reißt der Mut ihn fort;
Und er lästert die Gottheit mit sündigem Wort.

Und er brüstet sich frech, und lästert wild;
Die Knechtenschar ihm Beifall brüllt.

Der König rief mit stolzem Blick;
Der Diener eilt und kehrt zurück.

Er trug viel gülden Gerät auf dem Haupt;
Das war aus dem Tempel Jehovahs geraubt.

Und der König ergriff mit frevler Hand
Einen heiligen Becher, gefüllt bis am Rand.

Und er leert ihn hastig bis auf den Grund,
Und rufet laut mit schäumendem Mund:

„Jehovah! dir künd' ich auf ewig Hohn, —
Ich bin der König von Babylon!“

Doch kaum das grause Wort verklang,
Dem König ward's heimlich im Busen bang.

Das gellende Lachen verstummte zumal;
Es wurde leichenstill im Saal.

Und sieh! und sieh! an weißer Wand,
Da kam's hervor, wie Menschenhand;

Und schrieb, und schrieb an weißer Wand
Buchstaben von Feuer, und schrieb und schwand.

Der König stieren Blicks da saß,
Mit schlotternden Knien und totenblaß.

Die Knechtenschar saß kalt durchgraut,
Und saß gar still, gab keinen Laut.

Die Magier kamen, doch keiner verstand
Zu deuten die Flammenschrift an der Wand.

Belsatzar aber ward in selbiger Nacht
Von seinen Knechten umgebracht.

★

Aber — um wieder frankfurtisch zu sprechen — stehen die Rothschilde und Bethmänner nicht längst *al pari?* Der Kaufmann hat in der ganzen Welt dieselbe Religion. Sein Komptoir ist seine Kirche, sein Schreibpult ist sein Betstuhl, sein Memorial ist seine Bibel, sein Warenlager ist sein Allerheiligstes, die Börsenglocke ist seine Betglocke, sein Gold ist sein Gott, der Kredit ist sein Glauben.

Ich habe hier Gelegenheit, von zwei Neuigkeiten zu sprechen: erstens von der neuen Börsenhalle, die nach dem Vorbilde der Hamburger eingerichtet ist und vor einigen Wochen eröffnet wurde, und zweitens von dem alten, neu aufgewärmten Projekte der Judenbekehrung. Aber ich übergehe beides, da ich in der neuen Halle noch nicht war, und die Juden ein gar zu trauriger Gegenstand sind. Ich werde freilich am Ende auf dieselben zurückkommen müssen, wenn ich von ihrem neuen Kultus spreche, der von Berlin besonders ausgegangen ist. Ich kann es jetzt noch nicht, weil ich es immer versäumt habe, dem neuen mosaischen Gottesdienste einmal beizuwohnen.

★

AN CHR. AUG. KELLER

Gnesen, 1. Sept. 1822

Ja, liebster Doktrinär, mir wurde gar wehmütig zu Mute, als ich jene Resultate einer ausgebildeten Aristokratie, den elenden Zustand der polnischen Bauern betrachtete. Daß es in unserm geliebten Deutschland nie zu einem ähnlichen Zustand, zu einem Rückfall ins Mittelalter kommen wird, dafür bürgen mir die vielen Kämpfer für Recht und Wahrheit, deren eiserne Stimmen noch überall erschallen, dafür bürgen mir Männer wie der Doktrinär von der roten Erde, der, ein strenger Gotteswärtel im großen Natursaal, jedem seinen rechtmäßigen Platz anweist, dem wurmartig zertretenen Mauschel auf die Menschenbank hinaufhilft und den lachenden Zünftler von seinen mit weichen Privilegien gepolsterten Faulsitz herunterpeitscht.

★

Zwischen dem Bauer und dem Edelmann stehen in Polen die Juden. Diese betragen fast mehr als den vierten Teil der Bevölkerung, treiben alle Gewerbe und können füglich der dritte Stand Polens genannt werden. Unsere Statistik-Kompendienmacher, die an alles den deutschen, wenigstens den französischen Maßstab legen, schreiben also mit Unrecht: daß Polen keinen tiers état habe, weil dort dieser Stand von den übrigen schroffer abgesondert ist, weil seine Glieder am Mißverständnisse des Alten Testaments — Gefallen finden — — — und weil dieselben vom Ideal gemütlicher Bürgerlichkeit, wie dasselbe in einem Nürnberger Frauentaschenbuche unter dem Bilde reichsstädtischer Philiströsität so niedlich und sonntäglich schmuck dargestellt wird, äußerlich noch sehr entfernt sind. Sie sehen also, daß die Juden in Polen durch Zahl und Stellung von größerer staatswirtschaftlicher Wichtigkeit sind als bei uns in Deutschland, und daß, um Gediegenes über dieselben zu sagen, etwas mehr dazu gehört als die großartige Leihhausanschauung gefühlvoller Romanenschreiber des Nordens oder der naturphilosophische Tiefsinn geistreicher Ladendiener des Südens. Man sagte mir, daß die Juden des Großherzogtums auf einer niedrigeren Humanitätsstufe ständen als ihre östlicheren Glaubensgenossen; ich will daher nichts Bestimmtes von polnischen Juden überhaupt sprechen und verweise Sie lieber auf David Friedländers „Über die Verbesserung der Israeliten (Juden) im Königreich Polen"; Berlin 1819. Seit dem Erscheinen dieses Buches, das bis auf eine zu ungerechte Verkennung der Verdienste und der sittlichen Bedeutung der Rabbinen mit einer seltenen Wahrheit- und Menschenliebe geschrieben ist, hat sich der Zustand der polnischen

Juden wahrscheinlich nicht gar besonders verändert. Im Großherzogtum sollen sie einst wie noch im übrigen Polen alle Handwerke ausschließlich getrieben haben; jetzt aber sieht man viele christliche Handwerker aus Deutschland einwandern, und auch die polnischen Bauern scheinen an Handwerken und andern Gewerben mehr Geschmack zu finden. Seltsam aber ist es, daß der gemeine Pole gewöhnlich Schuster oder Bierbrauer und Branntweinbrenner wird. In der Walischei, einer Vorstadt Posens, fand ich das zweite Haus immer mit einem Schuhmacherschilde verziert, und ich dachte an die Stadt Bradford in Shakespeares „Flurschütz von Wakefield". Im preußischen Polen erlangen die Juden kein Staatsamt, die sich nicht taufen lassen; im russischen Polen werden auch die Juden zu allen Staatsämtern zugelassen, weil man es dort für zweckmäßig hält. Übrigens ist der Arsenik in den dortigen Bergwerken auch noch nicht zu einer überfrommen Philosophie sublimiert, und die Wölfe in den altpolnischen Wäldern sind noch nicht darauf abgerichtet, mit historischen Citaten zu heulen.

Es wäre zu wünschen, daß unsere Regierung durch zweckmäßige Mittel den Juden des Großherzogtums mehr Liebe zum Ackerbau einzuflößen suchte; denn jüdische Ackerbauer soll es hier nur sehr wenige geben. Im russischen Polen sind sie häufig. Die Abneigung gegen den Pflug soll bei den polnischen Juden daher entstanden sein, weil sie ehemals den leibeigenen Bauer in einem äußerlich so sehr traurigen Zustande sahen. Hebt sich jetzt der Bauernstand aus seiner Erniedrigung, so werden auch die Juden zum Pflug greifen. — Bis auf wenige Ausnahmen sind alle Wirtshäuser Polens in den Händen der Juden, und ihre vielen Branntweinbrennereien werden dem Lande sehr schädlich, indem die Bauern dadurch zur Völlerei angereizt werden. Aber ich habe ja schon oben gezeigt, wie das Branntweintrinken zur Seligmachung der Bauern gehört. — Jeder Edelmann hat einen Juden im Dorf oder in der Stadt, den er Faktor nennt, und der alle seine Kommissionen, Ein- und Verkäufe, Erkundigungen usw. ausführt. Eine originelle Einrichtung, welche ganz die Bequemlichkeitsliebe der polnischen Edelleute zeigt. Das Äußere des polnischen Juden ist schrecklich. Mich überläuft ein Schauder, wenn ich daran denke, wie ich hinter Meseritz zuerst ein polnisches Dorf sah, meistens von Juden bewohnt. Das W—cksche Wochenblatt, auch zu physischem Brei gekocht, hätte mich nicht so brechpulverisch anwidern können als der Anblick jener zerlumpten Schmutzgestalten; und die hochherzige Rede eines für Turnplatz und Vaterland begeisterten Tertianers hätte nicht so zerreißend meine Ohren martern können als der polnische Judenjargon. Dennoch wurde der Ekel bald verdrängt von Mitleid, nachdem ich den Zustand dieser Menschen näher betrachtete und die schweinestallartigen Löcher sah, worin sie wohnen, mauscheln, beten, schachern und — elend sind. Ihre Sprache ist ein mit Hebräisch durchwirktes und mit Polnisch façonniertes Deutsch. Sie sind in sehr frühen Zeiten wegen Religionsverfolgung aus Deutschland nach Polen eingewandert; denn die Polen haben sich in solchen Fällen immer durch Toleranz ausgezeichnet. Als Frömmlinge einem polnischen Könige rieten, die polnischen Protestanten zum Katholizismus zurück zu zwingen, antwortete derselbe: „Sum rex populorum, sed non conscientiarum!" — Die Juden brachten zuerst Gewerbe und Handel nach Polen und wurden unter Kasimir dem Großen mit bedeutenden Privilegien begünstigt. Sie scheinen dem Adel weit näher gestanden zu haben als den Bauern; denn nach einem alten Gesetze wurde der Jude durch seinen Übertritt zum Christentum eo ipso in den Adelstand erhoben. Ich weiß nicht, ob und warum dieses Gesetz untergegangen, und was etwa mit Bestimmtheit im Werte gesunken ist. — In jenen früheren Zeiten standen indessen die Juden in Kultur und Geistesausbildung gewiß weit über dem Edelmann, der nur das rauhe Kriegshandwerk trieb und noch den französischen Firnis entbehrte. Jene aber beschäftigten sich wenigstens immer mit ihren hebräischen Wissenschaft- und Religionsbüchern, um derentwillen eben sie Vaterland und Lebensbehaglichkeit verlassen. Aber sie sind offenbar mit der europäischen Kultur nicht fortgeschritten, und ihre Geisteswelt versumpfte zu einem unerquicklichen Aberglauben, den eine spitzfindige Scholastik in tausenderlei wunderliche Formen hineinquetscht. Dennoch, trotz der barbarischen Pelzmütze, die seinen Kopf bedeckt, und der noch barbarischeren Ideen, die denselben füllen, schätze ich den polnischen Juden weit höher als so manchen deutschen Juden, der seinen Bolivar auf dem Kopf und seinen Jean Paul im Kopfe trägt. In der schroffen Abgeschlossenheit wurde der Charakter des polnischen Juden ein Ganzes; durch das Einatmen toleranter Luft bekam dieser Charakter den Stempel der Freiheit. Der innere Mensch wurde kein quodlibetartiges Kompositum heterogener Gefühle und verkümmerte nicht durch die Einzwängung Frankfurter Judengaßmauern, hochweiser Stadtverordnungen und liebreicher Gesetzbeschränkungen. Der polnische Jude mit seinem schmutzigen Pelze, mit seinem bevölkerten Barte und Knoblauchgeruch und Gemauschel ist mir immer noch lieber als mancher in all seiner staatspapiernen Herrlichkeit.

*

Du bist wie eine Blume
So hold und schön und rein;
Ich schau' dich an, und Wehmut
Schleicht mir ins Herz hinein.

Mir ist, als ob ich die Hände
Aufs Haupt dir legen sollt',
Betend, daß Gott dich erhalte
So rein und schön und hold.

★

AN MORITZ EMBDEN

Berlin, 2. Febr. 1823

Obschon ich aber in England ein Radikaler und in Italien ein Carbonari bin, so gehöre ich doch nicht zu den Demagogen in Deutschland; aus dem ganz zufälligen und geringfügigen Grunde, daß bei einem Siege dieser letzteren einige tausend jüdische Hälse, und just die besten, abgeschnitten werden.

★

AN IMMANUEL WOHLWILL

Berlin, 1. April 1823

Zunz hat die Chinesen noch nicht gesehen ... Ich mag ihn gut leiden, und es schmerzt mich bitterlich, wenn ich sehe, wie dieser herrliche Mensch so sehr verkannt wird wegen seines schroffen, abstoßenden Äußern. Ich erwarte viel von seinen nächstens erscheinenden Predigten, freilich keine Erbauung und sanftmütige Seelenpflaster; aber etwas viel Besseres, eine Aufregung der Kraft. Eben an letzterer fehlt es in Israel. Einige Hühneraugenoperateurs (Friedländer & Co.) haben den Körper des Judentums von seinem fatalen *Haut*geschwür durch Aderlaß zu heilen gesucht, und durch ihre Ungeschicklichkeit und spinnwebige Vernunftsbandagen muß Israel verbluten. Möge bald die Verblendung aufhören, daß das Herrlichste in der Ohnmacht, in der Entäußerung aller Kraft, in der einseitigen Negation, im idealischen Auerbachtume bestehe. Wir haben nicht mehr die Kraft, einen Bart zu tragen, zu fasten, zu hassen und aus Haß zu dulden: das ist das Motiv unserer Reformation. Die einen, die durch Komödianten ihre Bildung und Aufklärung empfangen, wollen dem Judentum neue Dekorationen und Kulissen geben, und der Souffleur soll ein weißes Bäffchen statt eines Bartes tragen; sie wollen das Weltmeer in ein niedliches Bassin von Papiermaché gießen und wollen dem Herkules auf der Casseler Wilhelmshöhe das braune

Jäckchen des kleinen Marcus anziehen. Andere wollen ein evangelisches Christentümchen unter jüdischer Firma und machen sich ein Talles aus der Wolle des Lamm-Gottes, machen sich ein Wams aus den Federn der Heiligen Geisttaube und Unterhosen aus christlicher Liebe, und sie fallieren, und die Nachkommenschaft schreibt sich: „Gott, Christus & Co.“ Zu allem Glücke wird sich dieses Haus nicht lange halten, seine Tratten auf die Philosophie kommen mit Protest zurück, und es macht Bankrott in Europa, wenn sich auch seine von Missionaren in Afrika und Asien gestifteten Kommissionshäuser einige Jahrhunderte länger halten. Dieser endliche Sturz des Chr .... wird mir täglich einleuchtender. Lange genug hat sich diese faule Idee gehalten. Ich nenne das Chr .... eine Idee, aber welche! Es gibt schmutzige Ideenfamilien, die in den Ritzen dieser alten Welt, der verlassenen Bettstelle des göttlichen Geistes, sich eingenistet, wie sich Wanzenfamilien einnisten in der Bettstelle eines polnischen Juden. Zertritt man eine dieser Ideen-Wanzen, so läßt sie einen Gestank zurück, der jahrtausendelang riechbar ist. Eine solche ist das Chr ...., das schon vor achtzehnhundert Jahren zertreten worden, und das uns armen Juden seit der Zeit noch immer die Luft verpestet.

Verzeih mir diese Bitterkeit; Dich hat der Schlag des aufgehobenen Edikts nicht getroffen. Auch ist alles nicht so ernst gemeint, sogar das Frühere nicht; auch ich habe nicht die Kraft, einen Bart zu tragen und mir „Judenmauschel“ nachrufen zu lassen und zu fasten etc. Ich hab nicht mal die Kraft, ordentlich Mazzes zu essen. Ich wohne nämlich jetzt bei einem Juden (Mosern und Gans gegenüber) und bekomme jetzt Mazzes statt Brot und zerknacke mir die Zähne. Aber ich tröste mich und denke: wir sind ja im Goles! Auch das Sticheln auf Friedländer ist nicht so schlimm gemeint, ich habe noch unlängst den schönsten Pudding bei ihm gegessen, und er wohnt mir ganz vis-à-vis, und er steht jetzt am Fenster und schneidet sich eine Feder und schreibt gleich an Elise von der Recke, und auf seinem Gesichte ist schon zu lesen: „Edelgeborene Frau, ich bin wirklich nicht so unausstehlich wie der Professor Voigt sagt, denn ...“

★

AN MORITZ EMBDEN

Berlin, 3. Mai 1823

Was Sie über die Juden sagen, ist meine Ansicht ebenfalls. Ich bin ebenfalls Indifferentist, und meine Anhänglichkeit an das Judenwesen hat seine Wurzel bloß in einer tiefen Antipathie gegen das Christentum.

Ja, ich, der Verächter aller positiven Religionen, werde vielleicht einst zum krassesten Rabbinismus übergehen, eben weil ich diesen als ein probates Gegengift betrachte.

★

AN MOSES MOSER

Lüneburg, Mai 1823

Wahrhaftig, Du bist der Mann in Israel, der am schönsten fühlt! *Ich* kann nur das Schöngefühlte anderer Menschen leidlich ausdrücken. Deine Gefühle sind schwere Goldbarren, die meinigen sind leichtes Papiergeld. Letzteres empfängt bloß seinen Wert vom Zutrauen der Menschen; doch Papier bleibt Papier, wenn auch der Bankier Agio dafür gibt, und Gold bleibt Gold, wenn es auch als scheinloser Klumpen in der Ecke liegt.

Hast Du an obigem Bilde nicht gemerkt, daß ich ein jüdischer Dichter bin? Doch wozu soll ich mich genieren, wir sind ja unter uns, und ich spreche gern in unseren Nationalbildern. Wenn einst Ganstown erbaut sein wird und ein glücklicheres Geschlecht am Mississippi Lulef benscht und Mazzes kaut, und eine neujüdische Literatur emporblüht, dann werden unsere jetzigen merkantilischen Börsenausdrücke zur poetischen Sprache gehören, und ein poetischer Urenkel des kleinen Marcus wird in Talles und Tefillim vor der ganzen Ganstowner Kille singen: Sie saßen an den Wassern der Spree und zählten Tresorscheine, da kamen ihre Feinde und sprachen: gebt uns Londoner Wechsel — hoch ist der Kurs.

★

AN MOSES MOSER

Lüneburg, 18. Juni 1823

Juden sind hier, wie überall, unausstehliche Schacherer und Schmutzlappen, christliche Mittelklasse unerquicklich, mit einem ungewöhnlichen Rischeß, die höhere Klasse ebenso im höheren Grade. Unser kleiner Hund wird auf der Straße von den anderen Hunden auf eigene Weise berochen und malträtiert, und die Christenhunde haben offenbar Rischeß gegen den Judenhund ... Sehr drängt es mich, in einem Aufsatz für die Zeitschrift den großen Judenschmerz (wie ihn Börne nennt) auszusprechen, und es soll auch geschehen, sobald mein Kopf es leidet. Es ist sehr unartig von unserem Herrgott, daß er mich jetzt mit diesen Schmerzen plagt, ja es ist sogar unpolitisch von dem alten Herrn, da er weiß, daß ich so viel für ihn tun möchte. Oder ist der alte Freiherr von Sinai und Alleinherrscher Judäas ebenfalls aufgeklärt worden und hat seine Nationalität abgelegt und gibt seine Ansprüche und seine Anhänger auf zum Besten einiger vagen kosmopolitischen Ideen?

Ich fürchte, der alte Herr hat den Kopf verloren, und mit Recht mag ihm le petit juif d'Amsterdam ins Ohr sagen: entre nous, monsieur, vous n'existez pas. Und wir? Wir existieren? Um des Himmels willen sag' nicht noch einmal, daß ich bloß eine Idee sei! Ich ärgere mich toll darüber. Meinetwegen könnt Ihr alle zu Ideen werden; nur laßt mich ungeschoren. Weil Du und der alte Friedländer und Gans zu Ideen geworden seid, wollt Ihr mich jetzt auch verführen und zu einer Idee machen. Rubo lobe ich, den habt ihr nicht dazu bekommen können. Der Lehmann möchte gern Idee werden und kann nicht. Was geht mich der kleine Marcus an mit seinem Demonstrieren, daß ich eine Idee sei, seine Magd weiß es besser. Die Doktorin Zunz hat mir mit tränenden (Judaism) Augen geklagt, daß man ihren Mann ebenfalls zur Idee machen wollte, und daß sie dadurch all seine Kraft und Saft verlöre, Jost hätte sich deshalb vom Verein zurückgezogen und Auerbach sei mal dadurch krank geworden.

— —

Fouqué hat mir kürzlich einen sehr herzlichen Brief geschrieben und mir ein sehr schönes Gedicht gewidmet; ich will es dir gelegentlich mitteilen. Auch dieser wird dieses Gedicht einmal ungeschrieben wünschen, wenn er meinen Stammbaum genauer untersucht hat... Schreib es mir gleich, wenn Du irgend in einem Blatte ein Hinweisen über diesen meinen Stammbaum findest.

★

AN JOSEPH LEHMANN

Lüneburg, 26. Juni 1823

Ich habe immer unter Jüdinnen die gesundesten Naturen gefunden, und ich kann es Gott Vater gar nicht verdenken, daß er der bethlehemitischen Maria ein Kind gemacht.

— —

Auch erwarte ich, daß Sie, der alle Blätter liest, mich gleich davon in Kenntnis setzen, wenn irgendwo ein Ausfall auf mich, besonders in Hinsicht der Religion, zu finden ist. Sie wissen, inwiefern mich das sehr interessiert.

★

AN MOSES MOSER

Ritzebüttel, 23. Aug. 1823

Wär ich ein Deutscher — und ich bin kein Deutscher, siehe Rühs, Fries a. v. O. — so würde ich Dir über dieses Thema lange Briefe, große Gemütsrelationen schreiben, aber doch sehne ich mich danach, Dir in vertrauter Stunde meinen Herzensvorhang aufzudecken und Dir zu zeigen, wie die neue Torheit auf der alten gepfropft ist. — Cohn war mir ein sehr lieber Freund in Hamburg, und ich gewann ihn sehr lieb. Die Juden sind dort miserables Pack, wenn man sich für sie interessieren will, darf man sie nicht ansehen, und ich finde es zuträglicher, mich von ihnen entfernt zu halten. Dr. Salomon hab ich besucht, er hat mir nicht ganz mißfallen, er ist dennoch ein Auerbachianer. Kley hab ich nicht besucht, Du weißt, er war mir von jeher zuwider, und er ist wirklich ekelhaft. Die Monas ist noch die Alte, ich liebe ihn und möchte ihn gern heilen von einer Sentimentalität, die er in sich selbst hineingelogen, und die ihn jetzt verstimmt. Bernays habe ich predigen gehört, er ist ein Charlatan, keiner von den Juden versteht ihn, er will nichts und wird auch nie eine Rolle spielen, aber er ist doch ein geistreicher Mann und hat mehr Spiritus in sich als Dr. Kley, Salomon, Auerbach I. und II. Ich hab ihn nicht besucht, obschon ich hinlänglichen Anlaß hatte. Ich achte ihn nur, insofern er die Hamburger Spitzbuben betrügt, doch den seligen Cartouche achte ich weit mehr. Gans hat in Hamburg den Namen eines Narren, und ich habe mich nicht darüber gewundert. Kaum gelang es mir, den Leuten es beizubringen, daß Du es nicht bist. Man hatte dort nichts weniger als eine richtige Meinung von Dir; was man von mir hält, kann auch nichts Besonderes sein. Ist mir aber nicht gleichgiltig. Ich habe ihnen doch schon den Wahn benommen, daß ich ein Enthusiast für die jüdische Religion sei. Daß ich für die Rechte der Juden und ihre bürgerliche Gleichstellung enthusiastisch sein werde, das gestehe ich, und in schlimmen Zeiten, die unausbleiblich sind, wird der germanische Pöbel meine Stimme hören, daß es in deutschen Bierstuben und Palästen widerschallt. Doch der geborene Feind aller positiven Religionen wird nie für diejenige Religion sich zum Champion aufwerfen, die zuerst jene Menschenmäkelei aufgebracht, die uns jetzt soviel Schmerzen verursacht; geschieht es auf eine Weise dennoch, so hat es seine besonderen Gründe, Gemütsweichheit, Starrsinn und Vorsicht für Erhaltung eines Gegengifts. Doch nie werde ich es dem Steinweg voraussagen, wenn ich etwas für ihn tun will, nie soll er etwas von mir erwarten, und nie soll er sagen dürfen, daß ich seine Erwartungen nicht erfüllt. Das war immer meine Weise, und es ist mir sehr leid, daß Gansische Torheit, sein Schwatzen gegen Freund und Feind, mich nur einen Augenblick aus dem Geleise gebracht. Es geschieht Gansen ganz recht, wenn die Juden über ihn schimpfen und ihm jedes Übel in die Schuhe schütten; warum schwatzt er soviel von dem, was er tun will, warum verspricht er und berechtigt zu Erwartungen? Ich gedenke wahrlich auch etwas zu tun, vielleicht tue ich schon etwas durch das bloße Existieren, doch werde ich in der Folge Maßregeln ergreifen, mich gegen Gansische Publizität sicherzustellen, da der Gang meines Tuns dieselbe nicht ertragen darf.

★

AN MOSES MOSER

Lüneburg, 27. Sept. 1823

Glaube nicht, daß ich mit Bitterkeit gegen Cohn erfüllt sei, wie sehr er es auch gegen mich sein mag. Du wirst gewiß gelacht haben, als Du hörtest, daß ich mich mit ihm wegen des Tempels überworfen. Ich hatte ihm bei meiner ersten Anwesenheit in Hamburg meine ehrliche Meinung darüber mitgeteilt, aber in höchst gemilderten Ausdrücken. Bei meiner zweiten Anwesenheit in Hamburg beschuldigte er mich (und auf Ehre, mit Unrecht), daß ich mich bei Salomon Heine über Kley und Bernays anders geäußert als bei ihm. Dies hatte zur Folge, daß ich, als ich ihn bei meinem Oheim traf, meine Äußerungen so grell als möglich wiederholte... Diese Geschichte hat für mich manches Unangenehme zur Folge gehabt, das ich Dir mal mündlich mitteilen werde, ich werde auf vielfache Weise gereizt und gekränkt und bin ziemlich erbittert jetzt auf jene fade Gesellen, die ihren reichlichen Lebensunterhalt von einer Sache ziehen, für die ich die größten Opfer gebracht und lebenslang geistig bluten muß. *Mich, mich* muß man erbittern! Just zu einer Zeit, wo ich mich ruhig hingestellt habe, die Wogen des Judenhasses gegen mich anbranden zu lassen. Wahrlich, es sind nicht die Kleys und Auerbachs, die man haßt im lieben Deutschland. Von allen Seiten empfinde ich die Wirkungen dieses Hasses, der doch kaum emporgekeimt ist. Freunde, mit denen ich den größten Teil meines Lebens verbracht, wenden sich von mir. Bewunderer werden Verächter, die ich am meisten liebe, hassen mich am meisten, alle suchen zu schaden.

— —

Wie Du denken kannst — kommt hier die Taufe zur Sprache. Keiner von meiner Familie ist dagegen, außer ich. Und dieses *ich* ist sehr eigensinniger Natur. Aus meiner Denkungsart kannst Du es Dir wohl abstrahieren, daß mir die Taufe ein gleichgültiger Akt ist, daß ich ihn auch symbolisch nicht wichtig achte, und daß er in den Verhältnissen und auf der Weise, wie er bei mir vollzogen werden würde, auch für andere keine Bedeutung hätte. Für mich hätte er vielleicht die Bedeutung, daß ich mich der Verfechtung der Rechte meiner unglücklichen Stammesgenossen mehr weihen würde. Aber dennoch halte ich es unter meiner

Würde und meine Ehre befleckend, wenn ich, um ein Amt in Preußen anzunehmen, mich taufen ließe. Im lieben Preußen!!! Ich weiß wirklich nicht, wie ich mir in meiner schlechten Lage helfen soll. Ich werde noch aus Ärger katholisch und hänge mich auf ... Wir leben in einer traurigen Zeit, Schurken werden zu den Besten, und die Besten müssen Schurken werden. Ich verstehe sehr gut die Worte des Psalmisten: Herr Gott, gib mir mein täglich Brot, daß ich Deinen Namen nicht lästere.

★

AN MOSES MOSER

Lüneburg, 30. Sept. 1823

Was macht der arme Marcus? Hat Cohn etwas für ihn getan? Er hatte es mir versprochen. Ich legte es ihm dringend ans Herz. Gegen mich hatte er, bei meiner ersten Anwesenheit in Hamburg, sich mal sehr pekuniär nobel geäußert, als er in mich drang, ob mich etwa Geldnot embarrassiere; er erbot sich, mir in diesem Falle hilfreich zu sein, und wie ein Kaufmann immer alles bestimmt, ließ er mir merken, daß ich bis zu der Summe von 150 Thlr. bei ihm Kredit hätte. Ich dankte ihm, höchstens sei ich dann und wann um ein paar Louisd'or verlegen und dann seist Du es immer, an den ich mich zu wenden pflege. Das gefiel mir aber von Cohn, ich nahm daher Gelegenheit, über Marcus mit ihm zu sprechen und hatte gute Auspizien. — Ich bin höchst verdrießlich, daß ich selbst jetzt zu arm bin, um dem guten Menschen zu helfen. — Ich will suchen, daß ich so reich werde, wie die Hamburger Gaudiebe, Esel, Schweinigel und übrige Ehrenmänner. — Wohlwill habe ich in Hamburg selten angetroffen. Er ist ein dicker Mann, folglich ein guter Mann, sagt Cervantes. Er ist sehr verstimmt, sentimental wie ein Pudel. Ich bin ihm herzlich gut. Er hat viel Gefühl, nur schade, in seinen Gefühlen sind keine Knochen. — Ich bitte Dich, schreibe doch an Cohn, daß er bei meinem Oheim nicht auf mich schimpfen soll ... Auch bitte ich Dich, sorge, daß Gans mir nicht böse wird, ich werde ihm wohl bald schreiben. Ist sein Erbrecht erschienen? Grüße mir auch Zunz recht herzlich sowie auch Lehmann. Glaube nicht, daß ich so ganz und gar nicht an den Verein dächte; ich bin jetzt nur gar zu übel daran. Erkundige Dich auch bei dem Rendanten, wann und wieviel ich zu bezahlen habe. — Hast Du bei Deinem Aufsatz für die Zeitschrift den Basnage nötig? Der Deinige steht Dir jetzt wieder zu Diensten. Soll ich ihn Dir schon schicken?

Nun habe ich noch ein Anliegen. Mein Bruder, welcher mehrere Jahre die Landwirtschaft praktisch erlernt hat und einem Inspektordienst vorstehen kann, hat jetzt keine Stelle. Teils läge die Schuld, sagt er, in dem Umstande, daß er beschnitten sei, teils in dem Umstande, daß jetzt alle Landwirte en embarras sind und ihre Leute abschaffen, am meisten sei ihm aber der Jude im Wege, wenn er eine Stelle nachsucht. Da ich von Berlin her weiß, daß Jacobsohn Güter im Mecklenburgischen hat, so glaube ich, es ist möglich, daß mein Bruder, der die allerbescheidensten Ansprüche macht, bei diesen Gütern auf irgend eine Weise beschäftigt werden kann, wenn man sich in Berlin bei Jacobsohn selbst für ihn verwendet.

★

DONNA CLARA

In dem abendlichen Garten
Wandelt des Alkaden Tochter;
Pauken- und Trommetenjubel
Klingt herunter von dem Schlosse.

„Lästig werden mir die Tänze
Und die süßen Schmeichelworte,
Und die Ritter, die so zierlich
Mich vergleichen mit der Sonne.

Überlästig wird mir alles,
Seit ich sah beim Strahl des Mondes
Jenen Ritter, dessen Laute
Nächtens mich ans Fenster lockte.

Wie er stand so schlank und mutig,
Und die Augen leuchtend schossen
Aus dem edelblassen Antlitz,
Glich er wahrlich Sankt Georgen."

Also dachte Donna Clara,
Und sie schaute auf den Boden;
Wie sie aufblickt, steht der schöne,
Unbekannte Ritter vor ihr.

Händedrückend, liebeflüsternd
Wandeln sie umher im Mondschein.
Und der Zephyr schmeichelt freundlich,
Märchenartig grüßen Rosen.

Märchenartig grüßen Rosen,
Und sie glühn wie Liebesboten. —
Aber sage mir, Geliebte,
Warum du so plötzlich rot wirst?

„Mücken stachen mich, Geliebter,
Und die Mücken sind im Sommer
Mir so tief verhaßt, als wären's
Langenas'ge Judenrotten."

Laß die Mücken und die Juden,
Spricht der Ritter, freundlich kosend.
Von den Mandelbäumen fallen
Tausend weiße Blütenflocken.

Tausend weiße Blütenflocken
Haben ihren Duft ergossen. —
Aber sage mir, Geliebte,
Ist dein Herz mir ganz gewogen?

„Ja, ich liebe dich, Geliebter,
Bei dem Heiland sei's geschworen,
Den die gottverfluchten Juden
Boshaft tückisch einst ermordet."

Laß den Heiland und die Juden,
Spricht der Ritter, freundlich kosend.
In der Ferne schwanken traumhaft
Weiße Liljen, lichtumflossen.

Weiße Liljen, lichtumflossen,
Blicken nach den Sternen droben. —
Aber sage mir, Geliebte,
Hast du auch nicht falsch geschworen?

„Falsch ist nicht in mir, Geliebter,
Wie in meiner Brust kein Tropfen
Blut ist von dem Blut der Mohren
Und des schmutz'gen Judenvolkes."

Laß die Mohren und die Juden,
Spricht der Ritter, freundlich kosend;
Und nach einer Myrtenlaube
Führt er die Alkadentochter.

Mit den weichen Liebesnetzen
Hat er heimlich sie umflochten!
Kurze Worte, lange Küsse,
Und die Herzen überflossen.

Wie ein schmelzend süßes Brautlied
Singt die Nachtigall, die holde;
Wie zum Fackeltanze hüpfen
Feuerwürmchen auf dem Boden.

In der Laube wird es stiller,
Und man hört nur, wie verstohlen,
Das Geflüster kluger Myrten
Und der Blumen Atemholen.

Aber Pauken und Trommeten
Schallen plötzlich aus dem Schlosse,
Und erwachend hat sich Clara
Aus des Ritters Arm gezogen.

„Horch! da ruft es mich, Geliebter;
Doch, bevor wir scheiden, sollst du
Nennen deinen lieben Namen,
Den du mir so lang verborgen."

Und der Ritter, heiter lächelnd,
Küßt die Finger seiner Donna,
Küßt die Lippen und die Stirne,
Und er spricht zuletzt die Worte:

Ich, Sennora, Eu'r Geliebter,
Bin der Sohn des vielbelobten,
Großen, schriftgelehrten Rabbi
Israel von Saragossa."

★

AN MOSES MOSER

Lüneburg, 5. Nov. 1823

Wahrlich, dort in Hamburg habe ich nicht wie ein Egoist gehandelt. Ich habe trotz allen Nebenrücksichten mich nicht entschließen können, der widerwärtigen Gebrechlichkeit zu huldigen und auf die Kraft zu schmähen. Ich meine hier meine so verketzerten Äußerungen über Kley und Bernays. Wenn Du mich kennst, so mußt Du wissen, daß mich meiner Natur nach ersterer mit samt seinem Gelichter sehr anwidern mußte, und daß mir der kräftige Bernays, obschon ihm die negativen Tempeltugenden fehlen, sehr achtenswert vorkommen mußte. Meine Vorliebe für das konsequente und rigorose Rabbinentum lag schon vor vielen Jahren in mir als ein Resultat historischer Untersuchungen, nicht als apriorische Annahme oder gar G. G. Cohnsche Tagesberechnung. Wär ich nicht ein großer Mann, so würde ich mir den Spaß machen, auf echt burschikose Weise „die Fenster des Herren" mit Steinen einzuwerfen. — Aber eben weil ich ein großer Mann bin oder wenigstens ein Mann oder, wenn Du auch das nicht zugeben willst, ein ganzer Mensch, so konnte ich in Hamburg nicht gefallen. Das merkte ich bald und hielt mich fern von dem Judengesindel. Und dennoch will dieses Pack von mir sprechen? Menschen, von deren Existenz ich nichts weiß, haben meinem Bruder erzählt, daß ich mit ihnen gesprochen und Gott weiß was gesprochen. Dergleichen jüdische oder besser gesagt, nur in Israel mögliche Ekelhaftigkeiten drängen an mich heran.

— —

In der Dir geschickten Romanze mußt Du, in der fünften Strophe, den zweiten Vers verändern, nämlich „Wie er sang die Liebesworte" mußt Du setzen. Es gibt einen Abraham von Saragossa, aber Israel fand ich bezeichnender. Das Ganze der Romanze ist eine Szene aus meinem eigenen Leben, bloß der Tiergarten wurde in den Garten des Alcalden verwandelt, Baronesse in Senora und ich selbst in einen heil. Georgen oder gar Apoll. Es ist bloß das erste Stück einer Trilogie, wovon das zweite den Helden von seinem eigenen Kinde, das ihn nicht kennt, verspottet zeigt, und das dritte zeigt dieses Kind als erwachsenen Dominikaner, der seine jüdischen Brüder zu Tode foltern läßt. Der Refrain dieser beiden Stücke korrespondiert mit dem Refrain des ersten Stücks; — aber es kann noch lange dauern, ehe ich sie schreibe. Auf jeden Fall werde ich diese Romanze in meiner nächsten Gedichtsammlung aufnehmen. Aber ich habe sehr wichtige Gründe, zu wünschen, daß sie früher in keine christliche Hände gerate.

★

AN LUDWIG ROBERT

Lüneburg, 27. Nov. 1823

Nun ist es mir lieb, daß Sie ein Gedicht, das Sie durch Mosern zu Gesicht bekommen, für die „Rheinblüten" zu haben wünschen. Ich bestimme es daher für dieselben und wünsche, daß es mit der bloßen Chiffre —e. unterzeichnet und „Die Tochter des Alcalden" überschrieben werde. Vielleicht muß ich noch etwas daran feilen, da ich es rasch schrieb und fortschickte, ohne es zu überlesen. Es war mir lieb, daß es Ihnen nicht mißfiel, da ich am Werte desselben zweifelte. Das Gedicht drückt nämlich nicht gut aus, was ich eigentlich sagen wollte, und sagt vielleicht gar etwas anders. Es sollte wahrlich kein Lachen erregen, noch viel weniger eine mokante Tendenz zeigen. Etwas, das ein individuell Geschehenes und zugleich ein Allgemeines, ein Weltgeschichtliches ist, und das sich klar in mir abspiegelte, wollte ich einfach, absichtlos und episch-parteilos zurückgeben im Gedichte; — und das Ganze hatte ich ernst-wehmütig und nicht lachend aufgefaßt, und es sollte sogar das erste Stück einer tragischen Trilogie sein.

★

AN MOSES MOSER

28. Nov. 1823

Deinen Brief vom 8. Okt. hab ich erhalten. Damit *kreuzte* sich mein Brief. Das ist ein kaufmännischer Ausdruck, dessen ich mich erinnere aus den Tagen, wo ich partout ein Kaufmann sein wollte. Hoho! ich kenne noch dergleichen Ausdrücke viele und könnte ein israelitisches Erbauungsbuch schreiben.

— —

Von meinem Oheim von Geldern hab ich Brief erhalten. Er schreibt mir, daß ich am ganzen Rheinstrom jetzt ebenso verhaßt sei, wie ich sonst geliebt war, weil man dort sagt, daß ich für die Juden mich interessiere. Wahrlich, ich habe gelacht! O wie verachte ich das Menschenpack, das unbeschnittene mitsamt dem beschnittenen! . . . Auch über die Jacobsohnsche Antwort hab ich gelacht. Wär' ich in Berlin, so würde ich dem Verein den Vorschlag machen, den Dr. Jacobsohn zum Präsidenten der Ackerbaugesellschaft zu erwählen. Wahrlich, ich will mich hüten, je in den Fall zu kommen, für mich selbst die Gefälligkeit eines reichen Juden in Anspruch nehmen zu müssen.

★

AN MOSES MOSER

Lüneburg, 9. Jan. 1824

Vom Verein schreibst Du mir wenig. Denkst Du etwa, daß die Sache unserer Brüder mir nicht mehr so sehr am Herzen liege wie sonst? Du irrst Dich dann gewaltig. Wenn mich auch mein Kopfübel jetzt niederdrückt, so hab ich es doch nicht aufgegeben, zu wirken. „Verwelke meine Rechte, wenn ich Deiner vergesse, Jeruscholayim" sind ungefähr die Worte des Psalmisten, und es sind auch noch immer die meinigen. — Ich wollte ich könnte mich eine einzige Stunde mit Dir unterhalten über das, was ich, meist durch die eigene Lage angeregt, über Israel gedacht, und Du würdest sehen, wie die Eselzucht auf dem Steinweg gedeiht, und wie Heine immer Heine sein wird und muß.

— —

Apropos! wie ist der Paria aufgenommen worden? Gewiß gut, denn er ist auch nicht schlechter als die Tragödien der meisten anderen Dichter des Tages, und daß eine Tragödie notwendig schlecht sein muß, wenn ein Jude sie geschrieben hat, dieses Axiom darf jetzt nicht mehr aufs Tapet gebracht werden. Dafür kann mir Michael Beer nicht genug danken. Ist aber der arme verworfene Paria wirklich verworfen worden von den bebrillten Brahminen und den epaulettegeschmückten Schutras des Parterres, so tröste ihn mit dem Schicksal des Ben Abdullah und gebe dem armen Paria den Rat, in den Armen einer Bajadere den Druck des Kastengeistes zu vergessen.

★

AN MOSES MOSER

21. Jan. 1824

Daß Michel Beers Paria in Berlin so großen Beifall gefunden, habe ich gestern morgen zu Celle gehört, und zwar, sonderbar genug, durch einen alten Juden, bei welchem ich einige Dukaten verwechselte. Dieser hatte es von einem Hühneraugenoperateur gehört, welcher direkt von Berlin gekommen und sich dort selbst überzeugt hat, daß der Paria pari steht mit Schillers und Goethes Werken. Ich bin halb neugierig, lieber Moser, Dein Urteil über das Stück zu hören, an welchem Du gewiß großen Anteil genommen hast, da M. Beer ebensogut als Fränkel zu Deinen Repräsentanten gehört. Ich kenne das Stück schon längst, da der Verfasser mir dasselbe selbst vorgelesen. Es hatte mir gut gefallen und hätte mir noch besser gefallen, wenn ich damals nicht eine gar zu genaue Kenntnis von Indien und indischem Geiste gehabt hätte. Fatal, höchst fatal war mir die Hauptbeziehung des Gedichts, nämlich daß der Paria ein verkappter Jude ist. Man muß alles aufbieten, daß es niemand einfalle, letzterer habe Ähnlichkeit mit dem indischen Paria, und es ist dumm, wenn man diese Ähnlichkeit geflissentlich hervorhebt. Am allerdümmsten und schädlichsten und stockprügelwertesten ist die saubere Idee, daß der Paria mutmaßt: seine Vorfahren haben durch eine blutige Missetat ihren traurigen Zustand selbst verschuldet. Diese Anspielung auf Christus mag wohl manchen Leuten gefallen, besonders da ein Jude, ein Wasserdichter, sie ausspricht. (Tu n'oses pas mal-interprêter cette expression: ein Jude, ein Wasserdichter, that will not say a jew who is a waterpoet, bet a jew who is not yet baptised, a water-proove-jew!) Ich wollte, Michel Beer wäre getauft und spräche sich derb, echt almansorig, in Hinsicht des Christentums aus, statt daß er dasselbe ängstlich schont und sogar, wie oben gezeigt, mit demselben liebäugelt.

★

AN MOSES MOSER

Magdeburg, 4. Apr. 1824

Sei jetzt so gut und miete mir irgendwo ein Zimmer, wenn es möglich ist wochenweis, nicht zu teuer, aber auch nicht schlecht. Bei keinem Juden, wegen — —

★

AN MOSES MOSER

25. Juni 1824

Außerdem treibe ich viel Chronikenstudium und ganz besonders viel historia judaica. Letztere wegen Berührung mit dem Rabbi und vielleicht auch wegen inneren Bedürfnisses. Ganz eigene Gefühle bewegen mich, wenn ich jene traurige Annalen durchblättere; eine Fülle der Belehrung und des Schmerzes. Der Geist der jüdischen Geschichte offenbart sich mir immer mehr und mehr, und diese geistige Rüstung wird mir gewiß in der Folge sehr zustatten kommen. An meinem Rabbi habe ich erst ein Drittel geschrieben, meine Schmerzen haben mich auf schlimme Weise darin unterbrochen, und Gott weiß, ob ich ihn bald und gut vollende ... Die Paschafeier ist mir gelungen, ich bin Dir für die Mitteilung der Agode Dank schuldig und bitte Dich noch außerdem, mir das Caholach Manga und die kleine Legende Maasse be Rabbi Leser — wörtlich übersetzt zukommen zu lassen. Auch die Psalmstelle im Nachtgebete: „Zehntausend Gewaffnete stehen vor Salomons Bette" mir wörtlich übersetzt zu schicken. Vielleicht gebe ich dem Rabbi einige Druckbogen Illustrations auf englische Weise als Zugabe, und zwar originaler Ideenextrakt über Juden und ihre Geschichte. — Benjamin von Tudela, der jetzt auf meinem Tische herumreist, läßt Dich herzlich grüßen. Er wünscht, daß ihn Zunz mal bearbeite und mit Übersetzung herausgebe ... Über die Frankfurter Juden war mir der Schudt sehr nützlich; ich habe beide Quartbände ganz durchgelesen und weiß nicht, ob ich mich mehr geärgert über das Rischeß, das über jedes Blatt ausgegossen, oder ob ich mich mehr amüsiert habe über die Rindviehhaftigkeit, womit das Rischeß vorgebracht wird. O wie haben wir Deutsche uns vervollkommnet! Es fehlen mir jetzt nur noch Notizen über die spanischen Juden im 15. Jahrhundert und besonders über ihre Akademien in dieser Zeit, wo finde ich was? oder besser gesagt 50 Jahre vor ihrer Vertreibung. Interessant ist es, daß dasselbe Jahr, wo sie vertrieben worden, das neue Land der Glaubensfreiheit, nämlich Amerika, entdeckt worden.

★

AN MOSES MOSER

Göttingen, 20. Juli 1824

Noch diese Nacht träumte ich von Dir. In altspanischer Tracht und auf einem andalusischen Hengst rittest Du in der Mitte eines großen Schwarms von Juden, die nach Jerusalem zogen. Der kleine Marcus mit seinen großen Landkarten und Reisebeschreibungen ging voran als Wegweiser. Zunz en escarpins trug die in roten Maroquin eingebundene Zeitschrift; die Doktorin Zunz lief nebenher als Marketenderin, ein Fäßchen jonteftigen Branntwein auf dem Rücken. Es war ein großes jüdisches Heer, und Gans lief von einem zum andern, um Ordnung zu schaffen. Lehmann und Wohlwill trugen Fahnen, worauf das Schild Davids und der Bendavidsche Lehrsatz gemalt. Zucker-Cohn führte die Tempeljaner. Ehemalige Vereinsjungen trugen die Gebeine von Saul Ascher. Alle getauften Juden folgten als Lieferanten, und den Beschluß des Zuges machten eine Menge Karossen; in der einen saßen der Tr ... doktor Oppert als Feldarzt und Jost als Geschichtschreiber der zu begehenden Taten, in einer andern Kutsche saßen Friedländer mit Frau von der Recke, und in einer der allerprächtigsten Staatskarossen saß Michel Beer, als Geniekorps, neben ihm saßen Wolf und die Stich.

die den Paria unverzüglich in Jerusalem aufführen und verdientes Lob einernten sollten.

★

AN MOSES MOSER

Göttingen, 25. Okt. 1824

Blutwenig habe ich diesen Sommer geschrieben. Ein paar Bogen an den Memoiren. — Verse gar keine. Am Rabbi wenig, so daß kaum $^{1}/_{3}$ davon geschrieben ist. Er wird aber sehr groß, wohl ein dicker Band, und mit unsäglicher Liebe trage ich das ganze Werk in der Brust. Ist es ja doch ganz aus der Liebe hervorgehend, nicht aus eitel Ruhmgier. Im Gegenteil, wenn ich der Stimme der äußeren Klugheit Gehör geben wollte, so würde ich es gar nicht schreiben. Ich sehe voraus, wieviel ich dadurch verschütte und Feindseliges herbeirufe. Aber eben auch, weil es aus der Liebe hervorgeht, wird es ein unsterbliches Buch werden, eine ewige Lampe im Dome Gottes, kein verprasselndes Theaterlicht. Ich habe viel Geschriebenes in diesem Buch wieder ausgelöscht, jetzt erst ist es mir gelungen, das Ganze zu fassen, und ich bitte nur Gott, mir gesunde Stunden zu geben, es ruhig niederzuschreiben. Lächele nicht über dieses Gackern vor dem Eierlegen. Lächele auch nicht über mein langes Brüten; so ein gewöhnliches Gänseei (ich meine nicht Dr. Gans) ist schneller ausgebrütet als das Taubenei des heiligen Geistes. Du hast vergessen, mir ein paar Notizen mitzuteilen, die ich in meinem letzten Brief zum Behuf des Rabbi verlangte. Dem Dr. Zunz lasse ich für seine Mitteilung über die spanischen Juden tausendmal danken. Obschon sie höchst dürftig ist, so hat Zunz mir doch mit einem einzigen scharfsinnigen Wink mehr genutzt, als einige vergeblich durchstöberte Quartbände, und er wird unbewußt auf den Rabbi influenziert haben.

Da Zunz kein Formelmensch ist, so kann ich einen besonderen Brief sparen, indem ich Dir mitteile, was Du ihm sagen sollst. Dieses besteht noch darin, 1. daß ich ihn liebe, 2. daß ich ihn schätze, 3. daß ich wünsche, er hätte die Güte mir anzuweisen, wo ich gute Notizen finde über die Familie der Abarbanels (auch Abravanels genannt). — Im Basnage habe ich wenig gefunden. Die schmerzliche Lektüre des Basnage ward Mitte des vorigen Monats endlich vollendet. Was ich speziell suchte, habe ich eigentlich nicht darin gefunden, aber viel Neues entdeckte ich, und viel neue Ideen nund Gefühle wurden dadurch in mir aufgeregt. Das Ganze des Buches ist großartig, und einen Teil des Eindrucks, den es auf mich gemacht, habe ich den 11. September in folgender Reflexion angedeutet:

(AN EDOM!)

Ein Jahrtausend schon und länger
Dulden wir uns brüderlich,
Du, du duldest, daß ich atme,
Daß du rasest, dulde ich.

Manchmal nur, in dunkeln Zeiten,
Ward dir wunderlich zu Mut,
Und die liebefrommen Tätzchen
Färbtest du mit deinem Blut!

Jetzt wird unsre Freundschaft fester,
Und noch täglich nimmt sie zu;
Denn ich selbst begann zu rasen,
Und ich werde fast wie du!

Aber wie ein Wort das andere gibt, so gibt auch ein Vers den andern, und ich will dir zwar unbedeutendere Verse mitteilen, die ich gestern abend machte, als ich über die Weenderstraße trotz Regen und Wetter spazieren ging und an Dich dachte und an die Freude, wenn ich Dir mal den Rabbi zuschicken kann, und ich dichtete schon die Verse, die ich auf den weißen Umschlag des Exemplars als Vorwort für Dich schreiben würde — und da ich keine Geheimnisse für Dich habe, so will ich Dir schon hier jene Versen mitteilen:

Brich aus in lauten Klagen
Du düstres Martyrerlied,
Das ich so lang' getragen
Im flammenstillen Gemüt!

Es dringt in alle Ohren,
Und durch die Ohren ins Herz;
Ich habe gewaltig beschworen
Den tausendjährigen Schmerz.

Es weinen die Großen und Kleinen,
Sogar die kalten Herrn,
Die Frauen und Blumen weinen,
Es weinen am Himmel die Stern'.

Und alle die Tränen fließen
Nach Süden im stillen Verein,
Sie fließen und ergießen
Sich all' in den Jordan hinein.

Ich brauche Dich nicht darauf aufmerksam zu machen, daß die Verse, welche ich jetzt schreibe, wenig wert sind und bloß zu meinem eigenen Vergnügen gemacht werden. Aber bedenke auch meine Lage, ich komme den ganzen Tag nicht vom Forum und höre von nichts sprechen als von Stillicidium, Testamenten, Emphytheusis usw. Und wenn ich mal in einer Freistunde hinüberschiffe nach Thessalien, um mich auf dem Parnaß zu ergehn, so treffe ich nur Juden, die dort (siehe Basnage) Gemüse bauen, und ich spreche mit ihnen von den Schmerzen Israels.

— —

Ungern vermisse ich in Deinem Briefe Nachrichten über den Verein. Du kannst mir ja seinen Zustand mit wenig Worten andeuten. Hat der Verein schon Karten herumgeschickt pour prendre congé? oder wird er sich halten? wird Gott stark sein in den Schwachen, in Auerbach und Konsorten? wird ein Messias gewählt werden? Da Gans sich taufen lassen will, so wird er es wohl nicht werden können, und die Wahl eines Messias hält schwer. Die Wahl des Esels wäre schon weit leichter. Will der Hamburger Kolonialverein noch immer seine Unabhängigkeit (d. h. seine Steuerlosigkeit) gegen den Mutterverein behaupten? Rebellion der Glieder gegen den Magen; freilich die Hamburger glauben, *sie* wären der Magen, und zwar aus dem Grunde, weil sie Fresser sind!

★

AN MOSES MOSER

Göttingen, 11. Jan. 1825

Ich schreibe wenig, lese viel. Immer noch Chroniken und Quellenschriftsteller. Ich bin, ehe ich mich dessen versah, in die Reformationsgeschichte geraten, und in diesem Augenblick liegt der 2te Folioband von von der Hardts Historia literarum reformationis auf meinem Tische; ich habe gestern abend darin die Reuchlinsche Schrift gegen das Verbrennen der hebräischen Bücher mit großem Interesse gelesen ... An die Fortsetzung meines armen Rabbi darf ich in diesem Augenblick nicht gehen ...

★

AN MORITZ EMBDEN

Göttingen, 11. Mai 1825

Ob ich mich in Hamburg fixieren werde? Das wissen die Götter, die den Hunger erschaffen. Ich werde mich dort nicht niederlassen, ohne auf ein paar Jahre mit Brot proviantiert zu sein. Indessen von meiner Seite wird alles geschehen; getauft und als Dr. juris und hoffentlich auch gesund, werde ich nächstens nach Hamburg kommen.

★

AN MOSES MOSER

Göttingen, 1. Juli 1825

Dann arbeite ich so angestrengt als möglich, Jurisprudenz, Geschichte und den Rabbi usw. Letzterer schreitet nur langsam vorwärts, jede Zeile wird abgekämpft, doch drängt's mich unverdrossen weiter, indem ich das Bewußtsein in mir trage, daß nur Ich dieses Buch schreiben kann, und daß das Schreiben desselben eine nützliche, gottgefällige Handlung ist. Doch ich breche hiervon ab, indem dieses Thema mich leicht dazu bringen kann, von der eigenen Seelengröße selbstbespiegelnd zu renommieren. —

Zunz hat mir zwar schon mal durch Dich geschrieben, wo im 15. Jahrhundert die vornehmste Schule der spanischen Juden war, nämlich in Toledo, aber ich möchte wissen, ob dieses auch vom Ende des 15. Jahrhunderts zu verstehen ist? Er nannte mir auch Sevilla und Granada, aber ich glaube im Basnage gelesen zu haben, daß sie früher schon mal aus Granada vertrieben worden. Auch, wie ich Dir notiert, möchte ich über die Abarbanells etwas erfahren, was ich nicht aus christlichen Quellen schöpfen kann. Wolf hat diese alle in seiner Bibliothek angeführt. Bagl ist dürftig. Schudt hat ebenfalls etwas zusammengerafft. Bartolocci hab ich noch nicht gelesen. Wenig, unbegreiflich wenig enthalten die spanischen Historiker von den Juden. Überhaupt hier ist ägyptische Finsternis. Ende dieses Jahres denke ich den Rabbi fertig zu haben. Es wird ein Buch sein, das von den Zunzen aller Jahrhunderte als *Quelle* genannt werden wird.

★

AN MOSES MOSER

Göttingen, 22. Juli 1825

Grüße mir Zunz recht herzlich, sage ihm, daß ich ihm recht sehr danke für seine Notizen. In Granada haben 1492 wirkliche Juden gewohnt, denn sie werden in der Kapitulation dieser Stadt ausdrücklich erwähnt. Über Abarbanell habe ich dic Dissertation von Majus (vita Abarbanelis) über ihn aufgetrieben, alle christlichen Quellen zusammengestellt, aber sehr dürftig.

★

AN CHARLOTTE EMBDEN

Göttingen, 31. Juli 1825

Grüße mir Moritz recht herzlich, und wenn Du sicher bist, daß er keine Plaudertasche ist, so sage ihm, ich sei jetzt nicht nur Dr. Juris, sondern auch. Es hat gestern geregnet, so wie auch vor 6 Wochen.

★

DER RABBI VON BACHERACH

(Ein Fragment)

Erstes Kapitel.

Unterhalb des Rheingaus, wo die Ufer des Stromes ihre lachende Miene verlieren, Berg und Felsen mit ihren abenteuerlichen Burgruinen sich trotziger gebärden und eine wildere, ernstere Herrlichkeit emporsteigt, dort liegt wie eine schaurige Sage der Vorzeit die finstere, uralte Stadt Bacherach. Nicht immer waren so morsch und verfallen diese Mauern mit ihren zahnlosen Zinnen und blinden Warttürmchen, in deren Luken der Wind pfeift und die Spatzen nisten; in diesen armselig häßlichen Lehmgassen, die man durch das zerrissene Tor erblickt, herrschte nicht immer jene öde Stille, die nur dann und wann unterbrochen wird von schreienden Kindern, keifenden Weibern und brüllenden Kühen. Diese Mauern waren einst stolz und stark, und in diesen Gassen bewegte sich frisches, freies Leben, Macht und Pracht, Lust und Leid, viel Liebe und viel Haß. Bacherach gehörte einst zu jenen Munizipien, welche von den Römern während ihrer Herrschaft am Rhein gegründet worden, und die Einwohner, obgleich die folgenden Zeiten sehr stürmisch, und obgleich sie späterhin unter Hohenstaufische und zuletzt unter Wittelsbacher Oberherrschaft gerieten, wußten dennoch nach dem Beispiel anderer rheinischen Städte ein ziemlich freies Gemeinwesen zu erhalten. Dieses bestand aus einer Verbindung einzelner Körperschaften, wovon die der patrizischen Altbürger und die der Zünfte, welche sich wieder nach ihren verschiedenen Gewerken unterabteilten, beiderseitig nach der Alleinmacht rangen: so daß sie sämtlich nach außen, zu Schutz und Trutz gegen den nachbarlichen Raubadel, fest verbunden standen, nach innen aber wegen streitender Interessen in beständiger Spaltung verharrten; und daher unter ihnen wenig Zusammenleben, viel Mißtrauen, oft sogar tätliche Ausbrüche der Leidenschaft. Der herrschaftliche Vogt saß auf der hohen Burg Sareck, und wie sein Falke schoß er herab, wenn man ihn rief, und auch manchmal ungerufen. Die Geistlichkeit herrschte im Dunkeln durch die Verdunklung des Geistes. Eine am meisten vereinzelte, ohnmächtige und vom Bürgerrechte allmählich verdrängte Körperschaft war die kleine Judengemeinde, die schon zur Römerzeit in Bacherach sich niedergelassen und späterhin, während der großen Judenverfolgung, ganze Scharen flüchtiger Glaubensbrüder in sich aufgenommen hatte.

Die große Judenverfolgung begann mit den Kreuzzügen und wütete am grimmigsten um die Mitte des vierzehnten Jahrhunderts, am Ende der großen Pest, die wie jedes andere öffentliche Unglück durch die Juden entstanden sein sollte, indem man behauptete, sie hätten den Zorn Gottes herabgeflucht und mit Hilfe der Aussätzigen die Brunnen vergiftet. Der gereizte Pöbel, besonders die Horden der Flagellanten, halbnackte Männer und Weiber, die, zur Buße sich selbst geißelnd und ein tolles Marienlied singend, die Rheingegend und das übrige Süddeutschland durchzogen, ermordeten damals viele tausend Juden, oder marterten sie, oder tauften sie gewaltsam. Eine andere Beschuldigung, die ihnen schon in früherer Zeit, das ganze Mittelalter hindurch bis Anfang des vorigen Jahrhunderts, viel Blut und Angst kostete, das war das läppische, in Chroniken und Legenden bis zum Ekel oft wiederholte Märchen, daß die Juden geweihte Hostien stählen, die sie mit Messern durchstächen, bis das Blut herausfließe, und daß sie an ihrem Passahfeste Christenkinder schlachteten, um das Blut derselben bei ihrem nächtlichen Gottesdienste zu gebrauchen. Die Juden, hinlänglich verhaßt wegen ihres Glaubens, ihres Reichtums und ihrer Schuldbücher, waren an jenem Festtage ganz in den Händen ihrer Feinde, die ihr Verderben nur gar zu leicht bewirken konnten, wenn sie das Gerücht eines solchen Kindermordes verbreiteten, vielleicht gar einen blutigen Kinderleichnam in das verfemte Haus eines Juden heimlich hineinschwärzten und dort nächtlich die betende Judenfamilie überfielen, wo alsdann gemordet, geplündert und getauft wurde und große Wunder geschahen durch das vorgefundene tote Kind, welches die Kirche am Ende gar kanonisierte. Sankt Werner ist ein solcher Heiliger, und ihm zu Ehren ward zu Oberwesel jene prächtige Abtei gestiftet, die jetzt am Rhein eine der schönsten Ruinen bildet und mit der gotischen Herrlichkeit ihrer langen, spitzbögigen Fenster, stolz emporschießenden Pfeiler und Steinschnitzereien uns so sehr entzückt, wenn wir an einem heitergrünen Sommertage vorbeifahren und ihren Ursprung nicht kennen. Zu Ehren dieses Heiligen wurden am Rhein noch drei andere große Kirchen errichtet und unzählige Juden getötet oder mißhandelt. Dies geschah im Jahre 1287, und auch zu Bacherach, wo eine von diesen Sankt-Werners-Kirchen gebaut wurde, erging damals über die Juden viel Drangsal und Elend. Doch zwei Jahrhunderte seitdem blieben sie verschont von solchen Anfällen der Volkswut, obgleich sie noch immer hinlänglich angefeindet und bedroht wurden.

Je mehr aber der Haß sie von außen bedrängte, desto inniger und traulicher wurde das häusliche Zusammenleben, desto tiefer wurzelte die Frömmigkeit und Gottesfurcht der Juden von Bacherach. Ein Muster gottgefälligen Wandels war der dortige Rabbiner, genannt Rabbi Abraham, ein noch jugendlicher Mann, der aber weit und breit wegen seiner Gelahrtheit berühmt war. Er war geboren in dieser Stadt, und sein Vater, der dort ebenfalls Rabbiner gewesen, hatte ihm in seinem letzten Willen befohlen, sich demselben Amt zu widmen und Bacherach nie zu verlassen, es sei denn wegen Lebensgefahr. Dieser Befehl und ein Schrank mit seltenen Büchern war alles, was sein Vater, der bloß in Armut und Schriftgelahrtheit lebte, ihm hinterließ. Dennoch war Rabbi Abraham ein sehr reicher Mann; verheiratet mit der einzigen Tochter seines verstorbenen Vaterbruders, welcher den Juwelenhandel getrieben, erbte er dessen große Reichtümer. Einige Fuchsbärte in der Gemeinde deuteten darauf hin, als wenn der Rabbi eben des Geldes wegen seine Frau geheiratet habe. Aber sämtliche Weiber widersprachen und wußten alte Geschichten zu erzählen: wie der Rabbi schon vor seiner Reise nach Spanien verliebt gewesen in Sara — man hieß sie eigentlich die schöne Sara — und wie Sara sieben Jahre warten mußte, bis der Rabbi aus Spanien zurückkehrte, indem er sie gegen den Willen ihres Vaters und selbst gegen ihre eigene Zustimmung durch den Trauring geheiratet hatte. Jedweder Jude nämlich kann ein jüdisches Mädchen zu seinem rechtmäßigen Eheweibe machen, wenn es ihm gelang, ihr einen Ring an den Finger zu stecken und dabei die Worte zu sprechen: „Ich nehme dich zu meinem Weibe nach den Sitten von Moses und Israel!" Bei der Erwähnung Spaniens pflegten die Fuchsbärte auf eine ganz eigene Weise zu lächeln, und das geschah wohl wegen eines dunkeln Gerüchts, daß Rabbi Abraham auf der hohen Schule zu Toledo zwar emsig genug das Studium des göttlichen Gesetzes getrieben, aber auch christliche Gebräuche nachgeahmt und freigeistige Denkungsart eingesogen habe, gleich jenen spanischen Juden, die damals auf einer außerordentlichen Höhe der Bildung standen. Im Innern ihrer Seele aber glaubten jene Fuchsbärte sehr wenig an die Wahrheit des angedeuteten Gerüchts. Denn überaus rein, fromm und ernst war seit seiner Rückkehr aus Spanien die Lebensweise des Rabbi, die kleinlichsten Glaubensgebräuche übte er mit ängstlicher Gewissenhaftigkeit, alle Montag und Donnerstag pflegte er zu fasten, nur am Sabbat oder anderen Feiertagen genoß er Fleisch und Wein, sein Tag verfloß in Gebet und Studium, des Tages erklärte er das göttliche Gesetz im Kreise der Schüler, die der Ruhm seines Namens nach Bacherach gezogen, und des Nachts betrachtete er die Sterne des Himmels oder die Augen der schönen Sara. Kinderlos war die Ehe des Rabbi; dennoch fehlte es nicht um ihn her an Leben und Bewegung. Der große Saal seines Hauses, welches neben der Synagoge lag, stand offen zum Gebrauche der ganzen Gemeinde: hier ging man aus und ein ohne Umstände, verrichtete schleunige Gebete, oder holte Neuigkeiten, oder hielt Beratung in allgemeiner Not; hier spielten die Kinder am Sabbatmorgen, während in der Synagoge der wöchentliche Abschnitt verlesen wurde; hier versammelte man sich bei Hochzeit- und Leichenzügen, und zankte sich und versöhnte sich; hier fand der Frierende einen warmen Ofen und der Hungrige einen gedeckten Tisch. Außerdem bewegten sich um den Rabbi noch eine Menge Verwandte, Brüder und Schwestern mit ihren Weibern und Kindern, sowie auch seine und seiner Frau gemeinschaftliche Ohme und Muhmen, eine weitläuftige Sippschaft, die alle den Rabbi als Familienhaupt betrachteten, im Hause desselben früh und spät verkehrten und an hohen Festtagen sämtlich dort zu speisen pflegten. Solche gemeinschaftliche Familienmahle im Rabbinerhause fanden ganz besonders statt bei der jährlichen Feier des Passah, eines uralten, wunderbaren Festes, das noch jetzt die Juden in der ganzen Welt am Vorabend des vierzehnten Tages im Monat Nissen, zum ewigen Gedächtnisse ihrer Befreiung aus ägyptischer Knechtschaft, folgendermaßen begehen:

Sobald es Nacht ist, zündet die Hausfrau die Lichter an, spreitet das Tafeltuch über den Tisch, legt in die Mitte desselben drei von den platten ungesäuerten Broten, verdeckt sie mit einer Serviette und stellt auf diesen erhöhten Platz sechs kleine Schüsseln, worin symbolische Speisen enthalten, nämlich ein Ei, Lattich, Meerettichwurzel, ein Lammknochen und eine braune Mischung von Rosinen, Zimt und Nüssen. An diesen Tisch setzt sich der Hausvater mit allen Verwandten und Genossen und liest ihnen vor aus einem abenteuerlichen Buche, das die Agade heißt, und dessen Inhalt eine seltsame Mischung ist von Sagen der Vorfahren, Wundergeschichten aus Ägypten, kuriosen Erzählungen, Streitfragen, Gebeten und Festliedern. Eine große Abendmahlzeit wird in die Mitte dieser Feier eingeschoben, und sogar während des Vorlesens wird zu bestimmten Zeiten etwas von den symbolischen Gerichten gekostet, sowie alsdann auch Stückchen von dem ungesäuerten Brote gegessen und vier Becher roten Weins getrunken werden. Wehmütig heiter, ernsthaft spielend und märchenhaft geheimnisvoll ist der Charakter dieser Abendfeier, und der herkömmlich singende Ton, womit die Agade von dem Hausvater vorgelesen und zuweilen chorartig von den Zuhörern nachgesprochen wird, klingt so schauervoll innig, so mütterlich einlullend und zugleich so hastig aufweckend, daß selbst diejenigen Juden, die längst von dem Glauben ihrer Väter abgefallen und fremden Freuden und Ehren nachgejagt sind, im tiefsten Herzen erschüttert werden, wenn ihnen die alten, wohlbekannten Passahklänge zufällig ins Ohr dringen.

Im großen Saale seines Hauses saß einst Rabbi Abraham, und mit seinen Anverwandten, Schülern und übrigen Gästen beging er die Abendfeier des Passahfestes. Im Saale war alles mehr als gewöhnlich blank; über den Tisch zog sich die buntgestickte Seidendecke, deren Goldfransen bis auf die Erde hingen; traulich schimmerten die Tellerchen mit den symbolischen Speisen sowie auch die hohen weingefüllten Becher, woran als Zierat lauter heilige Geschichten von getriebener Arbeit; die Männer saßen in ihren Schwarzmänteln und schwarzen Platthüten und weißen Halsbergen; die Frauen, in ihren wunderlich glitzernden Kleidern von lombardischen Stoffen, trugen um Haupt und Hals ihr Gold- und Perlengeschmeide, und die silberne Sabbatlampe goß ihr festlichstes Licht über die andächtig vergnügten Gesichter der Alten und Jungen. Auf den purpurnen Sammetkissen eines mehr als die übrigen erhabenen Sessels und angelehnt, wie es der Gebrauch heischt, saß Rabbi Abraham und las und sang die Agade, und der bunte Chor stimmte ein oder antwortete bei den vorgeschriebenen Stellen. Der Rabbi trug ebenfalls sein schwarzes Festkleid, seine edelgeformten, etwas strengen Züge waren milder denn gewöhnlich, die Lippen lächelten hervor aus dem braunen Barte, als wenn sie viel Holdes erzählen wollten, und in seinen Augen schwamm es wie selige Erinnerung und Ahnung. Die schöne Sara, die auf einem ebenfalls erhabenen Sammetsessel an seiner Seite saß, trug als Wirtin nichts von ihrem Geschmeide, nur weißes Linnen umschloß ihren schlanken Leib und ihr frommes Antlitz. Dieses Antlitz war rührend schön, wie denn überhaupt die Schönheit der Jüdinnen von eigentümlich rührender Art ist; das Bewußtsein des tiefen Elends, der bittern Schmach und der schlimmen Fahrnisse, worinnen ihre Verwandten und Freunde leben, verbreitet über ihre holden Gesichtszüge eine gewisse leidende Innigkeit und beobachtende Liebesangst, die unsere Herzen sonderbar bezaubern. So saß heute die schöne Sara und sah beständig nach den Augen ihres Mannes; dann und wann schaute sie auch nach der vor ihr liegenden Agade, dem hübschen, in Gold und Samt gebundenen Pergamentbuche, einem alten Erbstück mit verjährten Weinflecken aus den Zeiten ihres Großvaters, und worin so viele keck und bunt gemalten Bilder, die sie schon als kleines Mädchen, am Passahabend, so gerne betrachtete, und die allerlei biblische Geschichten darstellten, als da sind: wie Abraham die steinernen Götzen seines Vaters mit dem Hammer entzweiklopft, wie die Engel zu ihm kommen, wie Moses den Mitzri totschlägt, wie Pharao prächtig auf dem Throne sitzt, wie ihm die Frösche sogar bei Tische keine Ruhe lassen, wie er Gott sei Dank versäuft, wie die Kinder Israel vorsichtig durch das Rote Meer gehen, wie sie offenen Maules mit ihren Schafen, Kühen und Ochsen vor dem Berge Sinai stehen, dann auch wie der fromme König David die Harfe spielt, und endlich wie Jerusalem mit den Türmen und Zinnen seines Tempels bestrahlt wird vom Glanze der Sonne!

Der zweite Becher war schon eingeschenkt, die Gesichter und Stimmen wurden immer heller, und der Rabbi, indem er eins der ungesäuerten Osterbrote ergriff und heiter grüßend emporhielt, las er folgende Worte aus der Agade: „Siehe! das ist die Kost, die unsere Väter in Ägypten genossen! Jeglicher, den es hungert, er komme und genieße! Jeglicher, der da traurig, er komme und teile unsere Passahfreude! Gegenwärtigen Jahres feiern wir hier das Fest, aber zum kommenden Jahre im Lande Israels! Gegenwärtigen Jahres feiern wir es noch als Knechte, aber zum kommenden Jahre als Söhne der Freiheit!“

Da öffnete sich die Saaltüre, und herein traten zwei große, blasse Männer, in sehr weite Mäntel gehüllt, und der eine sprach: „Friede sei mit euch, wir sind reisende Glaubensgenossen und wünschen das Passahfest mit euch zu feiern.“ Und der Rabbi antwortete rasch und freundlich: „Mit euch sei Frieden, setzt euch nieder in meiner Nähe.“ Die beiden Fremdlinge setzten sich alsbald zu Tische, und der Rabbi fuhr fort im Vorlesen. Manchmal, während die übrigen noch im Zuge des Nachsprechens waren, warf er kosende Worte nach seinem Weibe, und anspielend auf den alten Scherz, daß ein jüdischer Hausvater sich an diesem Abend für einen König hält, sagte er zu ihr: „Freue dich, meine Königin!“ Sie aber antwortete wehmütig lächelnd: „Es fehlt uns ja der Prinz!“ und damit meinte sie den Sohn des Hauses, der, wie eine Stelle in der Agade es verlangt, mit vorgeschriebenen Worten seinen Vater um die Bedeutung des Festes befragen soll. Der Rabbi erwiderte nichts und zeigte bloß mit dem Finger nach einem eben aufgeschlagenen Bilde in der Agade, wo überaus anmutig zu schauen war: wie die drei Engel zu Abraham kommen, um ihm zu verkünden, daß ihm ein Sohn geboren werde von seiner Gattin Sara, welche unterdessen weiblich pfiffig hinter der Zelttüre steht, um die Unterredung zu belauschen. Dieser leise Wink goß dreifaches Rot über die Wangen der schönen Frau, sie schlug die Augen nieder und sah dann wieder freundlich empor nach ihrem Manne, der singend fortfuhr im Vorlesen der wunderbaren Geschichte: wie Rabbi Jesua, Rabbi Elieser, Rabbi Asaria, Rabbi Akiba und Rabbi Tarphen in Bona-Brak angelehnt saßen und sich die ganze Nacht vom Auszuge der Kinder Israel aus Ägypten unterhielten, bis ihre Schüler kamen und ihnen zuriefen, es sei Tag, und in der Synagoge verlese man schon das große Morgengebet.

Derweilen nun die schöne Sara andächtig zuhörte und ihren Mann beständig ansah, bemerkte sie, wie plötzlich sein Antlitz in grausiger Verzerrung erstarrte, das Blut aus seinen Wangen und Lippen verschwand und seine Augen wie Eiszapfen hervorglotzten; — aber fast im selben Augenblicke sah sie, wie seine Züge wieder die vorige Ruhe und Heiterkeit annahmen, wie seine Lippen und Wangen sich wieder röteten, seine Augen munter umherkreisten, ja, wie sogar eine ihm sonst ganz fremde tolle Laune sein ganzes Wesen ergriff. Die schöne Sara erschrak, wie sie noch nie in ihrem Leben erschrocken war, und ein inneres Grauen stieg kältend in ihr auf, weniger wegen der Zeichen von starrem Entsetzen, die sie einen Moment lang im Gesichte ihres Mannes erblickt hatte, als wegen seiner jetzigen Fröhlichkeit, die allmählich in jauchzende Ausgelassenheit überging. Der Rabbi schob sein Barett spielend von einem Ohre nach dem andern, zupfte und kräuselte possierlich seine Bartlocken, sang den Agadetext nach der Weise eines Gassenhauers, und bei der Aufzählung der ägyptischen Plagen, wo man mehrmals den Zeigefinger in den vollen Becher eintunkt und den anhängenden Weintropfen zur Erde wirft, bespritzte der Rabbi die jüngeren Mädchen mit Rotwein, und es gab großes Klagen über verdorbene Halskrausen und schallendes Gelächter. Immer unheimlicher ward es der schönen Sara bei dieser krampfhaft sprudelnden Lustigkeit ihres Mannes, und beklommen von namenloser Bangigkeit schaute sie in das summende Gewimmel der buntbeleuchteten Menschen, die sich behaglich breit hin und her schaukelten, an den dünnen Passahbroten knoperten, oder Wein schlürften, oder miteinander schwatzten, oder laut sangen, überaus vergnügt.

Da kam die Zeit, wo die Abendmahlzeit gehalten wird, alle standen auf, um sich zu waschen, und die schöne Sara holte das große silberne, mit getriebenen Goldfiguren reichverzierte Waschbecken, das sie jedem der Gäste vorhielt, während ihm Wasser über die Hände gegossen wurde. Als sie auch dem Rabbi diesen Dienst erwies, blinzelte ihr dieser bedeutsam mit den Augen und schlich sich zur Türe hinaus. Die schöne Sara folgte ihm auf dem Fuße; hastig ergriff der Rabbi die Hand seines Weibes, eilig zog er sie fort durch die dunklen Gassen Bacherachs, eilig zum Tor hinaus auf die Landstraße, die den Rhein entlang nach Bingen führt.

Es war eine jener Frühlingsnächte, die zwar lau genug und hellgestirnt sind, aber doch die Seele mit seltsamen Schauern erfüllen. Leichenhaft dufteten die Blumen; schadenfroh und zugleich selbstbeängstigt zwitscherten die Vögel; der Mond warf heimtückisch gelbe Streiflichter über den dunkel hinmurmelnden Strom; die hohen Felsenmassen des Ufers schienen bedrohlich wackelnde Riesenhäupter; der Turmwächter auf Burg Strahleck blies eine melancholische Weise, und dazwischen läutete eifrig gellend das Sterbeglöckchen der Sankt-Werners-Kirche. Die schöne Sara trug in der rechten Hand das silberne Waschbecken, ihre Linke hielt der Rabbi noch immer gefaßt, und sie fühlte, wie seine Finger eiskalt waren, und wie sein Arm zitterte; aber sie folgte schweigend, vielleicht, weil sie von jeher gewohnt, ihrem Manne blindlings und fragenlos zu gehorchen, vielleicht auch, weil ihre Lippen vor innerer Angst verschlossen waren.

Unterhalb der Burg Sonneck, Lorch gegenüber, ungefähr wo jetzt das Dörfchen Niederrheinbach liegt, erhebt sich eine Felsenplatte, die bogenartig über das Rheinufer hinaushängt. Diese erstieg Rabbi Abraham mit seinem Weibe, schaute sich um nach allen Seiten und starrte hinauf nach den Sternen. Zitternd und von Todesängsten durchfröstelt stand neben ihm die schöne Sara und betrachtete sein blasses Gesicht, das der Mond gespenstisch beleuchtete, und worauf es hin und her zuckte wie Schmerz, Furcht, Andacht und Wut. Als aber der Rabbi plötzlich das silberne Waschbecken ihr aus der Hand riß und es schollernd hinabwarf in den Rhein: da konnte sie das grausenhafte Angstgefühl nicht länger ertragen, und mit dem Ausrufe „Schadai voller Gnade!“ stürzte sie zu den Füßen des Mannes und beschwor ihn, das dunkle Rätsel endlich zu enthüllen.

Der Rabbi, des Sprechens ohnmächtig, bewegte mehrmals lautlos die Lippen, und endlich rief er: „Siehst du den Engel des Todes? Dort unten schwebt er über Bacherach! Wir aber sind seinem Schwerte entronnen. Gelobt sei der Herr!“ Und mit einer Stimme, die noch vor innerem Entsetzen bebte, erzählte er: wie er wohlgemut die Agade hinsingend und angelehnt saß und zufällig unter den Tisch schaute, habe er dort zu seinen Füßen den blutigen Leichnam eines Kindes erblickt. „Da merkte ich" — setzte der Rabbi hinzu — „daß unsere zwei späte Gäste nicht von der Gemeinde Israels waren, sondern von der Versammlung der Gottlosen, die sich beraten hatten, jenen Leichnam heimlich in unser Haus zu schaffen, um uns des Kindermordes zu beschuldigen und das Volk aufzureizen, uns zu plündern und zu ermorden. Ich durfte nicht merken lassen, daß ich das Werk der Finsternis durchschaut; ich hätte dadurch nur mein Verderben beschleunigt, und nur die List hat uns beide gerettet. Gelobt sei der Herr! Ängstige dich nicht, schöne Sara; auch unsere Freunde und Verwandte werden gerettet sein. Nur nach meinem Blute lechzten die Ruchlosen; ich bin ihnen entronnen, und sie begnügen sich mit meinem Silber und Golde. Komm mit mir, schöne Sara, nach einem anderen Lande, wir wollen das Unglück hinter uns lassen, und damit uns das Unglück nicht verfolge, habe ich ihm das letzte meiner Habe, das silberne Becken, zur Versöhnung hingeworfen. Der Gott unserer Väter wird uns nicht verlassen. — Komm herab, du bist müde; dort unten steht bei seinem Kahne der stille Wilhelm; er fährt uns den Rhein herauf."

Lautlos und wie mit gebrochenen Gliedern war die schöne Sara in die Arme des Rabbi hingesunken, und langsam trug er sie hinab nach dem Ufer. Hier stand der stille Wilhelm, ein taubstummer, aber bildschöner Knabe, der zum Unterhalt seiner alten Pflegemutter, einer Nachbarin des Rabbi, den Fischfang trieb und hier seinen Kahn angelegt hatte. Es war aber, als erriete er schon gleich die Absicht des Rabbi, ja es schien, als habe er eben auf ihn gewartet, um seine geschlossenen Lippen zog sich das lieblichste Mitleid, bedeutungstief ruhten seine großen blauen Augen auf der schönen Sara, und sorgsam trug er sie in den Kahn.

Der Blick des stummen Knaben weckte die schöne Sara aus ihrer Betäubung, sie fühlte auf einmal, daß alles, was ihr Mann ihr erzählt, kein bloßer Traum sei, und Ströme bitterer Tränen ergossen sich über ihre Wangen, die jetzt so weiß wie ihr Gewand. Da saß sie nun in der Mitte des Kahns, ein weinendes Marmorbild; neben ihr saßen ihr Mann und der stille Wilhelm, welche emsig ruderten.

Sei es nun durch den einförmigen Ruderschlag, oder durch das Schaukeln des Fahrzeugs, oder durch den Duft jener Bergesufer, worauf die Freude wächst, immer geschieht es, daß auch der Betrübteste seltsam beruhigt wird, wenn er in der Frühlingsnacht in einem leichten Kahne leicht dahin fährt auf dem lieben, klaren Rheinstrom. Wahrlich, der alte, gutherzige Vater Rhein kann's nicht leiden, wenn seine Kinder weinen; tränenstillend wiegt er sie auf seinen treuen Armen und erzählt ihnen seine schönsten Märchen und verspricht ihnen seine goldigsten Schätze; vielleicht gar den uralt versunkenen Nibelungenhort. Auch die Tränen der schönen Sara flossen immer milder und milder, ihre gewaltigsten Schmerzen wurden fortgespült von den flüsternden Wellen, die Nacht verlor ihr finsteres Grauen, und die heimatlichen Berge grüßten wie zum zärtlichsten Lebewohl. Vor allen aber grüßte traulich ihr Lieblingsberg, der Kedrich, und in seiner seltsamen Mondbeleuchtung schien es, als stände wieder oben ein Fräulein mit ängstlich ausgestreckten Armen, als kröchen die flinken Zwerglein wimmelnd aus ihren Felsenspalten und als käme ein Reiter den Berg hinaufgesprengt in vollem Galopp; und der schönen Sara war zumute, als sei sie wieder ein kleines Mädchen und säße wieder auf dem Schoße ihrer Muhme aus Lorch, und diese erzähle ihr die hübsche Geschichte von dem kecken Reiter, der das arme, von den Zwergen geraubte Fräulein befreite, und noch andere wahre Geschichten, vom wunderlichen Wispertale drüben, wo die Vögel ganz vernünftig sprechen, und vom Pfefferkuchenland, wohin die folgsamen Kinder kommen, und von verwünschten Prinzessinnen, singenden Bäumen, gläsernen Schlössern, goldenen Brücken, lachenden Nixen ... Aber zwischen all diesen hübschen Märchen, die klingend und leuchtend zu leben begannen, hörte die schöne Sara die Stimme ihres Vaters, der ärgerlich die arme Muhme ausschalt, daß sie dem Kinde so viel Torheiten in den Kopf schwatze! Alsbald kam's ihr vor, als setzte man sie auf das kleine Bänkchen vor dem Samtsessel ihres Vaters, der mit weicher Hand ihr langes Haar streichelte, gar vergnügt mit den Augen lachte und sich behaglich hin und her wiegte in seinem weiten blauseidenen Sabbatschlafrock ... Es mußte wohl Sabbat sein, denn die geblümte Decke war über den Tisch gespreitet, alle Geräte im Zimmer leuchteten, spiegelblank gescheuert, der weißbärtige Gemeindediener saß an der Seite des Vaters und kaute Rosinen und sprach hebräisch, auch der kleine Abraham kam herein mit einem allmächtig großen Buche und bat bescheidentlich seinen Oheim um die Erlaubnis, einen Abschnitt der Heiligen Schrift erklären zu dürfen, damit der Oheim sich selber überzeuge, daß er in der verflossenen Woche viel gelernt habe und viel Lob und Kuchen verdiene ... Nun legte der kleine Bursche das Buch auf die breite Armlehne des Sessels und erklärte die Geschichte von Jakob und Rahel, wie Jakob seine Stimme erhoben und laut geweint, als er sein Mühmchen Rahel zuerst erblickte, wie er so traulich am Brunnen mit ihr gesprochen, wie er sieben Jahr um Rahel dienen mußte, und wie sie ihm so schnell verflossen, und wie er die Rahel geheiratet und immer und immer geliebt hat ... Auf einmal erinnerte er sich auch die schöne Sara, daß ihr Vater damals mit lustigem Tone ausrief: „Willst du nicht ebenso dein Mühmchen Sara heiraten?" worauf der kleine Abraham ernsthaft antwortete: „Das will ich, und sie soll sieben Jahr warten." Dämmernd zogen diese Bilder durch die Seele der schönen Frau, sie sah, wie sie und ihr kleiner Vetter, der jetzt so groß und ihr Mann geworden, kindisch miteinander in der Lauberhütte spielten, wie sie sich dort ergötzten an den bunten Tapeten, Blumen, Spiegeln und vergoldeten Äpfeln, wie der kleine Abraham immer zärtlicher mit ihr koste, bis er allmählich größer und mürrisch wurde und endlich ganz groß und ganz mürrisch ... Und endlich sitzt sie zu Hause allein in ihrer Kammer eines Samstags Abend, der Mond scheint hell durchs Fenster, und die Tür fliegt auf, und hastig stürmt herein ihr Vetter Abraham in Reisekleidern und blaß wie der Tod, und er greift ihre Hand, steckt einen goldenen Ring an ihren Finger und spricht feierlich: „Ich nehme dich hiermit zu meinem Weibe nach den Gesetzen von Moses und Israel! Jetzt aber" — setzt er bebend hinzu — „jetzt muß ich fort nach Spanien. Lebe wohl, sieben Jahre sollst du auf mich warten!" Und er stürzt fort, und weinend erzählt die schöne Sara das alles ihrem Vater ... Der tobt und wütet: ‚Schneid ab dein Haar, denn du bist ein verheiratetes Weib!" — und er will dem Abraham nachreiten, um einen Scheidebrief von ihm zu erzwingen; — aber der ist schon über alle Berge, der Vater kehrt schweigend nach Haus zurück, und wie die schöne Sara ihm die Reitstiefel ausziehen hilft und besänftigend äußert, daß der Abraham nach sieben Jahren zurückkehre, da flucht der Vater: „Sieben Jahre sollt ihr betteln gehn!" und bald stirbt er.

So zogen der schönen Sara die alten Geschichten durch den Sinn wie ein hastiges Schattenspiel; die Bilder vermischten sich auch wunderlich, und zwischendurch schauten halb bekannte, halb fremde bärtige Gesichter und große Blumen mit fabelhaft breitem Blattwerk. Es war auch, als murmelte der Rhein die Melodien der Agade, und die Bilder derselben stiegen daraus hervor, lebensgroß und verzerrt, tolle Bilder: der Erzvater Abraham zerschlägt ängstlich die Götzengestalten, die sich immer hastig wieder von selbst zusammensetzen; der Mitzri wehrt sich furchtbar gegen den ergrimmten Moses; der Berg Sinai blitzt und flammt; der König Pharao schwimmt im Roten Meere, mit den Zähnen im Maule die zackige Goldkrone festhaltend; Frösche mit Menschenantlitz schwimmen hintendrein, und die Wellen schäumen und brausen, und eine dunkle Riesenhand taucht drohend daraus hervor.

Das war Hattos Mäuseturm, und der Kahn schoß eben durch den Binger Strudel. Die schöne Sara ward dadurch etwas aus ihren Träumereien gerüttelt und schaute nach den Bergen des Ufers, auf deren Spitzen die Schloßlichter flimmerten, und an deren Fuß die mondbeleuchteten Nachtnebel sich hinzogen. Plötzlich aber glaubte sie dort ihre Freunde und Verwandten zu sehen, wie sie mit Leichengesichtern und in weißwallenden Totenhemden schreckenhaftig vorüberliefen, den Rhein entlang ... es ward ihr schwarz vor den Augen, ein Eisstrom ergoß sich in ihre Seele, und wie im Schlafe hörte sie nur noch, daß ihr der Rabbi das Nachtgebet vorbetete, langsam ängstlich, wie es bei todkranken Leuten geschieht, und träumerisch stammelte sie noch die Worte: „Zehntausend zur Rechten, zehntausend zur Linken; den König zu schützen vor nächtlichem Grauen ..."

Da verzog sich plötzlich all das eindringende Dunkel und Grausen, der düstere Vorhang ward vom Himmel fortgerissen, es zeigte sich oben die heilige Stadt Jerusalem mit ihren Türmen und Toren; in goldener Pracht leuchtete der Tempel; auf dem Vorhofe desselben erblickte die schöne Sara ihren Vater in seinem gelben Sabbatschlafrock und vergnügt mit den Augen lachend; aus den runden Tempelfenstern grüßten fröhlich alle ihre Freunde und Verwandte; im Allerheiligsten kniete der fromme König David mit Purpurmantel und funkelnder Krone, und lieblich ertönte sein Gesang und Saitenspiel, — und selig lächelnd entschlief die schöne Sara.

Zweites Kapitel.

Als die schöne Sara die Augen aufschlug, ward sie fast geblendet von den Strahlen der Sonne. Die hohen Türme einer großen Stadt erhoben sich, und der stumme Wilhelm stand mit der Hakenstange aufrecht im Kahne und leitete denselben durch das lustige Gewühl vieler buntbewimpelten Schiffe, deren Mannschaft entweder müßig hinabschaute auf die Vorbeifahrenden, oder vielhändig beschäftigt war mit dem Ausladen von Kisten, Ballen und Fässern, die auf kleineren Fahrzeugen ans Land gebracht wurden, wobei ein betäubender Lärm, das beständige Hallorufen der Barkenführer, das Geschrei der Kaufleute vom Ufer her und das Keifen der Zöllner, die in ihren roten Röcken mit weißen Stäbchen und weißen Gesichtern von Schiff zu Schiff hüpften.

„Ja, schöne Sara" — sagte der Rabbi zu seiner Frau heiter lächelnd — „das ist hier die weltberühmte freie Reichs- und Handelsstadt Frankfurt am Main, und das ist eben der Mainfluß, worauf wir jetzt fahren. Da drüben die lachenden Häuser, umgeben von grünen Hügeln, das ist das Sachsenhausen, woher uns der lahme Gumpertz zur Zeit des Laubhüttenfestes die schönen Myrrhen holt. Hier siehst du auch die starke Mainbrücke mit ihren dreizehn Bögen, und gar viel Volk, Wagen und Pferde geht sicher darüber hin, und in der Mitte steht das Häuschen, wovon die Mühmele Täubchen erzählt hat, daß ein getaufter Jude darin wohnt, der jedem, der ihm eine tote Ratte bringt, sechs Heller auszahlt für Rechnung der jüdischen Gemeinde, die dem Stadtrate jährlich fünftausend Rattenschwänze abliefern soll!"

Über diesen Krieg, den die Frankfurter Juden mit den Ratten zu führen haben, mußte die schöne Sara laut lachen; das klare Sonnenlicht und die neue bunte Welt, die vor ihr auftauchte, hatte alles Grauen und Entsetzen der vorigen Nacht aus ihrer Seele verscheucht, und als sie aus dem landenden Kahne von ihrem Manne und dem stummen Wilhelm aufs Ufer gehoben worden, fühlte sie sich wie durchdrungen von freudiger Sicherheit. Der stumme Wilhelm aber mit seinen schönen, tiefblauen Augen sah ihr lange ins Gesicht, halb schmerzlich, halb heiter, dann warf er noch einen bedeutenden Blick nach dem Rabbi, sprang zurück in seinen Kahn, und bald war er damit verschwunden.

„Der stumme Wilhelm hat doch viele Ähnlichkeit mit meinem verstorbenen Bruder" — bemerkte die schöne Sara. „Die Engel sehen sich alle ähnlich" — erwiderte leichthin der Rabbi, und sein Weib bei der Hand ergreifend, führte er sie durch das Menschengewimmel des Ufers, wo jetzt, weil es die Zeit der Ostermesse, eine Menge hölzerner Krambuden aufgebaut standen. Als sie durch das dunkle Maintor in die Stadt gelangten, fanden sie nicht minder lärmigen Verkehr. Hier in einer engen Straße erhob sich ein Kaufmannsladen neben dem andern, und die Häuser, wie überall in Frankfurt, waren ganz besonders zum Handel eingerichtet: im Erdgeschosse keine Fenster, sondern lauter offene Bogentüren, so daß man tief hineinschauen und jeder Vorübergehende die ausgestellten Waren deutlich betrachten konnte. Wie staunte die schöne Sara ob der Masse kostbarer Sachen und ihrer niegesehenen Pracht! Da standen Venezianer, die allen Luxus des Morgenlandes und Italiens feilboten, und die schöne Sara war wie festgebannt beim Anblick der aufgeschichteten Putzsachen und Kleinodien, der bunten Mützen und Mieder, der güldenen Armspangen und Halsbänder, des ganzen

Flitterkrams, das die Frauen sehr gern bewundern, und womit sie sich noch lieber schmücken. Die reichgestickten Samt- und Seidenstoffe schienen mit der schönen Sara sprechen und ihr allerlei Wunderliches ins Gedächtnis zurückfunkeln zu wollen, und es war ihr wirklich zumute, als wäre sie wieder ein kleines Mädchen und Mühmele Täubchen habe ihr Versprechen erfüllt und sie nach der Frankfurter Messe geführt, und jetzt eben stehe sie vor den hübschen Kleidern, wovon ihr so viel erzählt worden. Mit heimlicher Freude überlegte sie schon, was sie nach Bacherach mitbringen wolle, welchem von ihren beiden Bäschen, dem kleinen Blümchen oder dem kleinen Vögelchen, der blauseidene Gürtel am besten gefallen würde, ob auch die grünen Höschen dem kleinen Gottschalk passen mögen, — doch plötzlich sagte sie zu sich selber: „Ach Gott! die sind ja unterdessen groß gewachsen und gestern umgebracht worden!" Sie schrak heftig zusammen, und die Bilder der Nacht wollten schon mit all ihrem Entsetzen wieder in ihr aufsteigen; doch die goldgestickten Kleider blinzelten nach ihr wie mit tausend Schelmenaugen und redeten ihr alles Dunkle aus dem Sinn, und wie sie hinaufsah nach dem Antlitz ihres Mannes, so war dieses unumwölkt und trug seine gewöhnliche ernste Milde. „Mach die Augen zu, schöne Sara" — sagte der Rabbi und führte seine Frau weiter durch das Menschengedränge.

Welch ein buntes Treiben! Zumeist waren es Handelsleute, die laut miteinander feilschten, oder auch mit sich selber sprechend an den Fingern rechneten, oder auch von einigen hochbepackten Markthelfern, die im kurzen Hundetrab hinter ihnen herliefen, ihre Einkäufe nach der Herberge schleppen ließen. Andere Gesichter ließen merken, daß bloß die Neugier sie herbeigezogen. Am roten Mantel und der goldenen Halskette erkannte man den breiten Ratsherrn. Das schwarze, wohlhabend bauschichte Wams verriet den ehrsamen stolzen Altbürger. Die eiserne Pickelhaube, das gelblederne Wams und die klirrenden Pfundsporen verkündigten den schweren Reitersknecht. Unterm schwarzen Samthäubchen, das in einer Spitze auf der Stirne zusammenlief, barg sich ein rosiges Mädchengesicht, und die jungen Gesellen, die gleich witternden Jagdhunden hinterdrein sprangen, zeigten sich als vollkommene Stutzer durch ihre keckbefiederten Barette, ihre klingelnden Schnabelschuhe und ihre seidenen Kleider von geteilter Farbe, wo die rechte Seite grün, die linke Seite rot, oder die eine regenbogenartig gestreift, die andere buntscheckig gewürfelt war, so daß die närrischen Burschen aussahen, als wären sie in der Mitte gespalten. Von der

Menschenströmung fortgezogen, gelangte der Rabbi mit seinem Weibe nach dem Römer. Dieses ist der große, mit hohen Giebelhäusern umgebene Marktplatz der Stadt, seinen Namen führend von einem ungeheuren Hause, das „Zum Römer" hieß und vom Magistrate angekauft und zu einem Rathause geweiht wurde. In diesem Gebäude wählte man Deutschlands Kaiser, und vor demselben wurden oft edle Ritterspiele gehalten. Der König Maximilian, der dergleichen leidenschaftlich liebte, war damals in Frankfurt anwesend, und tags zuvor hatte man ihm zu Ehren vor dem Römer ein großes Stechen veranstaltet. An den hölzernen Schranken, die jetzt von den Zimmerleuten abgebrochen wurden, standen noch viele Müßiggänger und erzählten sich, wie gestern der Herzog von Braunschweig und der Markgraf von Brandenburg unter Pauken- und Trompetenschall gegeneinander gerannt, wie Herr Walter, der Lump, den Bärenritter so gewaltig aus dem Sattel gestoßen, daß die Lanzensplitter in die Luft flogen, und wie der lange blonde König Max im Kreise seines Hofgesindes auf dem Balkon stand und sich vor Freude die Hände rieb. Die Decken von goldenen Stoffen lagen noch auf der Lehne des Balkons und der spitzbögigen Rathausfenster. Auch die übrigen Häuser des Marktplatzes waren noch festlich geschmückt und mit Wappenschilden verziert, besonders das Haus Limburg, auf dessen Banner eine Jungfrau gemalt war, die einen Sperber auf der Hand trägt, während ihr ein Affe einen Spiegel vorhält. Auf dem Balkon dieses Hauses standen viele Ritter und Damen, in lächelnder Unterhaltung hinabblickend auf das Volk, das unten in tollen Gruppen und Aufzügen hin und her wogte. Welche Menge Müßiggänger von jedem Stande und Alter drängte sich hier, um ihre Schaulust zu befriedigen! Hier wurde gelacht, gegreint, gestohlen, in die Lenden gekniffen, gejubelt, und zwischendrein schmetterte gellend die Trompete des Arztes, der im roten Mantel mit seinem Hanswurst und Affen auf einem hohen Gerüste stand, seine eigene Kunstfertigkeit recht eigentlich ausposaunte, seine Tinkturen und Wundersalben anpries, oder ernsthaft das Uringlas betrachtete, das ihm irgendein altes Weib vorhielt, oder sich anschickte, einem armen Bauer den Backzahn auszureißen. Zwei Fechtmeister, in bunten Bändern einherflatternd, ihre Rapiere schwingend, begegneten sich hier wie zufällig und stießen mit Scheinzorn aufeinander; nach langem Gefechte erklärten sie sich wechselseitig für unüberwindlich und sammelten einige Pfennige. Mit Trommler und Pfeifer marschierte jetzt vorbei die neu errichtete Schützengilde. Hierauf folgte, angeführt von dem Stöcker, der eine rote Fahne trug, ein Rudel fahrender Fräulein, die aus dem Frauenhause „Zum Esel" von Würzburg herkamen und nach dem Rosentale hinzogen, wo die hochlöbliche Obrigkeit ihnen für die Meßzeit ihr Quartier angewiesen. „Mach die Augen zu, schöne Sara!" — sagte der Rabbi. Denn jene phantastisch und allzu knapp bekleideten Weibsbilder, worunter einige sehr hübsche, gebärdeten sich auf die unzüchtigste Weise, entblößten ihren weißen, frechen Busen, neckten die Vorübergehenden mit schamlosen Worten, schwangen ihre langen Wanderstöcke, und indem sie auf letzteren wie auf Steckenpferden die Sankt-Katharinen-Pforte hinabritten, sangen sie mit gellender Stimme das Hexenlied:

„Wo ist der Bock, das Höllentier?
Wo ist der Bock? Und fehlt der Bock,
So reiten wir, so reiten wir,
So reiten wir auf dem Stock!"

Dieser Singsang, den man noch in der Ferne hören konnte, verlor sich am Ende in den kirchlich langgezogenen Tönen einer herannahenden Prozession. Das war ein trauriger Zug von kahlköpfigen und barfüßigen Mönchen, welche brennende Wachslichter oder Fahnen mit Heiligenbildern, oder auch große silberne Kruzifixe trugen. An ihrer Spitze gingen rot- und weißgeröckte Knaben mit dampfenden Weihrauchkesseln. In der Mitte des Zuges unter einem prächtigen Baldachin sah man Geistliche in weißen Chorhemden von kostbaren Spitzen oder in buntseidenen Stolen, und einer derselben trug in der Hand ein sonnenartig goldenes Gefäß, das er, bei einer Heiligennische der Marktecke anlangend, hoch emporhob, während er lateinische Worte halb rief, halb sang ... Zugleich erklingelte ein kleines Glöckchen, und alles Volk ringsum verstummte, fiel auf die Knie und bekreuzte sich. Der Rabbi aber sprach zu seinem Weibe: „Mach die Augen zu, schöne Sara!" — und hastig zog er sie von hinnen nach einem schmalen Nebengäßchen, durch ein Labyrinth von engen und krummen Straßen, und endlich über den unbewohnten, wüsten Platz, der das neue Judenquartier von der übrigen Stadt trennte.

Vor jener Zeit wohnten die Juden zwischen dem Dom und dem Mainufer, nämlich von der Brücke bis zum Lumpenbrunnen und von der Mehlwage bis zu Sankt Bartholomäi. Aber die katholischen Priester erlangten eine päpstliche Bulle, die den Juden verwehrte, in solcher Nähe der Hauptkirche zu wohnen, und der Magistrat gab ihnen einen Platz auf dem Wollgraben, wo sie das heutige Judenquartier erbauten. Dieses war mit starken Mauern versehen, auch mit eisernen Ketten vor den Toren, um sie gegen Pöbelandrang zu sperren. Denn hier lebten die Juden ebenfalls in Druck und Angst, und mehr als heutzutage in der Erinnerung früherer Nöten. Im Jahr 1240 hatte das entzügelte Volk ein großes Blutbad unter ihnen angerichtet, welches man die erste Judenschlacht nannte, und im Jahr 1349, als die Geißler bei ihrem Durchzuge die Stadt anzündeten und die Juden des Brandstiftens anklagten, wurden diese von dem aufgereizten Volke zum größten Teil ermordet oder sie fanden den Tod in den Flammen ihrer eigenen Häuser, welches man die zweite Judenschlacht nannte. Später bedrohte man die Juden noch oft mit dergleichen Schlachten, und bei inneren Unruhen Frankfurts, besonders bei einem Streite des Rates mit den Zünften, stand der Christenpöbel oft im Begriff, das Judenquartier zu stürmen. Letzteres hatte zwei Tore, die an katholischen Feiertagen von außen, an jüdischen Feiertagen von innen geschlossen wurden, und vor jedem Tor befand sich ein Wachthaus mit Stadtsoldaten.

Als der Rabbi mit seinem Weibe an das Tor des Judenquartiers gelangte, lagen die Landsknechte, wie man durch die offenen Fenster sehen konnte, auf der Pritsche ihrer Wachtstube, und draußen vor der Türe im vollen Sonnenschein saß der Trommelschläger und phantasierte auf seiner großen Trommel. Das war eine schwere, dicke Gestalt; Wams und Hosen von feuergelbem Tuch, an Armen und Lenden weit aufgepufft, und als wenn unzählige Menschenzungen daraus hervorleckten, von oben bis unten besät mit kleinen eingenähten roten Wülstchen; Brust und Rücken gepanzert mit schwarzen Tuchpolstern, woran die Trommel hing; auf dem Kopfe eine platte, runde schwarze Kappe; das Gesicht ebenso platt und rund, auch orangengelb und mit roten Schwärchen gespickt, und verzogen zu einem gähnenden Lächeln. So saß der Kerl und trommelte die Melodie des Liedes, das einst die Geißler bei der Judenschlacht gesungen, und mit seinem rauhen Biertone gurgelte er die Worte:

„Unsre liebe Fraue,
Die ging im Morgentaue,
Kyrie Eleison!“

„Hans, das ist eine schlechte Melodie!“ — rief eine Stimme hinter dem verschlossenen Tore des Judenquartiers — „Hans, auch ein schlecht Lied, paßt nicht für die Trommel, paßt gar nicht und beileibe nicht in der Messe und am Ostermorgen, schlecht Lied, gefährlich Lied, Hans, Hänschen, klein Trommelhänschen, ich bin ein einzelner Mensch, und wenn du mich lieb hast, wenn du den Stern lieb hast, den langen Stern, den langen Nasenstern, so hör' auf!“

Diese Worte wurden von dem ungesehenen Sprecher teils angstvoll hastig, teils aufseufzend langsam hervorgestoßen in einem Tone, worin das ziehend Weiche und das heiser Harte schroff abwechselte, wie man ihn bei Schwindsüchtigen findet. Der Trommelschläger blieb unbewegt, und in der vorigen Melodie forttrommelnd sang er weiter:

„Da kam ein kleiner Junge,
Sein Bart war ihm entsprungen,
Halleluja!"

„Hans" — rief wieder die Stimme des oben erwähnten Sprechers — „Hans, ich bin ein einzelner Mensch, und es ist ein gefährlich Lied und ich hör' es nicht gern, und ich hab' meine Gründe, und wenn du mich lieb hast, singst du was anders, und morgen trinken wir ..."

Bei dem Wort „Trinken" hielt der Hans inne mit seinem Trommeln und Singen, und biederen Tones sprach er: „Der Teufel hole die Juden, aber du, lieber Nasenstern, bist mein Freund, ich beschütze dich, und wenn wir noch oft zusammen trinken, werde ich dich auch bekehren. Ich will dein Pate sein; wenn du getauft wirst, wirst du selig, und wenn du Genie hast und fleißig bei mir lernst, kannst du sogar noch Trommelschläger werden. Ja, Nasenstern, du kannst es noch weit bringen, ich will dir den ganzen Katechismus vortrommeln, wenn wir morgen zusammen trinken — aber jetzt mach mal das Tor auf, da stehen zwei Fremde und begehren Einlaß."

„Das Tor auf?" — schrie der Nasenstern, und die Stimme versagte ihm fast. „Das geht nicht so schnell, lieber Hans, man kann nicht wissen, man kann gar nicht wissen, und ich bin ein einzelner Mencch. Der Veitel Rindskopf hat den Schlüssel und steht jetzt still in der Ecke und brümmelt sein Achtzehngebet; da darf man sich nicht unterbrechen lassen. Jäkel der Narr ist auch hier, aber er schlägt jetzt sein Wasser ab. Ich bin ein einzelner Mensch!"

„Der Teufel hole die Juden!" rief der Trommelhans, und über diesen eigenen Witz laut lachend, trollte er sich nach der Wachtstube und legte sich ebenfalls auf die Pritsche.

Während nun der Rabbi mit seinem Weibe jetzt ganz allein vor dem großen verschlossenen Tore stand, erhub sich hinter demselben eine schnarrende, näselnde, etwas spöttisch gezogene Stimme: „Sternchen, dröhnle nicht so lange; nimm die Schlüssel aus Rindsköpfchens Rocktasche, oder nimm deine Nase und schließe damit das Tor auf. Die Leute stehen schon lange und warten."

„Die Leute?" — schrie ängstlich die Stimme des Mannes, den man den Nasenstern nannte — „ich glaubte, es wäre nur einer, und ich bitte dich, Narr, lieber Jäkel Narr, guck' mal heraus, wer da ist?"

Da öffnete sich im Tore ein kleines, wohlvergittertes Fensterlein, und zum Vorschein kam eine gelbe, zweihörnige Mütze und darunter das drollig verschnörkelte Lustigmachergesicht Jäkels des Narren. In demselben Augenblick schloß sich wieder die Fensterluke, und ärgerlich schnarrte es: „Mach auf, mach auf, draußen ist nur ein Mann und ein Weib."

„Ein Mann und ein Weib!" — ächzte der Nasenstern — „Und wenn das Tor aufgemacht wird, wirft das Weib den Rock ab, und es ist auch ein Mann, und es sind dann zwei Männer, und wir sind nur unserer drei!"

„Sei kein Hase" — erwiderte Jäkel der Narr — „und sei herzhaft und zeige Courage!"

„Courage!" — rief der Nasenstern und lachte mit verdrießlicher Bitterkeit — „Hase! Hase ist ein schlechter Vergleich, Hase ist ein unreines Tier. Courage! Man hat mich nicht der Courage wegen hierhergestellt, sondern der Vorsicht halber. Wenn zu viele kommen, soll ich schreien. Aber ich selbst kann sie nicht zurückhalten. Mein Arm ist schwach, ich trage eine Fontanelle, und ich bin ein einzelner Mensch. Wenn man auf mich schießt, bin ich tot. Dann sitzt der reiche Mendel Reiß am Sabbat bei Tische und wischt sich vom Maul die Rosinensauce, und streichelt sich den Bauch, und sagt vielleicht: ‚Das lange Nasensternchen war doch ein braves Kerlchen, wäre es nicht gewesen, so hätten sie das Tor gesprengt, es hat sich doch für uns totschießen lassen, es war ein braves Kerlchen, schade, daß es tot ist.'"

Die Stimme wurde hier allmählich weich und weinerlich, aber plötzlich schlug sie über in einen hastigen, fast erbitterten Ton: „Courage! Und damit der reiche Mendel Reiß sich die Rosinensauce vom Maul abwischen und sich den Bauch streicheln und mich braves Kerlchen nennen möge, soll ich mich totschießen lassen? Courage! Herzhaft! Der kleine Strauß war herzhaftig und hat gestern auf dem Römer dem Stechen zugesehen und hat geglaubt, man kenne ihn nicht, weil er einen violetten Rock trug, von Samt, drei Gulden die Elle, mit Fuchsschwänzchen, ganz goldgestickt, ganz prächtig — und sie haben ihm den violetten Rock so lange geklopft, bis er abfärbte und auch sein Rücken violett geworden ist und nicht mehr menschenähnlich sieht. Courage! Der krumme Leser war herzhaftig, nannte unseren lumpigen Schultheiß einen Lump, und sie haben ihn an den Füßen aufgehängt zwischen zwei Hunden, und der Trommelhans trommelte. Courage! Sei kein Hase! Unter den vielen Hunden ist der Hase verloren, ich bin ein einzelner Mensch, und ich habe wirklich Furcht!"

„Schwör' mal!" — rief Jäkel der Narr.

„Ich habe wirklich Furcht!" — wiederholte seufzend der Nasenstern — „ich weiß, die Furcht liegt im Geblüt, und ich habe es von meiner seligen Mutter —"

„Ja, ja!" — unterbrach ihn Jäkel der Narr — „und deine Mutter hatte es von ihrem Vater, und der hatte es wieder von dem seinigen, und so hatten es deine Voreltern einer vom andern, bis auf deinen Stammvater, welcher unter König Saul gegen die Philister zu Felde zog und der erste war, welcher Reißaus nahm. — Aber sieh mal, Rindsköpfchen ist gleich fertig, er hat sich bereits zum viertenmal gebückt, schon hüpft er wie ein Floh bei dem dreimaligen Worte Heilig, und jetzt greift er vorsichtig in die Tasche ..."

In der Tat, die Schlüssel rasselten, knarrend öffnete sich ein Flügel des Tores, und der Rabbi und sein Weib traten in die ganz menschenleere Judengasse. Der Aufschließer aber, ein kleiner Mann mit gutmütig saurem Gesicht, nickte träumerisch wie einer, der in seinen Gedanken nicht gern gestört sein möchte, und nachdem er das Tor wieder sorgsam verschlossen, schlappte er, ohne ein Wort zu reden, nach einem Winkel hinter dem Tore, beständig Gebete vor sich hinmurmelnd. Minder schweigsam war Jäkel der Narr, ein untersetzter, etwas krummbeiniger Gesell, mit einem lachend vollroten Antlitz und einer unmenschlich großen Fleischhand, die er aus den weiten Ärmeln seiner buntscheckigen Jacke zum Willkomm hervorstreckte. Hinter ihm zeigte oder vielmehr barg sich eine lange, magere Gestalt, der schmale Hals weiß befiedert von einer feinen batistenen Krause, und das dünne, blasse Gesicht gar wundersam geziert mit einer fast unglaublich langen Nase, die sich neugierig angstvoll hin und her bewegte.

„Gott willkommen! zum guten Festtag!" — rief Jäkel der Narr — „wundert euch nicht, daß jetzt die Gasse so leer und still ist. Alle unsere Leute sind jetzt in der Synagoge, und ihr kommt eben zur rechten Zeit, um dort die Geschichte von der Opferung Isaaks vorlesen zu hören. Ich kenne sie, es ist eine interessante Geschichte, und wenn ich sie nicht schon dreiunddreißigmal angehört hätte, so würde ich sie gern dies Jahr noch einmal hören. Und es ist eine wichtige Geschichte, denn wenn Abraham den Isaak wirklich geschlachtet hätte, und nicht den Ziegenbock, so wären jetzt mehr Ziegenböcke und weniger Juden auf der Welt.“ — Und mit wahnsinnig lustiger Grimasse fing der Jäkel an, folgendes Lied aus der Agade zu singen:

„Ein Böcklein, ein Böcklein, das gekauft Väterlein, er gab dafür zwei Suslein; ein Böcklein! ein Böcklein!

Es kam ein Kätzlein und aß das Böcklein, das gekauft Väterlein, er gab dafür zwei Suslein; ein Böcklein, ein Böcklein!

Es kam ein Hündlein und biß das Kätzlein, das gefressen das Böcklein, das gekauft Väterlein, er gab dafür zwei Suslein; ein Böcklein, ein Böcklein!

Es kam ein Stöcklein und schlug das Hündlein, das gebissen das Kätzlein, das gefressen das Böcklein, das gekauft Väterlein, er gab dafür zwei Suslein; ein Böcklein, ein Böcklein!

Es kam ein Feuerlein und verbrannte das Stöcklein, das geschlagen das Hündlein, das gebissen das Kätzlein, das gefressen das Böcklein, das gekauft Väterlein, er gab dafür zwei Suslein; ein Böcklein, ein Böcklein!

Es kam ein Wässerlein und löschte das Feuerlein, das verbrannt das Stöcklein, das geschlagen das Hündlein, das gebissen das Kätzlein, das gefressen das Böcklein, das gekauft Väterlein, er gab dafür zwei Suslein; ein Böcklein, ein Böcklein!

Es kam ein Öchslein und soff das Wässerlein, das gelöscht das Feuerlein, das verbrannt das Stöcklein, das geschlagen das Hündlein, das gebissen das Kätzlein, das gefressen das Böcklein, das gekauft Väterlein, er gab dafür zwei Suslein; ein Böcklein, ein Böcklein!

Es kam ein Schlächterlein und schlachtete das Öchslein, das gesoffen das Wässerlein, das gelöscht das Feuerlein, das verbrannt das Stöcklein, das geschlagen das Hündlein, das gebissen das Kätzlein, das gefressen das Böcklein, das gekauft Väterlein, er gab dafür zwei Suslein; ein Böcklein, ein Böcklein!

Es kam ein Todesenglein und schlachtete das Schlächterlein, das geschlachtet das Öchslein, das gesoffen das Wässerlein, das gelöscht das Feuerlein, das verbrannt das Stöcklein, das geschlagen das Hündlein, das gebissen das Kätzlein, das gefressen das Böcklein, das gekauft Väterlein, er gab dafür zwei Suslein; ein Böcklein, ein Böcklein!

Ja, schöne Frau“ — fügte der Sänger hinzu — „einst kommt der Tag, wo der Engel des Todes den Schlächter schlachten wird, und all unser Blut kommt über Edom; denn Gott ist ein rächender Gott — — —“

Aber plötzlich den Ernst, der ihn unwillkürlich beschlichen, gewaltsam abstreifend, stürzte sich Jäkel der Narr wieder in seine Possenreißereien und fuhr fort mit schnarrendem Lustigmachertone: „Fürchtet Euch nicht, schöne Frau, der Nasenstern tut Euch nichts zuleid. Nur für die alte Schnapper-Elle ist er gefährlich. Sie hat sich in seine Nase verliebt, aber die verdient es auch. Sie ist schön wie der Turm, der gen Damaskus schaut, und erhaben wie die Zeder des Libanons. Auswendig glänzt sie wie Glimmgold und Sirup, und inwendig ist lauter Musik und Lieblichkeit. Im Sommer blüht sie, im Winter ist sie zugefroren, und Sommer und Winter wird sie gehätschelt von Schnapper-Elles weißen Händen. Ja, die Schnapper-Elle ist verliebt in ihn, ganz vernarrt. Sie pflegt ihn, sie füttert ihn, und sobald er fett genug ist, wird sie ihn heiraten, und für ihr Alter ist sie noch jung genug, und wer mal nach dreihundert Jahren hierher nach Frankfurt kömmt, wird den Himmel nicht sehen können vor lauter Nasensternen!"

„Ihr seid Jäkel der Narr" — rief lachend der Rabbi — „ich merk' es an Euren Worten. Ich habe oft von Euch sprechen gehört."

„Ja, ja" — erwiderte jener mit drolliger Bescheidenheit — „ja, ja, das macht der Ruhm. Man ist oft weit und breit für einen größeren Narren bekannt, als man selbst weiß. Doch ich gebe mir viele Mühe, ein Narr zu sein, und springe und schüttle mich, damit die Schellen klingeln. Andere haben's leichter ... Aber sagt mir, Rabbi, warum reiset Ihr am Feiertage?"

„Meine Rechtfertigung" — versetzte der Befragte — „steht im Talmud, und es heißt: Gefahr vertreibt den Sabbat."

„Gefahr!" — schrie plötzlich der lange Nasenstern und gebärdete sich wie in Todesangst — „Gefahr! Gefahr! Trommelhans, trommle, trommle, Gefahr! Gefahr! Trommelhans ..."

Draußen aber rief der Trommelhans mit seiner dicken Bierstimme: „Tausend Donner Sakrament! Der Teufel hole die Juden! Das ist schon das drittemal, daß du mich heute aus dem Schlafe weckst, Nasenstern! Mach mich nicht rasend! Wenn ich rase, werde ich wie der leibhaftige Satanas, und dann, so wahr ich ein Christ bin, dann schieße ich mit der Büchse durch die Gitterluke des Tores, und dann hüte jeder seine Nase!"

„Schieß nicht! Schieß nicht! ich bin ein einzelner Mensch" — wimmerte angstvoll der Nasenstern und drückte sein Gesicht fest an die nächste Mauer, und in dieser Stellung verharrte er zitternd und leise betend.

„Sagt, sagt, was ist passiert?" — rief jetzt auch Jäkel der Narr mit all jener hastigen Neugier, die schon damals den Frankfurten Juden eigentümlich war.

Der Rabbi aber riß sich von ihm los und ging mit seinem Weibe weiter die Judengasse hinauf. „Sieh, schöne Sara“ — sprach er seufzend — „wie schlecht geschützt ist Israel! Falsche Freunde hüten seine Tore von außen, und drinnen sind seine Hüter Narrheit und Furcht!“

Langsam wanderten die beiden durch die lange, leere Straße, wo nur hier und da ein blühender Mädchenkopf zum Fenster hinausguckte, während sich die Sonne in den blanken Scheiben festlich heiter bespiegelte. Damals nämlich waren die Häuser des Judenviertels noch neu und nett, auch niedriger wie jetzt, indem erst späterhin die Juden, als sie in Frankfurt sich sehr vermehrten und doch ihr Quartier nicht erweitern durften, dort immer ein Stockwerk über das andere bauten, sardellenartig zusammenrückten und dadurch an Leib und Seele verkrüppelten. Der Teil des Judenquartiers, der nach dem großen Brande stehengeblieben, und den man die alte Judengasse nennt, jene hohen, schwarzen Häuser, wo ein grinsendes, feuchtes Volk umherschachert, ist ein schauderhaftes Denkmal des Mittelalters. Die ältere Synagoge existiert nicht mehr; sie war minder geräumig als die jetzige, die später erbaut wurde, nachdem die Nüremberger Vertriebenen in die Gemeinde aufgenommen worden. Sie lag nördlicher. Der Rabbi brauchte ihre Lage nicht erst zu erfragen. Schon aus der Ferne vernahm er die vielen verworrenen und überaus lauten Stimmen. Im Hofe des Gotteshauses trennte er sich von seinem Weibe. Nachdem er an dem Brunnen, der dort steht, seine Hände gewaschen, trat er in jenen unteren Teil der Synagoge, wo die Männer beten; die schöne Sara hingegen erstieg eine Treppe und gelangte oben nach der Abteilung der Weiber.

Diese obere Abteilung war eine Art Galerie mit drei Reihen hölzerner, braunrot angestrichener Sitze, deren Lehne oben mit einem hängenden Brette versehen war, das, um das Gebetbuch darauf zu legen, sehr bequem aufgeklappt werden konnte. Die Frauen saßen hier schwatzend nebeneinander oder standen aufrecht, inbrünstig betend; manchmal auch traten sie neugierig an das große Gitter, das sich längs der Morgenseite hinzog, und durch dessen dünne grüne Latten man hinabschauen konnte in die untere Abteilung der Synagoge. Dort, hinter hohen Betpulten, standen die Männer in ihren schwarzen Mänteln, die spitzen Bärte herabschießend über die weißen Halskrausen und die plattbedeckten Köpfe mehr oder minder verhüllt von einem viereckigen, mit den gesetzlichen Schaufäden versehenen Tuche, das aus weißer Wolle oder Seide bestand, mitunter auch mit goldenen Tressen geschmückt war. Die Wände der Synagoge waren ganz einförmig geweißt, und man sah dort keine andere Zierat als etwa das vergüldete Eisengitter um die viereckige Bühne, wo die Gesetzabschnitte verlesen werden, und die heilige Lade, ein kostbar gearbeiteter Kasten, scheinbar getragen von marmornen Säulen mit üppigen Kapitälern, deren Blumen- und Laubwerk gar lieblich emporrankte, und bedeckt mit einem Vorhang von kornblumblauem Samt, worauf mit Goldflittern, Perlen und bunten Steinen eine fromme Inschrift gestickt war. Hier hing die silberne Gedächtnisampel und erhob sich ebenfalls eine vergitterte Bühne, auf deren Geländer sich allerlei heilige Geräte befanden, unter andern der siebenarmige Tempelleuchter, und vor demselben, das Antlitz gegen die Lade, stand der Vorsänger, dessen Gesang instrumentenartig begleitet wurde von den Stimmen seiner beiden Gehilfen, des Bassisten und des Diskantsingers. Die Juden haben nämlich alle wirkliche Instrumentalmusik aus ihrer Kirche verbannt, wähnend, daß der Lobgesang Gottes erbaulicher aufsteige aus der warmen Menschenbrust als aus kalten Orgelpfeifen. Recht kindlich freute sich die schöne Sara, als jetzt der Vorsänger, ein trefflicher Tenor, seine Stimme erhob und die uralten, ernsten Melodien, die sie so gut kannte, in noch nie geahnter junger Lieblichkeit aufblühten, während der Bassist zum Gegensatze die tiefen, dunkeln Töne hineinbrummte und in den Zwischenpausen der Diskantsänger fein und süß trillerte. Solchen Gesang hatte die schöne Sara in der Synagoge von Bacherach niemals gehört, denn der Gemeindevorsteher, David Levi, machte dort den Vorsänger, und wenn dieser schon bejahrte, zitternde Mann mit seiner zerbröckelten, meckernden Stimme wie ein junges Mädchen trillern wollte und in solch gewaltsamer Anstrengung seinen schlaff herabhängenden Arm fieberhaft schüttelte, so reizte dergleichen wohl mehr zum Lachen als zur Andacht.

Ein frommes Behagen, gemischt mit weiblicher Neugier, zog die schöne Sara ans Gitter, wo sie hinabschauen konnte in die untere Abteilung, die sogenannte Männerschule. Sie hatte noch nie eine so große Anzahl Glaubensgenossen gesehen, wie sie da unten erblickte, und es ward ihr noch heimlich wohler ums Herz in der Mitte so vieler Menschen, die ihr so nahe verwandt durch gemeinschaftliche Abstammung, Denkweise und Leiden. Aber noch viel bewegter wurde die Seele des Weibes, als drei alte Männer ehrfurchtsvoll vor die heilige Lade traten, den glänzenden Vorhang an die Seite schoben, den Kasten aufschlossen und sorgsam jenes Buch herausnahmen, das Gott mit heilig eigener Hand geschrieben und für dessen Erhaltung die Juden so viel erduldet, so viel Elend und Haß, Schmach und Tod, ein tausendjähriges Martyrtum.

Dieses Buch, eine große Pergamentrolle, war wie ein fürstliches Kind in einem buntgestickten Mäntelchen von rotem Samt gehüllet; oben, auf den beiden Rollhölzern, staken zwei silberne Gehäuschen, worin allerlei Granaten und Glöckchen sich zierlich bewegten und klingelten, und vorn, an silbernen Kettchen, hingen goldene Schilde mit bunten Edelsteinen. Der Vorsänger nahm das Buch, und als sei es ein wirkliches Kind, ein Kind, um dessentwillen man große Schmerzen erlitten, und das man nur desto mehr liebt, wiegte er es in seinen Armen, tänzelte damit hin und her, drückte es an seine Brust, und durchschauert von solcher Berührung, erhub er seine Stimme zu einem so jauchzend frommen Dankliede, daß es der schönen Sara bedünkte, als ob die Säulen der heiligen Lade zu blühen begönnen, und die wunderbaren Blumen und Blätter der Kapitäler immer höher hinaufwüchsen, und die Töne des Diskanten sich in lauter Nachtigallen verwandelten, und die Wölbung der Synagoge gesprengt würde von den gewaltigen Tönen des Bassisten, und die Freudigkeit Gottes herabströmte aus dem blauen Himmel. Das war ein schöner Psalm. Die Gemeinde wiederholte chorartig die Schlußverse, und nach der erhöhten Bühne in der Mitte der Synagoge schritt langsam der Vorsänger mit dem heiligen Buche, während Männer und Knaben sich hastig hinzudrängten, um die Samthülle desselben zu küssen oder auch nur zu berühren. Auf der erwähnten Bühne zog man von dem heiligen Buche das samtene Mäntelchen sowie auch die mit bunten Buchstaben beschriebenen Windeln, womit es umwickelt war, und aus der geöffneten Pergamentrolle, in jenem singenden Tone, der am Passahfest noch gar besonders moduliert wird, las der Vorsänger die erbauliche Geschichte von der Versuchung Abrahams.

Die schöne Sara war bescheiden vom Gitter zurückgewichen, und eine breite, putzbeladene Frau von mittlerem Alter und gar gespreizt wohlwollendem Wesen hatte ihr mit stummen Nicken die Miteinsicht in ihrem Gebetbuche vergönnt. Diese Frau mochte wohl keine große Schriftgelehrtin sein; denn als sie die Gebete murmelnd vor sich hinlas, wie die Weiber, da sie nicht laut mitsingen dürfen, zu tun pflegen, so bemerkte die schöne Sara, daß sie viele Worte allzusehr nach Gutdünken aussprach und manche gute Zeile ganz überschlupperte. Nach einer Weile aber hoben sich schmachtend langsam die wasserklaren Augen der guten Frau, ein flaches Lächeln glitt über das porzellanhaft rot und weiße Gesicht, und mit einem Tone, der so vornehm als möglich hinschmelzen wollte, sprach sie zur schönen Sara: „Er singt sehr gut.

Aber ich habe doch in Holland noch viel besser singen hören. Sie sind fremd und wissen vielleicht nicht, daß es der Vorsänger aus Worms ist, und daß man ihn hier behalten will, wenn er mit jährlichen vierhundert Gulden zufrieden. Es ist ein lieber Mann, und seine Hände sind wie Alabaster. Ich halte viel von einer schönen Hand. Eine schöne Hand ziert den ganzen Menschen!" — Dabei legte die gute Frau selbstgefällig ihre Hand, die wirklich noch schön war, auf die Lehne des Betpultes, und mit einer graziösen Beugung des Hauptes andeutend, daß sie sich im Sprechen nicht gern unterbrechen lasse, setzte sie hinzu: „Das Singerchen ist noch ein Kind und sieht sehr abgezehrt aus. Der Baß ist gar zu häßlich, und unser Stern hat mal sehr witzig gesagt: ‚Der Baß ist ein größerer Narr, als man von einem Baß zu verlangen braucht!' Alle drei speisen in meiner Garküche, und Sie wissen vielleicht nicht, daß ich Elle Schnapper bin."

Die schöne Sara dankte für diese Mitteilung, wogegen wieder die Schnapper-Elle ihr ausführlich erzählte, wie sie einst in Amsterdam gewesen, dort wegen ihrer Schönheit gar vielen Nachstellungen unterworfen war, und wie sie drei Tage vor Pfingsten nach Frankfurt gekommen und den Schnapper geheiratet, wie dieser am Ende gestorben, wie er auf dem Todbette die rührendsten Dinge gesprochen, und wie es schwer sei, als Vorsteherin einer Garküche die Hände zu konservieren. Manchmal sah sie nach der Seite mit wegwerfendem Blicke, der wahrscheinlich einigen spöttischen jungen Weibern galt, die ihren Anzug musterten. Merkwürdig genug war diese Kleidung: ein weit ausgebauschter Rock von weißem Atlas, worin alle Tierarten der Arche Noah grellfarbig gestickt, ein Wams von Goldstoff wie ein Küraß, die Ärmel von rotem Samt, gelb geschlitzt, auf dem Haupte eine unmenschlich hohe Mütze, um den Hals eine allmächtige Krause von weißem Steiflinnen sowie auch eine silberne Kette, woran allerlei Schaupfennige, Kameen und Raritäten, unter andern ein großes Bild der Stadt Amsterdam, bis über den Busen herabhingen. Aber die Kleidung der übrigen Frauen war nicht minder merkwürdig und bestand wohl aus einem Gemische von Moden verschiedener Zeiten, und manches Weiblein, bedeckt mit Gold und Diamanten, glich einem wandelnden Juwelierladen. Es war freilich den Frankfurter Juden damals eine bestimmte Kleidung gesetzlich vorgeschrieben, und zur Unterscheidung von den Christen sollten die Männer an ihren Mänteln gelbe Ringe und die Weiber an ihren Mützen hochaufstehende blaugestreifte Schleier tragen. Jedoch im Judenquartier wurde diese obrigkeitliche Verordnung wenig beachtet, und dort, besonders an Festtagen und zumal in der Synagoge, suchten die Weiber so viel Kleiderpracht als möglich gegeneinander auszukramen, teils, um sich beneiden zu lassen, teils auch, um den Wohlstand und die Kreditfähigkeit ihrer Eheherren darzutun.

Während nun unten in der Synagoge die Gesetzabschnitte aus den Büchern Mosis vorgelesen werden, pflegt dort die Andacht etwas nachzulassen. Mancher macht es sich bequem und setzt sich nieder, flüstert auch wohl mit einem Nachbar über weltliche Angelegenheiten oder geht hinaus auf den Hof, um frische Luft zu schöpfen. Kleine Knaben nehmen sich unterdessen die Freiheit, ihre Mütter in der Weiberabteilung zu besuchen, und hier hat alsdann die Andacht wohl noch größere Rückschritte gemacht: hier wird geplaudert, geruddelt, gelacht, und, wie es überall geschieht, die jüngeren Frauen scherzen über die alten, und diese klagen wieder über Leichtfertigkeit der Jugend und Verschlechterung der Zeiten. Gleichwie es aber unten in der Synagoge zu Frankfurt einen Vorsänger gab, so gab es in der oberen Abteilung eine Vorklatscherin. Das war Hündchen Reiß, eine platte grünliche Frau, die jedes Unglück witterte und immer eine skandalöse Geschichte auf der Zunge trug. Die gewöhnliche Zielscheibe ihrer Spitzreden war die arme Schnapper-Elle, sie wußte gar drollig die erzwungen vornehmen Gebärden derselben nachzuäffen sowie auch den schmachtenden Anstand, womit sie die schalkhaften Huldigungen der Jugend entgegennimmt.

„Wißt ihr wohl" — rief jetzt Hündchen Reiß — „die Schnapper-Elle hat gestern gesagt: ‚Wenn ich nicht schön und klug und geliebt wäre, so möchte ich nicht auf der Welt sein!'"

Da wurde etwas laut gekichert, und die nahestehende Schnapper-Elle, merkend, daß es auf ihre Kosten geschah, hob verachtungsvoll ihr Auge empor, und wie ein stolzes Prachtschiff segelte sie nach einem entfernteren Platze. Die Vögele Ochs, eine runde, etwas täppische Frau, bemerkte mitleidig: die Schnapper-Elle sei zwar eitel und beschränkt, aber sehr bravmütig, und sie tue sehr viel Gutes an Leuten, die es nötig hätten.

„Besonders an den Nasenstern" — zischte Hündchen Reiß. Und alle, die das zarte Verhältnis kannten, lachten um so lauter.

„Wißt ihr wohl" — setzte Hündchen hämisch hinzu — „der Nasenstern schläft jetzt auch im Hause der Schnapper-Elle ... Aber seht mal, dort unten die Süschen Flörsheim trägt die Halskette, die Daniel Fläsch bei ihrem Manne versetzt hat. Die Fläsch ärgert sich ... Jetzt spricht sie mit der Flörsheim ... Wie sie sich so freundlich die Hand drücken! Und hassen sich doch wie Midian und Moab! Wie sie sich so liebevoll anlächeln! Freßt euch nur nicht vor lauter Zärtlichkeit! Ich will mir das Gespräch anhören."

Und nun, gleich einem lauernden Tiere, schlich Hündchen Reiß hinzu, und hörte, daß die beiden Frauen teilnehmend einander klagten, wie sehr sie sich verflossene Woche abgearbeitet, um in ihren Häusern aufzuräumen und das Küchengeschirr zu scheuern, was vor dem Passahfeste geschehen muß, damit kein einziges Brosämchen der gesäuerten Brote daran kleben bleibe. Auch von der Mühseligkeit beim Backen der ungesäuerten Brote sprachen die beiden Frauen. Die Fläsch hatte noch besondere Beklagnisse: im Backhause der Gemeinde mußte sie viel Ärger erleiden, nach der Entscheidung des Loses konnte sie dort erst in den letzten Tagen, am Vorabend des Festes, und erst spät nachmittags zum Backen gelangen, die alte Hanne hatte den Teig schlecht geknetet, die Mägde rollten mit ihren Wergelhölzern den Teig viel zu dünn, die Hälfte der Brote verbrannte im Ofen, und außerdem regnete es so stark, daß es durch das bretterne Dach des Backhauses beständig tröpfelte, und sie mußten sich dort, naß und müde, bis tief in die Nacht abarbeiten.

„Und daran, liebe Flörsheim" — setzte die Fläsch hinzu mit einer schonenden Freundlichkeit, die keineswegs echt war — „daran waren Sie auch ein bißchen schuld, weil Sie mir nicht Ihre Leute zur Hilfleistung beim Backen geschickt haben."

„Ach, Verzeihung" — erwiderte die andere — „meine Leute waren zu sehr beschäftigt, die Meßwaren müssen verpackt werden, wir haben jetzt so viel zu tun, mein Mann ..."

„Ich weiß" — fiel ihr die Fläsch mit schneidend hastigem Tone in die Rede — „ich weiß, ihr habt viel zu tun, viel Pfänder und gute Geschäfte, und Halsketten ..."

Eben wollte ein giftiges Wort den Lippen der Sprecherin entgleiten, und die Flörsheim ward schon rot wie ein Krebs, als plötzlich Hündchen Reiß laut aufkreischte: „Um Gottes willen, die fremde Frau liegt und stirbt ... Wasser! Wasser!"

Die schöne Sara lag in Ohnmacht, blaß wie der Tod, und um sie herum drängte sich ein Schwarm von Weibern, geschäftig und jammernd. Die eine hielt ihr den Kopf, eine zweite hielt ihr den Arm; einige alte Frauen bespritzten sie mit den Wassergläschen, die hinter ihren Betpulten hängen zum Behufe des Händewaschens, im Fall sie zufällig ihren eigenen Leib berührten; andere hielten unter die Nase der Ohnmächtigen eine alte Zitrone, die, mit Gewürznägelchen durchstochen, noch vom letzten Fasttage herrührte, wo sie zum nervenstärkenden Anriechen diente. Ermattet und tief seufzend schlug endlich die schöne Sara die Augen auf, und mit stummen Blicken dankte sie für die gütige Sorgfalt. Doch jetzt ward unten das Achtzehn-Gebet, welches niemand versäumen darf, feierlich angestimmt, und die geschäftigen Weiber eilten zurück nach ihren Plätzen und verrichteten jenes Gebet, wie es geschehen muß, stehend und das Gesicht gewendet gegen Morgen, welches die Himmelsgegend, wo Jerusalem liegt. Vögele Ochs, Schnapper-Elle und Hündchen Reiß verweilten am längsten bei der schönen Sara; die beiden ersteren, indem sie ihr eifrigst ihre Dienste anboten, die letztere, nachdem sie sich nochmals bei ihr erkundigte, weshalb sie so plötzlich ohnmächtig geworden?

Die Ohnmacht der schönen Sara hatte aber eine ganz besondere Ursache. Es ist nämlich Gebrauch in der Synagoge, daß jemand, welcher einer großen Gefahr entronnen, nach der Verlesung der Gesetzabschnitte öffentlich hervortritt und der göttlichen Vorsicht für seine Rettung dankt. Als nun Rabbi Abraham zu solcher Danksagung unten in der Synagoge sich erhob und die schöne Sara die Stimme ihres Mannes erkannte, merkte sie, wie der Ton derselben allmählich in das trübe Gemurmel des Totengebets überging, sie hörte die Namen ihrer Lieben und Verwandten, und zwar begleitet von jenem segnenden Beiwort, das man den Verstorbenen erteilt, und die letzte Hoffnung schwand aus der Seele der schönen Sara, und ihre Seele ward zerrissen von der Gewißheit, daß ihre Lieben und Verwandte wirklich ermordet worden, daß ihre kleine Nichte tot sei, daß auch ihre Bäschen Blümchen und Vögelchen tot seien, auch der kleine Gottschalk tot sei, alle ermordet und tot! Von dem Schmerze dieses Bewußtseins wäre sie schier selber gestorben, hätte sich nicht eine wohltätige Ohnmacht über ihre Sinne ergossen.

ZWISCHEN TAUFE UND EXIL
1825–1831

AN MOSES MOSER

Anfang Sept. 1825

Da mal die Rede von Büchern ist, so empfehle ich Dir Golownins Reise nach Japan. Du ersiehst daraus, daß die Japaner das zivilisierteste, urbanste Volk auf der Erde sind. Ja ich möchte sagen, das christlichste Volk, wenn ich nicht zu meinem Erstaunen gelesen, wie eben diesem Volke nichts so sehr verhaßt und zum Greuel ist als eben das Christentum. Es ist ihnen nichts so verhaßt wie das Kreuz. Ich will ein Japaner werden. —

Vielleicht schicke ich Dir noch heute ein Gedicht aus dem Rabbi, worin ich leider wieder unterbrochen worden. Ich bitte Dich sehr, das Gedicht sowie auch was ich Dir von meinen Privatverhältnissen sage, niemanden mitzuteilen. Ein junger spanischer Jude, von Herzen ein Jude, der sich aber aus Luxusübermut taufen läßt, korrespondiert mit dem jungen Jehude Abarbanell und schickt ihm jenes Gedicht, aus dem Maurischen übersetzt. Vielleicht scheut er es doch, eine nicht sehr noble Handlung dem Freunde unumwunden zu schreiben, aber er schickt ihm jenes Gedicht. — Denk' nicht darüber nach. — — —

Sobald ich in Hamburg oder in Berlin zur Ruhe komme, will ich den Rabbi fortsetzen. — — — — — — — — — — — — — —

Ich sehe mit Spannung Gans' Rückkunft entgegen. Ich glaube wirklich, daß Gans als Eli-Gans zurückkehrt. Auch glaube ich, daß, obgleich der erste Teil des Erbrechts mit vollem Recht, nach Zunzischer Bibliothekseinteilung, als Quelle zur jüdischen Geschichte betrachtet werden kann, dennoch der Teil des Erbrechts, der nach Gans' Zurückkunft von Paris erscheint, keine Quelle zur jüdischen Geschichte sein wird, ebensowenig wie die Worte Savignys und anderer Gojim und Reschoim. Kurz, Gans wird als Christ, im wässerigsten Sinn des Wortes, von Paris zurückkehren. Ich fürchte, Zucker-Cohn wird sein Carl Sand.

★

AN MOSES MOSER

Hamburg, 14. Dez. 1825

Ich weiß nicht, was ich sagen soll, Cohn versichert mich, Gans predige das Christentum und suche die Kinder Israel zu bekehren. Tut er dieses aus Überzeugung, so ist er ein Narr; tut er es aus Gleisnerei, so ist er ein Lump. Ich werde zwar nicht aufhören, Gans zu lieben, dennoch gestehe ich, weit lieber wär's mir gewesen, wenn ich, statt obiger Nachricht, erfahren hätte, Gans habe silberne Löffel gestohlen.

Daß Du, lieber Moser, wie Gans denken sollst, kann ich nicht glauben, obschon es Cohn versichert und es sogar von Dir selber haben will. — Es wäre mir sehr leid, wenn mein eigenes Getauftsein Dir in einem günstigen Lichte erscheinen könnte. Ich versichere Dich, wenn die Gesetze das Stehlen silberner Löffel erlaubt hätten, so würde ich mich nicht getauft haben. — Mündlich mehr hiervon.

Vorigen Sonnabend war ich im Tempel und habe die Freude gehabt, eigenohrig anzuhören, wie Dr. Salomon gegen die getauften Juden loszog und besonders stichelte, „wie sie von der bloßen Hoffnung, *eine Stelle* (ipsissima verba) zu bekommen, sich verlocken lassen, dem Glauben ihrer Väter untreu zu werden."

Ich versichere Dir, die Predigt war gut, und ich beabsichtige, den Mann diese Tage zu besuchen. — Cohn zeigt sich groß gegen mich. Ich esse bei ihm am Schabbes, er sammelt glühende Kuggel auf mein Haupt, und mit Zerknirschung esse ich dieses heilige Nationalgericht, das für die Erhaltung des Judentums mehr gewirkt hat als alle drei Hefte der Zeitschrift. Indessen es hat auch größeren Absatz gehabt.

*

AN MOSES MOSER

Hamburg, 18. Dez. 1825

Wenn ich Zeit hätte, würde ich der Doktorin Zunz einen hübschen jüdischen Brief schreiben. Ich werde jetzt ein rechter Christ; ich schmarotze nämlich bei den reichen Juden.

*

AN RUDOLF CHRISTIANI

Hamburg, Dez. 1825

Ihren Freund, Dr. Halle, habe ich besucht. Er ist sehr liebreich, sehr zuvorkommend und ein wahrer Jude. Er zeigte sich nämlich im ersten Augenblick schon jüdisch zuvorkommend mit der Frage: Sie werden doch mein Kollege?

*

EINEM ABTRÜNNIGEN

O des heil'gen Jugendmutes!
O, wie schnell bist du gebändigt!
Und du hast dich, kühlern Blutes,
Mit den lieben Herrn verständigt.

Und du bist zu Kreuz gekrochen,
Zu dem Kreuz, das du verachtest,
Das du noch vor wenig Wochen
In den Staub zu treten dachtest!

O, das tut das viele Lesen
Jener Schlegel, Haller, Burke —
Gestern noch ein Held gewesen,
Ist man heute schon ein Schurke.

★

Einer der Knaben erzählte mir, sie hätten eben Religionsunterricht gehabt, und er zeigte mir den Königl. Hannöv. Katechismus, nach welchem man ihnen das Christentum abfragt. Dieses Büchlein war sehr schlecht gedruckt, und ich fürchte, die Glaubenslehren machen dadurch schon gleich einen unerfreulich löschpapierigen Eindruck auf die Gemüter der Kinder; wie es mir denn auch erschrecklich mißfiel, daß das Einmaleins, welches doch mit der heiligen Dreiheitslehre bedenklich kollidiert, im Katechismus selbst, und zwar auf dem letzten Blatte desselben, abgedruckt ist und die Kinder dadurch schon frühzeitig zu sündhaften Zweifeln verleitet werden können. Da sind wir im Preußischen viel klüger, und bei unserem Eifer zur Bekehrung jener Leute, die sich so gut aufs Rechnen verstehen, hüten wir uns wohl, das Einmaleins hinter dem Katechismus abdrucken zu lassen.

★

AUS DER BERGIDYLLE

Tannenbaum mit grünen Fingern
Pocht ans niedre Fensterlein,
Und der Mond, der stille Lauscher,
Wirft sein goldnes Licht herein.

Vater, Mutter schnarchen leise
In dem nahen Schlafgemach;
Doch wir beide, selig schwatzend,
Halten uns einander wach.

„Daß du gar zu oft gebetet,
Das zu glauben wird mir schwer,
Jenes Zucken deiner Lippen
Kommt wohl nicht vom Beten her.

Jenes böse, kalte Zucken,
Das erschreckt mich jedesmal,
Doch die dunkle Angst beschwichtigt
Deiner Augen frommer Strahl.

Auch bezweifl' ich, daß du glaubest,
Was so rechter Glauben heißt, —
Glaubst wohl nicht an Gott den Vater,
An den Sohn und Heil'gen Geist?"

Ach, mein Kindchen, schon als Knabe,
Als ich saß auf Mutter Schoß,
Glaubte ich an Gott den Vater,
Der da waltet gut und groß!

Der die schöne Erd' erschaffen,
Und die schönen Menschen drauf,
Der den Sonnen, Monden, Sternen
Vorgezeichnet ihren Lauf.

Als ich größer wurde, Kindchen,
Noch viel mehr begriff ich schon,
Ich begriff und ward vernünftig,
Und ich glaub' auch an den Sohn;

An den lieben Sohn, der liebend
Uns die Liebe offenbart,
Und zum Lohne, wie gebräuchlich,
Von dem Volk gekreuzigt ward.

Jetzo, da ich ausgewachsen,
Viel gelesen, viel gereist,
Schwillt mein Herz, und ganz von Herzen
Glaub' ich an den Heil'gen Geist.

Dieser tat die größten Wunder,
Und viel größre tut er noch;

Er zerbrach die Zwingherrnburgen,
Und zerbrach des Knechtes Joch.

Alte Todeswunden heilt er,
Und erneut das alte Recht;
Alle Menschen, gleichgeboren,
Sind ein adliges Geschlecht.

Er verscheucht die bösen Nebel
Und das dunkle Hirngespinst,
Das uns Lieb' und Lust verleidet,
Tag und Nacht uns angegrinst.

Tausend Ritter, wohlgewappnet,
Hat der Heil'ge Geist erwählt,
Seinen Willen zu erfüllen;
Und er hat sie mutbeseelt.

Ihre teuern Schwerter blitzen,
Ihre guten Banner wehn!
Ei, du möchtest wohl, mein Kindchen,
Solche stolze Ritter sehn?

Nun, so schau mich an, mein Kindchen,
Küsse mich, und schaue dreist;
Denn ich selber bin ein solcher
Ritter von dem Heil'gen Geist.

★

Er war ein Frankfurt-am-Mainer, und folglich sprach er gleich von den Juden, die alles Gefühl für das Schöne und Edle verloren haben und die englischen Waren 25 Prozent unter dem Fabrikpreise verkaufen.

★

Ich rate aber jedem, der auf der Spitze des Ilsensteins steht, weder an Kaiser und Reich, noch an die schöne Ilse, sondern bloß an seine Füße zu denken. Denn als ich dort stand, in Gedanken verloren, hörte ich plötzlich die unterirdische Musik des Zauberschlosses, und ich sah, wie sich die Berge ringsum auf die Köpfe stellten, und die roten Ziegeldächer zu Ilsenburg anfingen zu tanzen, und die grünen Bäume in der blauen Luft herumflogen, daß es mir blau und grün vor den Augen wurde und ich sicher, vom Schwindel erfaßt, in den Abgrund gestürzt wäre, wenn ich mich nicht in meiner Seelennot ans eiserne Kreuz festgeklammert hätte. Daß ich in so mißlicher Stellung dieses letztere getan habe, wird mir gewiß niemand verdenken.

★

AN MOSES MOSER

Hamburg, 9. Jan. 1826

Ich bin jetzt bei Christ und Jude verhaßt. Ich bereue sehr, daß ich mich getauft hab'; ich seh noch gar nicht ein, daß es mir seitdem besser gegangen sei, im Gegenteil, ich habe seitdem nichts als Unglück. — Doch still davon, Du bist zu sehr aufgeklärt, um nicht hierüber zu lächeln. — — — — — — — — — — — — — — — — —

Ist es nicht närrisch, kaum bin ich getauft, so werde ich als Jude verschrien. Aber ich sage Dir, nichts als Widerwärtigkeiten seitdem.

★

AN MOSES MOSER

Hamburg, 23. April 1826

Es ist damals viel wärmer gewesen. Wenn ich nicht irre, war Gans damals noch nicht getauft und schrieb lange Vereinsreden und trug sich mit dem Wahlspruch: Victrix causa Diis placuit, sed victa Catoni.

Ich erinnere mich, der Psalm „wir saßen an den Flüssen Babels" war damals Deine Force, und Du rezitiertest ihn so schön, so herrlich, so rührend, daß ich jetzt noch weinen möchte, und nicht bloß über den Psalm.

Du hattest damals auch einige sehr gute Gedanken über Judentum, christliche Niederträchtigkeit der Proselytenmacherei, Niederträchtigkeit der Juden, die durch die Taufe nicht nur Absicht haben, Schwierigkeiten fortzuräumen, sondern durch die Taufe etwas erlangen, etwas erschachern wollen und dergleichen gute Gedanken mehr, die Du gelegentlich einmal aufschreiben solltest. Du bist ja selbständig genug, als daß Du es wegen Gans nicht wagen dürftest; und was mich betrifft, so brauchst Du Dich wegen meiner gar nicht zu genieren.

Wie Solon sagte, daß man niemanden vor seinem Tode glücklich nennen könne, so kann man auch sagen, daß niemand vor seinem Tode ein braver Mann genannt werden sollte.

Ich bin froh, der alte Friedländer und Ben-David sind alt und werden bald sterben, und diese haben wir dann sicher, und man kann unserer Zeit nicht den Vorwurf machen, daß sie keinen einzigen Untadelhaften aufzeigen könne.

Verzeih mir den Unmut, er ist zumeist gegen mich selbst gerichtet. Ich stehe oft auf des Nachts und stelle mich vor den Spiegel und schimpfe mich aus. Vielleicht seh' ich des Freundes Seele jetzt für einen solchen Spiegel an, aber es kommt mir vor, als sei er nicht mehr so klar wie sonst.

Sei nicht mürrisch, weil ich es bin. Ich will Dir in allem Recht geben. Nenne mich ungerecht, und ich will Dir recht geben. Ja, was noch schlimmer ist als ungerecht, ich bin sogar subjektiv. Und in solcher ungerechten Subjektivität schmähe ich auf das schöne Wetter, auf Gans. — Nun, wenn ich das Aprilwetter mit dem gewöhnlichen Beiwort nenne, wirst Du doch nicht böse sein? — Aber o wetterwendischer, inkonsequentester Monat April, verzeih' mir, daß ich dir Unrecht tat und mit dem Dr. Gans dich zusammenstellte. Das verdienst du nicht! (Ich meine den Monat.) Es ist ein männlicher, konsequenter Monat, ein ordentlicher Monat usw.

Grüße mir unsern „außerordentlichen" Freund und sag ihm, daß ich ihn liebe. Und dieses ist mein seelenvollster Ernst. Er ist mir noch immer ein liebes Bild, obschon kein Heiligenbild, noch viel weniger ein verehrliches, ein wundertätiges. Ich denke oft an ihn, weil ich an mich selbst nicht denken will. So dachte ich diese Nacht, mit welchem Gesicht würde wohl Gans vor Moses treten, wenn dieser plötzlich auf Erden wieder erschiene. Und Moses ist doch der größte Jurist, der je gelebt hat, denn seine Gesetzgebung dauert noch bis auf heutigen Tag.

Ich träumte auch, Gans und Mardochai Noa kamen in Stralau zusammen, und Gans war, o Wunder! stumm wie ein Fisch. Zunz stand sarkastisch lächelnd dabei und sagte zu seiner Frau: siehst du, Mäuschen? Ich glaube, Lehmann hielt eine lange Rede, im vollen Ton und gespickt mit „Aufklärung", „Wechsel der Zeitverhältnisse", „Fortschritte des Weltgeistes", eine lange Rede, worüber ich nicht einschlief, sondern im Gegenteil, worüber ich erwachte.

★

AN LEOPOLD ZUNZ

Hamburg, im heiligen Maimond 1826

An Dr. Zunz, designierter Richter über Israel, Vizepräsident des Vereins für Kultur und Wissenschaft der Juden, Präsident des wissenschaftlichen Instituts, Redakteur der Zeitschrift für die Wissenschaft des Judentums, Mitglied der Ackerbau-Kommission, Bibliothekar —

Bei letzterem Titel werde ich stehenbleiben, indem ich Ihnen anbei ein Exemplar meines neuesten Buches für die Vereinsbibliothek überschicke, mit der Bitte, im Fall letztere schon nach Ararat versetzt ist, das besagte Exemplar an die Frau Doktorin Zunz, zum Verbrauch in der Küche, gefälligst zu übergeben.

Der größte Teil dieses Buches ist *Quelle* und ist daher nicht entbehrlich für die Geschichte unserer Juden.

Ich aber bin mit aller Liebe und Freundschaft

Ihr Freund

H. Heine
Dr. jur. und Mitglied des Vereins
für Kultur und Wissenschaft
der Juden
im achtzehnten Jahrhundert.

P. S. Im zweiten Teil der „Reisebilder" erscheint der „Rabbi", und zwar sehr beschnitten — doch sollen in demselben Teile noch viele Kuriosa enthalten sein.

★

AN JOSEPH LEHMANN

Hamburg, 26. Mai 1826

Im zweiten Bande soll ebenfalls der Rabbi erscheinen, und ich bin darauf gefaßt, daß ich alsdann in der christlichen Welt ganz verhaßt bin. Ich hoffe, es wird mir alsdann nicht viel mehr daran gelegen sein. — — — Der antichristliche Geist im ersten Teil der „Reisebilder" wird schon gleichfalls mißfallen.

★

AN MOSES MOSER

Norderney, 8. Juli 1826

Es ist aber ganz bestimmt, daß es mich sehnlichst drängt, dem deutschen Vaterlande Valet zu sagen. Minder die Lust des Wanderns als die Qual persönlicher Verhältnisse (z. B. der nie abzuwaschende Jude) treibt mich von hinnen. — — — — — — — — — — — — — —

Wie tief begründet ist doch der Mythos des ewigen Juden! Im stillen Waldtal erzählt die Mutter ihren Kindern das schaurige Märchen, die Kleinen drücken sich ängstlicher an den Herd, draußen ist Nacht — das Posthorn tönt — Schacherjuden fahren nach Leipzig zur Messe. — Wir, die wir die Helden des Märchens sind, wir wissen es selbst nicht. Den weißen Bart, dessen Saum die Zeit wieder verjüngend geschwärzt hat, kann kein Barbier abrasieren.

Dein Vereinsbild, „der riesige Christus mit der Dornenkrone, der durch die Jahrtausende schreitet", kommt mir oft ins Gedächtnis. Du bist milder und besser als ich, darum sind auch Deine Bilder schöner, sanfter und versöhnender. Mein Christus auf dem Wasser, XII. Seebild, hat viel Unmut gegen mich erweckt.

★

IM HAFEN

Glücklich der Mann, der den Hafen erreicht hat,
Und hinter sich ließ das Meer und die Stürme,
Und jetzo warm und ruhig sitzt
Im guten Ratskeller zu Bremen.

Wie doch die Welt so traulich und lieblich
Im Römerglas sich widerspiegelt,
Und wie der wogende Mikrokosmus
Sonnig hinabfließt ins durstige Herz!
Alles erblick' ich im Glas,
Alte und neue Völkergeschichte,
Türken und Griechen, Hegel und Gans,
Zitronenwälder und Wachtparaden,
Berlin und Schilda und Tunis und Hamburg,
Vor allem aber das Bild der Geliebten,
Das Engelköpfchen auf Rheinweingoldgrund.

O, wie schön! wie schön bist du, Geliebte!
Du bist wie eine Rose!
Nicht wie die Rose von Schiras,
Die Hafis-besungene Nachtigallbraut;
Nicht wie die Rose von Saron,
Die heiligrote, prophetengefeierte; —
Du bist wie die Ros' im Ratskeller zu Bremen;
Das ist die Rose der Rosen,
Je älter sie wird, je lieblicher sie blüht,
Und ihr himmlischer Duft, er hat mich beseligt,
Er hat mich begeistert, er hat mich berauscht,
Und hielt mich nicht fest, am Schopfe fest,
Der Ratskellermeister von Bremen,
Ich wäre gepurzelt!

Der brave Mann! wir saßen beisammen
Und tranken wie Brüder,
Wir sprachen von hohen heimlichen Dingen,
Wir seufzten und sanken uns in die Arme,
Und er hat mich bekehrt zum Glauben der Liebe, —
Ich trank auf das Wohl meiner bittersten Feinde,
Und allen schlechten Poeten vergab ich,

Wie einst mir selber vergeben soll werden, —
Ich weinte vor Andacht, und endlich
Erschlossen sich mir die Pforten des Heils,
Wo die zwölf Apostel, die heil'gen Stückfässer,
Schweigend pred'gen, und doch so verständlich
Für alle Völker.

Das sind Männer!
Unscheinbar von außen, in hölzernen Röcklein,
Sie sind von innen schöner und leuchtender
Denn all die stolzen Leviten des Tempels
Und des Herodes Trabanten und Höflinge,
Die goldgeschmückten, die purpurgekleideten —
Hab' ich doch immer gesagt,
Nicht unter ganz gemeinen Leuten,
Nein, in der allerbesten Gesellschaft
Lebte beständig der König des Himmels!

Halleluja! Wie lieblich umwehen mich
Die Palmen von Beth-El!
Wie duften die Myrrhen vom Hebron!
Wie rauscht der Jordan und taumelt vor Freude! —
Auch meine unsterbliche Seele taumelt,
Und ich taumle mit ihr, und taumelnd
Bringt mich die Treppe hinauf, ans Tagslicht,
Der brave Ratskellermeister von Bremen!

Du braver Ratskellermeister von Bremen!
Siehst du, auf den Dächern der Häuser sitzen
Die Engel und sind betrunken und singen;
Die glühende Sonne dort oben
Ist nur eine rote, betrunkene Nase,
Die Nase des Weltgeists;
Und um die rote Weltgeistnase
Dreht sich die ganze betrunkene Welt.

★

AN MOSES MOSER

Lüneburg, 14. Okt. 1826

Ich hoffe nicht, daß Gans, der fast noch Brandfuchs des Christentums ist, schon zu christeln anfängt! Nein, unser G. G. Plumper hat mich belogen. Sollte er es aber jemals tun, so wird ihm Dein als Weltheiland gekreuzigtes Christentum schmerzlich zurufen: Dr. Eli! Dr. Eli! lama asabthani! — — — Daß ein stinkiger Jude in Hamburg überall herumgelogen hat, er habe mich geprügelt, wirst Du gehört haben.

★

Es ist doch wirklich belächelnswert, während ich im Begriff bin, mich so recht wohlwollend über die Absichten der römischen Kirche zu verbreiten, erfaßt mich plötzlich der angewöhnte protestantische Eifer, der ihr immer das Schlimmste zumutet; und eben dieser Meinungszwiespalt in mir selbst gibt mir wieder ein Bild von der Zerrissenheit der Denkweise unserer Zeit. Was wir gestern bewundert, hassen wir heute, und morgen vielleicht verspotten wir es mit Gleichgültigkeit.

★

Gott weiß, daß ich ein guter Christ bin und sogar oft im Begriff stehe, sein Haus zu besuchen, aber ich werde immer fatalerweise daran verhindert, es findet sich gewöhnlich ein Schwätzer, der mich auf dem Wege festhält, und gelange ich auch einmal bis an die Pforten des Tempels, so erfaßt mich unversehens eine spaßhafte Stimmung, und dann halte ich es für sündhaft hineinzutreten. Vorigen Sonntag begegnete mir etwas der Art, indem mir vor der Kirchtür die Stelle aus Goethes Faust in den Kopf kam, wo dieser mit dem Mephistopheles bei einem Kreuze vorübergeht und ihn fragt:

„Mephisto, hast du Eil'?
Was schlägst vorm Kreuz die Augen nieder?"

Und worauf Mephistopheles antwortet:

„Ich weiß es wohl, es ist ein Vorurteil;
Allein es ist mir mal zuwider."

★

Der Sinn für das Edle, Schöne und Gute läßt sich oft durch Erziehung den Menschen beibringen; aber der Sinn für die Jagd liegt im Blute. Wenn die Ahnen schon seit undenklichen Zeiten Rehböcke geschossen haben, so findet auch der Enkel ein Vergnügen an dieser legitimen Beschäftigung. Meine Ahnen gehörten aber nicht zu den Jagenden, viel eher zu den Gejagten, und soll ich auf die Nachkömmlinge ihrer ehemaligen Kollegen losdrücken, so empört sich dawider mein Blut.

★

Wie einst in Granada Männer und Weiber mit dem Geheul der Verzweiflung aus den Häusern stürzten, wenn das Lied vom Einzug des Maurenkönigs auf den Straßen erklang, so hat der Ton, der in den Scottschen Dichtungen herrscht, eine ganze Welt schmerzhaft erschüttert. Dieser Ton klingt wieder in den Herzen unseres Adels, der seine

Schlösser und Wappen verfallen sieht; er klingt wieder in den Herzen des Bürgers, dem die behaglich enge Weise der Altvordern verdrängt wird durch weite, unerfreuliche Modernität; er klingt wieder in katholischen Domen, woraus der Glaube entflohen, und in rabbinischen Synagogen, woraus sogar die Gläubigen fliehen; er klingt über die ganze Erde, bis in die Bananenwälder Hindostans, wo der seufzende Brahmine das Absterben seiner Götter, die Zerstörung ihrer uralten Weltordnung und den ganzen Sieg der Engländer voraussieht.

★

Mir erschien die Hölle wie eine große bürgerliche Küche mit einem unendlich langen Ofen, worauf drei Reihen eiserne Töpfe standen, und in diesen saßen die Verdammten und wurden gebraten. In der einen Reihe saßen die christlichen Sünder, und, sollte man es wohl glauben! ihre Anzahl war nicht allzuklein, und die Teufel schürten unter ihnen das Feuer mit besonderer Geschäftigkeit. In der anderen Reihe saßen die Juden, die beständig schrien und von den Teufeln zuweilen geneckt wurden, wie es sich denn gar possierlich ausnahm, als ein dicker, pustender Pfänderverleiher über allzugroße Hitze klagte und ein Teufelchen ihm einige Eimer kaltes Wasser über den Kopf goß, damit er sähe, daß die Taufe eine wahre erfrischende Wohltat sei. In der dritten Reihe saßen die Heiden, die, ebenso wie die Juden, der Seligkeit nicht teilhaftig werden können und ewig brennen müssen.

★

Mit dem Hebräischen ging es besser, denn ich hatte immer eine große Vorliebe für die Juden, obgleich sie, bis auf diese Stunde, meinen guten Namen kreuzigen; aber ich konnte es doch im Hebräischen nicht so weit bringen wie meine Taschenuhr, die viel intimen Umgang mit Pfänderverleihern hatte und dadurch manche jüdische Sitte annahm — z. B. des Sonnabends ging sie nicht — und die heilige Sprache lernte und sie auch späterhin grammatisch trieb; wie ich denn oft in schlaflosen Nächten mit Erstaunen hörte, daß sie beständig vor sich hin pickerte: katal, katalta, katalti — kittel, kittalta, kittalti — — pokat pokadeti — pikat — pik — pik. — —

★

Aufrichtig gestanden, da wir doch einmal die alten Götter auswendig lernen mußten, so hätten wir sie auch behalten sollen, und wir haben vielleicht nicht viel Vorteil bei unserer neurömischen Dreigötterei oder gar bei unserem jüdischen Eingötzentum.

★

Ich erinnere mich noch so gut, als wäre es erst gestern geschehen, daß ich durch la religion viel Unannehmlichkeiten erfahren. Wohl sechsmal erging an mich die Frage: „Henri, wie heißt der Glaube auf französisch?" Und sechsmal und immer weinerlicher antwortete ich: „Das heißt le crédit." Und beim siebenten Male, kirschbraun im Gesichte, rief der wütende Examinator: „Er heißt la religion" — und es regnete Prügel, und alle Kameraden lachten. Madame! seit der Zeit kann ich das Wort „religion" nicht erwähnen hören, ohne daß mein Rücken blaß vor Schrecken und meine Wange rot vor Scham wird. Und ehrlich gestanden, „le crédit" hat mir im Leben mehr genützt als „la religion" —

★

Über das Essen der alten Hebräer könnt' ich weitläufig mich aussprechen und bis auf die jüdische Küche der neuesten Zeit herabgehen — Ich zitiere bei dieser Gelegenheit den ganzen Steinweg — Ich könnte auch anführen, wie human sich viele Berliner Gelehrte über das Essen der Juden geäußert, ich käme dann auf die anderen Vorzüglichkeiten und Vortrefflichkeiten der Juden, auf die Erfindungen, die man ihnen verdankt, z. B. die Wechsel, das Christentum — aber halt! letzteres wollen wir ihnen nicht allzuhoch anrechnen, da wir eigentlich noch wenig Gebrauch davon gemacht haben — ich glaube, die Juden selbst haben dabei weniger ihre Rechnung gefunden als bei der Erfindung der Wechsel. Bei Gelegenheit der Juden könnte ich auch Tacitus zitieren — er sagt, sie verehrten Esel in ihren Tempeln — und bei Gelegenheit der Esel, welch ein weites Zitatenfeld eröffnet sich mir! Wieviel Merkwürdiges läßt sich anführen über antike Esel im Gegensatz zu den modernen. Wie vernünftig waren jene, und ach! wie stupide sind diese. Wie verständig spricht z. B. Bileams Esel,

vid. Pentat. Lib. — — — —

★

Wenn wir die Geschichte durchgehen, Madame, so haben alle große Männer einmal in ihrem Leben davonlaufen müssen: — Loth, Tarquinius, Moses, Jupiter, Frau von Stael, Nebukadnezar, Benjowsky, Mahomet, die ganze preußische Armee, Gregor VII., Rabbi Jizchak Abarbanel, Rousseau — ich könnte noch sehr viele Namen anführen, z. B. die, welche an der Börse auf dem schwarzen Brette verzeichnet sind.

★

Und wie einst der jüdische König Salomon im Hohenliede die christliche Kirche besungen, und zwar unter dem Bilde eines schwarzen, liebeglühenden Mädchens, damit seine Juden nichts merkten, so habe ich in unzähligen Liedern just das Gegenteil, nämlich die Vernunft, besungen, und zwar unter dem Bilde einer weißen, kalten Jungfrau, die mich anzieht und abstößt, mir bald lächelt, bald zürnt und mir endlich gar den Rücken kehrt.

★

Von 1819 bis heutigen Tag lebte daher die Nation [England] in dem trostlosesten Zustand, sie wird aufgegessen von ihren Kreditoren, die gewöhnlich Juden sind, oder besser gesagt, Christen, die wie Juden handeln, und die man nicht so leicht dahin bringen könnte, weniger hastig auf ihren Raub loszufahren.

★

Ein Mystiker aus der Sekte der Essäer war jener Rabbi, der in sich selbst die Offenbarung des Vaters erkannte und die Welt erlöste von der blinden Autorität steinerner Gesetze und schlauer Priester.

★

Doch ich komme ab von meinem Thema. Ich wollte alte Parlamentsspäße erzählen, und sieh da! die Zeitgeschichte macht jetzt aus jedem Spaße gleich Ernst. Ich will ein noch lustigeres Stückchen wählen, nämlich eine Rede, die Spring Rice den 26. Mai desselben Jahrs im Unterhause hielt, und worin er die protestantische Angst, wegen etwaiger Übermacht der Katholiken, auf die ergötzlichste Weise persifliert: (vid. Parliamentary history and review etc. etc. Pag. 252).

Anno 1753, sagte er, brachte man ins Parlament eine Bill für die Naturalisierung der Juden: eine Maßregel, wogegen heutzutage in diesem Lande nicht einmal irgendein altes Weib etwas einwenden würde, die aber doch zu ihrer Zeit den heftigsten Widerspruch fand, und eine Menge von Bittschriften aus London und andern Plätzen, von ähnlicher Art, wie wir sie jetzt bei der Bill für die Katholiken vorbringen sehen, zur Folge hatte. In der Bittschrift der Londoner Bürger hieß es: „Sollte die besagte Bill für die Juden gesetzliche Sanktion erhalten, so würde sie die christliche Religion erschrecklich gefährden, sie würde die Konstitution des Staates und unserer heiligen Kirche untergraben (man lacht), und würde den Interessen des Handels im allgemeinen und der Stadt London insbesondere außerordentlich schaden" (Gelächter). Indessen, ungeachtet dieser strengen Denunziation fand der nachfolgende Kanzler des Exchequer, daß die bedrohten, erschrecklichen Folgen ausblieben, als man die Juden in die City von London und selbst in Downingstreet aufnahm (Gelächter). Damals hatte das Journal „Der Kraftsmann" bei der Denunziation der unzähligen Unglücke, welche jene

Maßregel hervorbringen würde, in folgenden Worten sich ausgelassen: „Ich muß um Erlaubnis bitten, die Folgen dieser Bill auseinander zu setzen. Bei Gott ist Gnade, aber bei den Juden ist keine Gnade, und sie haben 1700 Jahre der Züchtigung an uns abzurächen. Wenn diese Bill durchgeht, werden wir alle Sklaven der Juden, und ohne Hoffnung irgendeiner Rettung durch die Güte Gottes. Der Monarch würde den Juden untertan werden, und der freien Landbesitzer nicht mehr achten. Er würde unsere britischen Soldaten abschaffen, und eine größere Armee von lauter Juden errichten, die uns zwingen würde, unsere königliche Familie abzuschwören, und gleichfalls unter einem jüdischen König naturalisiert zu werden. Erwacht daher, meine christlichen und protestantischen Brüder! Nicht Hannibal ist vor Euren Pforten, sondern die Juden, und sie verlangen die Schlüssel Eurer Kirchtüren!" (Lautes anhaltendes Gelächter.) Bei den Debatten, welche über jene Bill im Unterhause stattfanden, erklärte ein Baron aus dem Westen (man lacht), daß, wenn man die Naturalisierung der Juden zugestche, so gerate man in Gefahr, bald von ihnen im Parlamente überstimmt zu werden. „Sie werden unsere Grafschaften", sagte er, „unter ihre Stämme verteilen, und unsere Landgüter den Meistbietenden verkaufen" (man lacht). Ein anderes Parlamentsmitglied war der Meinung, „wenn die Bill durchgehe, würden sich die Juden so schnell vermehren, daß sie sich über den größten Teil Englands verbreiten, und dem Volke sein Land ebenso, wie seine Macht, abringen würden". Das Parlamentsmitglied für London, Sir John Bernard, betrachtete den Gegenstand aus einem tieferen, theologischen Gesichtspunkte: einen Gesichtspunkt, den man ganz wiederfindet in der neulichen Petition aus Leicester, deren Unterzeichner den Katholiken vorwarfen, sie seien Abkömmlinge derer, die ihre Vorfahren verbrannt haben — und in solcher Art rief er: „Die Juden seien die Nachkommen derjenigen, welche den Heiland gekreuzigt haben, und deshalb bis auf die spätesten Enkel von Gott verflucht worden." — Er (Spring Rice) bringe jene Auszüge zum Vorschein, um zu zeigen, daß jenes alte Lärmgeschrei ebenso begründet gewesen sei, wie der jetzige neue Lärm in betreff der Katholiken. (Hört! Hört!) Zur Zeit der Judenbill ward auch eine scherzhafte „Judenzeitung" ausgegeben, worin man die folgende Ankündigung las: „Seit unserer letzten Nummer ist der Postwagen von Jerusalem angekommen. Vergangene Woche wurden im Entbindungshospital, Brownlowstreet, fünfundzwanzig Knaben öffentlich beschnitten. Gestern abend wurde im Sanhedrin, durch Stimmenmehrheit, die Naturalisierung der Christen verworfen. Das Gerücht eines Aufruhrs der Christen in Nord-Wales erfand sich als gänzlich unbegründet. Letzten Freitag wurde die Jahrfeier der Kreuzigung im ganzen Königreiche sehr vergnüglich begangen." — In dieser Art und zu allen Zeiten, bei der Judenbill sowohl, als bei der Bill für die Katholiken, wurde der lächerlichste Widersetzungslärm durch die geistlosesten Mittel erregt, und wenn wir den Ursachen eines solchen Lärms nachforschen, finden wir, daß sie sich immer ähnlich waren. Wenn wir die Ursachen der Opposition gegen die Judenbill im Jahr 1753 nachforschen, finden wir als erste Autorität den Lord Chatham, der im Parlamente aussprach: „Er sowohl, als die meisten anderen Gentlemen seien überzeugt, daß die Religion selbst mit dieser Streitfrage nichts zu schaffen habe, und es nur dem Verfolgungsgeiste der alten erhabenen Kirche (the old high church persecuting spirit) gelungen sei, dem Volke das Gegenteil weißzumachen." (Hört! Hört!) So ist es auch in diesem Falle, und es ist wieder ihre Liebe für ausschließliche Macht und Bevorrechtung, was jetzt die alte erhabene Kirche antreibt, das Volk gegen die Katholiken zu bearbeiten; und er (Spring Rice) sei überzeugt, daß viele, welche solche Künste anwenden, ebenfalls sehr gut wüßten, wie wenig die Religion bei der letzten Katholikenbill in Betrachtung kommen konnte, gewiß ebensowenig wie bei einer Bill für Regulierung der Maße und Gewichte, oder für Bestimmung der Länge des Pendels nach der Anzahl seiner Schwingungen. Ebenfalls, in betreff der Judenbill, befindet sich in der damaligen Hardwicke-Zeitung ein Brief des Doktor Birch an Herrn Philipp York, worin jener sich äußerte: daß all dieser Lärm wegen der Judenbill nur einen Einfluß auf die nächstjährigen Wahlen beabsichtigt." (Hört! Man lacht!) Es geschah damals, wie dergleichen auch in unserer Zeit geschieht, daß ein vernünftiger Bischof von Norvich zugunsten der Judenbill aufgetreten. Dr. Birch erzählt, daß dieser bei seiner Zurückkunft in seinem Kirchsprengel jener Handlung wegen insultiert worden; „als er nach Ipswich ging, um dort einige Knaben zu konfirmieren, ward er unterwegs verspottet, und man verlangte von ihm beschnitten zu werden;" auch annoncierte man „daß der Herr Bischof nächsten Samstag die Juden konfirmieren und tags darauf die Christen beschneiden würde". (Man lacht.) So war das Geschrei gegen liberale Maßregeln in allen Zeitaltern gleichartig unvernünftig und brutal. (Hört ihn! Hört ihn!) Jene Besorgnisse in Hinsicht der Juden vergleiche man mit dem Alarm, der in gewissen Orten durch die Bill für die Katholiken erregt wurde. Die Gefahr, welche man befürchtete, wenn den Katholiken mehr Macht eingeräumt würde, war eben so absurd; die Macht Unheil anzurichten, wenn sie dazu geneigt wären, konnte ihnen durch das Gesetz in keinem so hohen Grade verliehen werden, wie sie jetzt solche eben durch ihre Bedrückung selbst erlangt haben. Diese Bedrückung ist es, wodurch Leute wie Herr O'Connell und Herr Schiel so einflußreich geworden sind. Die Nennung dieser Herren geschehe nicht, um sie verdächtig zu machen; im Gegenteil man muß ihnen Achtung zollen, und sie haben sich um das Vaterland Verdienste erworben; dennoch wäre es besser, wenn die Macht vielmehr in den Gesetzen als in den Händen der Individuen, seien diese auch noch so achtenswert, beruhen möchte. Die Zeit wird kommen, wo man den Widerstand des Parlaments gegen jene Rechtseinräumungen nicht bloß mit Verwunderung, sondern auch mit Verachtung ansehen wird. Die religiöse Weisheit eines frühern Zeitalters war oft Gegenstand der Verachtung bei den nachfolgenden Generationen. (Hört! Hört!)

★

AN SALOMON HEINE

Lucca, 15. Sept. 1828

Moritz Oppenheimer zu grüßen. Ich liebe ihn zwar nicht, obgleich ich als Christ sogar meine Feinde lieben sollte; aber ich bin erst ein junger Anfänger in der christlichen Liebe. Moritz Oppenheimer ist aber schon ein alter Christ und sollte mich lieben und mich nicht aus der Achtung der Menschen herauszulächeln suchen.

★

Aber das ist es ja eben; wie der Grieche groß ist durch die Idee der Kunst, der Hebräer durch die Idee eines heiligsten Gottes, so sind die Römer groß durch die Idee ihrer ewigen Roma, groß überall, wo sie in der Begeisterung dieser Idee gefochten, geschrieben und gebaut haben.

★

Was ist aber diese große Aufgabe unserer Zeit?

Es ist die Emanzipation. Nicht bloß die der Irländer, Griechen, Frankfurter Juden, westindischen Schwarzen und dergleichen gedrückten Volkes, sondern es ist die Emanzipation der ganzen Welt, absonderlich Europas, das mündig geworden ist und sich jetzt losreißt von dem eisernen Gängelbande der Bevorrechteten, der Aristokratie.

★

Mathildens Warnung, daß ich mich an die Nase des Mannes nicht stoßen solle, war hinlänglich gegründet, und wenig fehlte, so hätte er mir wirklich ein Auge damit ausgestochen. Ich will nichts Schlimmes von dieser Nase sagen; im Gegenteil, sie war von der edelsten Form, und sie eben berechtigte meinen Freund, sich wenigstens einen Marquistitel beizulegen. Man konnte es ihm nämlich an der Nase ansehen, daß er von gutem Adel war, daß er von einer uralten Weltfamilie abstammte, womit sich sogar einst der liebe Gott ohne Furcht vor Mesallianz verschwägert hat. Seitdem ist diese Familie freilich etwas heruntergekommen, so daß sie seit Karl dem Großen, meistens durch den Handel mit alten Hosen und Hamburger Lotteriezetteln, ihre Subsistenz erwerben mußte, ohne jedoch im mindesten von ihrem Ahnenstolze abzulassen oder jemals die Hoffnung aufzugeben, einst wieder ihre alten Güter oder wenigstens hinreichende Emigrantenentschädigung zu erhalten, wenn ihr alter legitimer Souverän sein Restaurationsversprechen erfüllt, ein Versprechen, womit er sie schon zwei Jahrtausende an der Nase herumgeführt. Sind vielleicht ihre Nasen eben durch dieses lange an der Nase Herumgeführtwerden so lang geworden? Oder sind diese langen Nasen eine Art Uniform, woran der Gottkönig Jehovah seine alten Leibgardisten erkennt, selbst wenn sie desertiert sind? Der Marquis Gumpelino war ein solcher Deserteur, aber er trug noch immer seine Uniform, und sie war sehr brillant, besäet mit Kreuzchen und Sternchen von Rubinen, einem roten Adlerorden in Miniatur und anderen Dekorationen.

★

Die Religion ist nicht mehr imstande, den Regierungen die Ruhe der Völker zu verbürgen, und das Rothschildsche Anleihesystem vermag dieses viel sicherer, es besitzt die moralische Zwangsgewalt, die in der Religion erloschen, es mag jetzt als Surrogat derselben dienen, ja es ist eine neue Religion, die beim Untergang der älteren Religion die praktischen Segnungen derselben ersetzen wird. Wundersam genug, sind es wieder die Juden, die auch diese neue Religion erfunden . . . . . .
. . . .
. . . . Das gemeuchelte Judäa war listig wie der sterbende Nessus, und sein vergiftetes, mit dem eigenen Blute vergiftetes Gewand verzehrte so wirksam die Kraft jenes Herkules, daß die gewaltigen Glieder ermatteten, daß ihm Panzer und Helm abfiel von dem welken Leib, daß seine mächtige Schlachtstimme herabsiechte zu betendem Gewimmer — so elend, eines langsamen Jahrtausendtodes stirbt Roma durch das judäische Gift.

★

Es war schon spät, als ich die Wohnung des Marquis erreichte. Als ich ins Zimmer trat, stand Hyazinth allein und putzte die goldenen Sporen seines Herrn, welcher, wie ich durch die halbgeöffnete Türe seines Schlafkabinetts sehen konnte, vor einer Madonna und einem großen Kruzifixe auf den Knien lag.

Du mußt nämlich wissen, lieber Leser, daß der Marquis, dieser vornehme Mann, jetzt ein guter Katholik ist, daß er die Zeremonien der alleinseligmachenden Kirche streng ausübt und sich, wenn er in Rom ist, sogar einen eigenen Kaplan hält, aus demselben Grunde, weshalb er in England die besten Wettrenner und in Paris die schönste Tänzerin unterhielt.

„Herr Gumpel verrichtet jetzt sein Gebet“ — flüsterte Hyazinth mit einem wichtigen Lächeln, und indem er nach dem Kabinett seines Herrn deutete, fügte er noch leiser hinzu: „So liegt er alle Abend zwei Stunden auf den Knien vor der Primadonna mit dem Jesuskind. Es ist ein prächtiges Kunstbild, und es kostet ihm sechshundert Franceskonis.“

„Und Sie, Herr Hyazinth, warum knien Sie nicht hinter ihm? Oder sind Sie etwa kein Freund von der katholischen Religion?“

„Ich bin ein Freund davon und bin auch wieder kein Freund davon,“ antwortete jener mit bedenklichem Kopfwiegen. „Es ist eine gute Religion für einen vornehmen Baron, der den ganzen Tag müßig gehen kann, und für einen Kunstkenner; aber es ist keine Religion für einen Hamburger, für einen Mann, der sein Geschäft hat, und durchaus keine Religion für einen Lotteriekollekteur. Ich muß jede Nummer, die gezogen wird, ganz exakt aufschreiben, und denke ich dann zufällig an bum! bum! bum! an eine katholische Glock', oder schwebelt es mir vor den Augen wie ein katholischer Weihrauch, und ich verschreib' mich, und ich schreibe eine unrechte Zahl, so kann das größte Unglück daraus entstehen. Ich habe oft zu Herrn Gumpel gesagt: ‚Ew. Ex. sind ein reicher Mann und können katholisch sein, soviel Sie wollen, und können sich den Verstand ganz katholisch einräuchern lassen, und können so dumm werden wie eine katholische Glock', und Sie haben doch zu essen; ich aber bin ein Geschäftsmann und muß meine sieben Sinne zusammenhalten, um was zu verdienen.‘ Herr Gumpel meint freilich, es sei nötig für die Bildung, und wenn ich nicht katholisch würde, verstände ich nicht die Bilder, die zur Bildung gehören, nicht den Johann von Viehesel, den Corretschio, den Carratschio, den Carravatschio — aber ich habe immer gedacht, der Corretschio und Carratschio und Carravatschio können mir alle nichts helfen, wenn niemand mehr bei mir spielt, und ich komme dann in die Patschio. Dabei muß ich Ihnen auch gestehen,

Herr Doktor, daß mir die katholische Religion nicht einmal Vergnügen macht, und als ein vernünftiger Mann müssen Sie mir recht geben. Ich sehe das Pläsier nicht ein, es ist eine Religion, als wenn der liebe Gott, Gott bewahre, eben gestorben wäre, und es riecht dabei nach Weihrauch wie bei einem Leichenbegängnis, und dabei brummt eine so traurige Begräbnismusik, daß man die Melancholik bekommt — ich sage Ihnen, es ist keine Religion für einen Hamburger."

„Aber, Herr Hyazinth, wie gefällt Ihnen denn die protestantische Religion?"

„Die ist mir wieder zu vernünftig, Herr Doktor, und gäbe es in der protestantischen Kirche keine Orgel, so wäre sie gar keine Religion. Unter uns gesagt, diese Religion schadet nichts und ist so rein wie ein Glas Wasser, aber sie hilft auch nichts. Ich habe sie probiert, und diese Probe kostet mich vier Mark vierzehn Schilling —"

„Wieso, mein lieber Herr Hyazinth?"

„Sehen Sie, Herr Doktor, ich habe gedacht: das ist freilich eine sehr aufgeklärte Religion, und es fehlt ihr an Schwärmerei und Wunder; indessen, ein bißchen Schwärmerei muß sie doch haben, ein ganz klein Wunderchen muß sie doch tun können, wenn sie sich für eine honette Religion ausgeben will. Aber wer soll da Wunder tun, dacht' ich, als ich mal in Hamburg eine protestantische Kirche besah, die zu der ganz kahlen Sorte gehörte, wo nichts als braune Bänke und weiße Wände sind und an der Wand nichts als ein schwarz Täfelchen hängt, worauf ein halb Dutzend weiße Zahlen stehen. Du tust dieser Religion vielleicht Unrecht, dacht' ich wieder, vielleicht können diese Zahlen ebensogut ein Wunder tun wie ein Bild von der Mutter Gottes oder wie ein Knochen von ihrem Mann, dem heiligen Joseph, und um der Sache auf den Grund zu kommen, ging ich gleich nach Altona, und besetzte eben diese Zahlen in der Altonaer Lotterie, die Ambe besetzte ich mit acht Schilling, die Terne mit sechs, die Quaterne mit vier und die Quinterne mit zwei Schilling — aber, ich versichere Sie auf meine Ehre, keine einzige von den protestantischen Nummern ist herausgekommen. Jetzt wußte ich, was ich zu denken hatte, jetzt dacht' ich, bleibt mir weg mit einer Religion, die gar nichts kann, bei der nicht einmal eine Ambe herauskommt — werde ich so ein Narr sein, auf diese Religion, worauf ich schon vier Mark und vierzehn Schilling gesetzt und verloren habe, noch meine ganze Glückseligkeit zu setzen?"

„Die altjüdische Religion scheint Ihnen gewiß viel zweckmäßiger, mein Lieber?"

„Herr Doktor, bleiben Sie mir weg mit der altjüdischen Religion, die wünsche ich nicht meinem ärgsten Feind. Man hat nichts als Schimpf und Schande davon. Ich sage Ihnen, es ist gar keine Religion, sondern ein Unglück. Ich vermeide alles, was mich daran erinnern könnte, und weil Hirsch ein jüdisches Wort ist und auf deutsch Hyazinth heißt, so habe ich sogar den alten Hirsch laufen lassen und unterschreibe mich jetzt: ‚Hyazinth, Kollekteur, Operateur und Taxator.' Dazu habe ich noch den Vorteil, daß schon ein H. auf meinem Petschaft steht und ich mir kein neues stechen zu lassen brauche. Ich versichere Ihnen, es kommt auf dieser Welt viel darauf an, wie man heißt; der Name tut viel. Wenn ich mich unterschreibe: ‚Hyazinth, Kollekteur, Operateur und Taxator', so klingt das ganz anders, als schriebe ich Hirsch schlechtweg, und man kann mich dann nicht wie einen gewöhnlichen Lump behandeln."

„Mein lieber Herr Hyazinth! Wer könnte Sie so behandeln! Sie scheinen schon viel für Ihre Bildung getan zu haben, daß man in Ihnen den gebildeten Mann schon erkennt, ehe Sie den Mund auftun, um zu sprechen."

„Sie haben recht, Herr Doktor, ich habe in der Bildung Fortschritte gemacht wie eine Riesin. Ich weiß wirklich nicht, wenn ich nach Hamburg zurückkehre, mit wem ich dort umgehn soll; und was die Religion anbelangt, so weiß ich, was ich tue. Vorderhand aber kann ich mich mit dem neuen israelitischen Tempel noch behelfen; ich meine den reinen Mosaik-Gottesdienst, mit orthographischen deutschen Gesängen und gerührten Predigten und einigen Schwärmereichen, die eine Religion durchaus nötig hat. So wahr mir Gott alles Guts gebe, für mich verlange ich jetzt keine bessere Religion, und sie verdient, daß man sie unterstützt. Ich will das Meinige tun, und bin ich wieder in Hamburg, so will ich alle Sonnabend', wenn kein Ziehungstag ist, in den neuen Religiontempel gehen. Es gibt leider Menschen, die diesem neuen israelitischen Gottesdienst einen schlechten Namen machen und behaupten, er gäbe, mit Respekt zu sagen, Gelegenheit zu einem Schisma — aber ich kann Ihnen versichern, es ist eine gute reinliche Religion, noch etwas zu gut für den gemeinen Mann, für den die altjüdische Religion vielleicht noch immer sehr nützlich ist. Der gemeine Mann muß eine Dummheit haben, worin er sich glücklich fühlt, und er fühlt sich glücklich in seiner Dummheit. So ein alter Jude mit einem langen Bart und zerrissenem Rock, und der kein orthographisch Wort sprechen kann und sogar ein bißchen grindig ist, fühlt sich vielleicht innerlich glücklicher, als ich mich mit all meiner Bildung. Da wohnt in Hamburg, im Bäckerbreitengang, auf einem Sahl, ein Mann, der heißt Moses Lump, man nennt ihn auch Moses Lümpchen oder kurzweg Lümpchen; der läuft die ganze Woche herum, in Wind und Wetter, mit seinem Packen auf dem Rücken, um seine paar Mark zu verdienen; wenn der nun Freitag abends nach Hause kömmt, findet er die Lampe mit sieben Lichtern angezündet, den Tisch weiß gedeckt, und er legt seine Packen und seine Sorgen von sich und setzt sich zu Tisch mit seiner schiefen Frau und noch schieferen Tochter, ißt mit ihnen Fische, die gekocht sind in angenehm weißer Knoblauchsauce, singt dabei die prächtigsten Lieder vom König David, freut sich von ganzem Herzen über den Auszug der Kinder Israel aus Ägypten, freut sich auch, daß alle Bösewichter, die ihnen Böses getan, am Ende gestorben sind, daß König Pharao, Nebukadnezar, Haman, Antiochus, Titus und all solche Leute tot sind, daß Lümpchen aber noch lebt und mit Frau und Kind Fisch ißt. — Und ich sage Ihnen, Herr Doktor, die Fische sind delikat, und der Mann ist glücklich, er braucht sich mit keiner Bildung abzuquälen, er sitzt vergnügt in seiner Religion und seinem grünen Schlafrock wie Diogenes in seiner Tonne, er betrachtet vergnügt seine Lichter, die er nicht einmal selbst putzt — Und ich sage Ihnen, wenn die Lichter etwas matt brennen und die Schabbesfrau, die sie zu putzen hat, nicht bei der Hand ist, und Rothschild der Große käme jetzt herein mit all seinen Maklern, Diskonteuren, Spediteuren und Chefs de Comptoir, womit er die Welt erobert, und er spräche: ‚Moses Lump bitte dir eine Gnade aus, was du haben willst, soll geschehen' — Herr Doktor, ich bin überzeugt, Moses Lump würde ruhig antworten: ‚Putz mir die Lichter!' und Rothschild der Große würde mit Verwunderung sagen: ‚Wär' ich nicht Rothschild, so möchte ich so ein Lümpchen sein!'"

★

Noch weit schlimmer ergeht es dem „getauften Heine". Ja, ja, du irrst dich nicht, lieber Leser, das bin ich, den er meint, und im „König Ödipus" kannst du lesen, wie ich ein wahrer Jude bin, wie ich, wenn ich einige Stunden Liebeslieder geschrieben, gleich darauf mich niedersetze und Dukaten beschneide, wie ich am Sabbat mit langbärtigen Mauscheln zusammenhocke und den Talmud singe, wie ich in der Osternacht einen unmündigen Christen schlachte und aus Malice immer einen unglücklichen Schriftsteller dazu wähle. — Nein, lieber Leser, ich will dich nicht belügen, solche gute, ausgemalte Bilder stehen nicht im „König Ödipus", und daß sie nicht darin stehen, das nur ist der Fehler, den ich tadele. Der Graf Platen hat zuweilen die besten Motive und weiß sie nicht zu benutzen. Hätte er nur ein bißchen mehr Phantasie, so würde er mich wenigstens als geheimen Pfänderverleiher geschildert haben; welche komische Szenen hätten sich dargeboten! Es tut mir in der Seele weh, wenn ich sehe, wie sich der arme Graf jede Gelegenheit zu guten Witzen vorbeigehen lassen! — — —

Vielleicht würde ich zum Besten des Grafen noch manchen anderen versteckten Witz hervorloben, doch da er mir in seinem „König Ödipus" das Liebste angegriffen — denn was könnte mir lieber sein als mein Christentum? — so ist es mir nicht zu verdenken, wenn ich, menschlich gesinnt, den Ödipus, diese „große Tat in Worten", minder ernstlich als die früheren Tätigkeiten würdige.

★

AN VARNHAGEN VON ENSE

4. Januar 1830

Als mich die Pfaffen in München zuerst angriffen und mir den Juden zuerst aufs Tapet brachten, lachte ich — ich hielt's für bloße Dummheit. Als ich aber System roch, als ich sah, wie das lächerliche Spukbild allmählich ein bedrohliches Vampyr wurde, als ich die Absicht der Platenschen Satire durchschaute, als ich durch Buchhändler von der Existenz ähnlicher Produkte hörte, die mit demselben Gift getränkt manuskriptlich herumkrochen — da gürtete ich meine Lende und schlug so scharf als möglich, so schnell als möglich. Robert, Gans, Michel Beer und andere haben immer, wenn sie wie ich angegriffen wurden, christlich geduldet, klug geschwiegen — ich bin ein anderer, und das ist gut. Es ist gut, wenn die Schlechten den rechten Mann einmal finden, der rücksichtslos und schonungslos für sich und für andere Vergeltung übt.

★

AN VARNHAGEN VON ENSE

Wandsbeck, 5. April 1830

Seit zehn Tagen wohne ich ganz allein in Wandsbeck, wo ich seitdem noch mit niemandem gesprochen, außer mit Thiers und dem lieben Gott — ich lese nämlich die Revolutionsgeschichte des einen und die Bibel des anderen Verfassers.

★

Ist es doch eine bekannte Bemerkung, daß die Pfaffen in der ganzen Welt, Rabbinen, Muftis, Dominikaner, Konsistorialräte, Popen, Bonzen, kurz das ganze diplomatische Korps Gottes, im Gesichte eine gewisse Familienähnlichkeit haben, wie man sie immer findet bei Leuten, die ein und dasselbe Gewerbe treiben. Schneider, in der ganzen Welt, zeichnen sich aus durch Zartheit der Glieder, Metzger und Soldaten tragen wieder überall denselben farouchen Anstrich, Juden habe ihre eigentümlich ehrliche Miene, nicht weil sie von Abraham, Isaak und Jakob abstammen, sondern weil sie Kaufleute sind, und der Frankfurter christliche Kaufmann sieht dem Frankfurter jüdischen Kaufmanne ebenso ähnlich wie ein faules Ei dem andern. Die geistlichen Kaufleute, solche, die von Religionsgeschäften ihren Unterhalt gewinnen, erlangen daher auch im Gesichte eine Ähnlichkeit.

★

Die vorderen Mönche gingen mit gekreuzten Armen ernsthaft schweigend; aber die mit den hohen Mützen sangen einen gar unglücklichen Gesang, so näselnd, so schlürfend, so kollernd, daß ich überzeugt bin: wären die Juden die größere Volksmenge, und ihre Religion wäre die Staatsreligion, so würde man obiges Gesinge mit dem Namen „Mauscheln" bezeichnen.

★

„Jener schenkte nunmehr auch der übrigen Götterversammlung,
Rechtshin, lieblichen Nektar dem Mischkrug emsig entschöpfend.
Doch unermeßliches Lachen erscholl den seligen Göttern,
Als sie sahn, wie Hephästos im Saal so gewandt umherging.
Also den ganzen Tag bis spät zur sinkenden Sonne
Schmausten sie; und nicht mangelt' ihr Herz des gemeinsamen Mahles,
Nicht des Seitengetöns von der lieblichen Leier Apollons,
Noch des Gesangs der Musen mit holdantwortender Stimme."

(Vulgata.)

Da plötzlich keuchte heran ein bleicher, bluttriefender Jude, mit einer Dornenkrone auf dem Haupte und mit einem großen Holzkreuz auf der Schulter; und er warf das Kreuz auf den hohen Göttertisch, daß die goldnen Pokale zitterten und die Götter verstummten und erblichen und immer bleicher wurden, bis sie endlich ganz in Nebel zerrannen.

Nun gab's eine traurige Zeit, und die Welt wurde grau und dunkel. Es gab keine glücklichen Götter mehr, der Olymp wurde ein Lazarett, wo geschundene, gebratene und gespießte Götter langweilig umherschlichen und ihre Wunden verbanden und triste Lieder sangen. Die Religion gewährte keine Freude mehr, sondern Trost; es war eine trübselige, blutrünstige Deliquentenreligion.

War sie vielleicht nötig für die erkrankte und zertretene Menschheit? Wer seinen Gott leiden sieht, trägt leichter die eignen Schmerzen. Die vorigen heiteren Götter, die selbst keine Schmerzen fühlten, wußten auch nicht, wie armen gequälten Menschen zumute ist, und ein armer gequälter Mensch könnte auch in seiner Not kein rechtes Herz zu ihnen fassen. Es waren Festtagsgötter, um die man lustig herumtanzte, und denen man nur danken konnte. Sie wurden deshalb auch nie so ganz von ganzem Herzen geliebt. Um so ganz von ganzem Herzen geliebt zu werden — muß man leidend sein. Das Mitleid ist die letzte Weihe der Liebe, vielleicht die Liebe selbst. Von allen Göttern, die jemals gelebt haben, ist daher Christus derjenige Gott, der am meisten geliebt worden. Besonders von den Frauen — —

★

Besonders fiel mir auf eine Hochzeit zu Kanaa, von einem Schüler des Andrea del Sarto, etwas hart gemalt und schroff gestaltet. Der Heiland sitzt zwischen der weichen schönen Braut und einem Pharisäer, dessen steinernes Gesetztafelgesicht sich wundert über den genialen Propheten, der sich heiter mischt in die Reihen der Heiteren und die Gesellschaft mit Wundern regaliert, die noch größer sind als die Wunder des Moses; denn dieser konnte, wenn er noch so stark gegen den Felsen schlug, nur Wasser hervorbringen, jener aber brauchte nur ein Wort zu sprechen, und die Krüge füllten sich mit dem besten Wein. Viel weicher, fast venezianisch koloriert, ist das Gemälde von einem Unbekannten, das daneben hängt, und worin der freundlichste Farbenschmelz von einem durchbebenden Schmerze gar seltsam gedämpft wird. Es stellt dar, wie Maria ein Pfund Salbe nahm, von ungefälschter köstlicher Narde, und damit die Füße Jesu salbte und sie mit ihren Haaren trocknete. Christus sitzt da, im Kreise seiner Jünger, ein schöner, geistreicher Gott, menschlich wehmütig fühlt er eine schaurige Pietät gegen seinen eignen Leib, der bald so viel erdulden wird, und dem die salbende Ehre, die man den Gestorbenen erweist, schon jetzt gebührt und schon jetzt widerfährt; er lächelt gerührt hinab auf das kniende Weib, das, getrieben von ahnender Liebesangst, jene barmherzige Tat verrichtet, eine Tat, die nie vergessen wird, solange es leidende Menschen gibt, und die zur Erquickung aller leidenden Menschen durch die Jahrtausende duftet. Außer dem Jünger, der am Herzen Christi lag, und der auch diese Tat verzeichnet hat, scheint keiner von den Aposteln ihre Bedeutung zu fühlen, und der mit dem roten Barte scheint sogar, wie in der Schrift steht, die verdrießliche Bemerkung zu machen: „Warum ist diese Salbe nicht verkauft um dreihundert Groschen und den Armen gegeben?“ Dieser ökonomische Apostel ist eben derjenige, der den Beutel führt, die Gewohnheit der Geldgeschäfte hat ihn abgestumpft gegen alle uneigennützigen Nardendüfte der Liebe, er möchte Groschen dafür einwechseln zu einem nützlichen Zweck, und eben er, der Groschenwechsler, er war es, der den Heiland verriet — um dreißig Silberlinge. So hat das Evangelium auch symbolisch, in der Geschichte des Bankiers unter den Aposteln, die unheimliche Verführungsmacht, die im Geldsacke lauert, offenbart und vor der Treulosigkeit der. Geldgeschäftsleute gewarnt. Jeder Reiche ist ein Judas Ischariot.

„Sie schneiden ja ein verbissen gläubiges Gesicht, teurer Doktor," flüsterte Mylady, „ich habe Sie eben beobachtet, und verzeihen Sie mir, wenn ich Sie etwa beleidige, Sie sahen aus wie ein guter Christ."

„Unter uns gesagt, das bin ich; ja, Christus —"

„Glauben Sie vielleicht ebenfalls, daß er ein Gott sei?"

„Das versteht sich, meine gute Mathilde. Es ist der Gott, den ich am meisten liebe — nicht weil er so ein legitimer Gott ist, dessen Vater schon Gott war und seit undenklicher Zeit die Welt beherrschte: sondern weil er, obgleich ein geborener Dauphin des Himmels, dennoch, demokratisch gesinnt, keinen höfischen Zeremonialprunk liebt, weil er kein Gott einer Aristokratie von geschorenen Schriftgelehrten und galonierten Lanzenknechten, und weil er ein bescheidener Gott des Volks ist, ein Bürgergott, un bon dieu citoyen. Wahrlich, wenn Christus noch kein Gott wäre, so würde ich ihn dazu wählen, und viel lieber als einem aufgezwungenen, absoluten Gotte würde ich ihm gehorchen, ihm, dem Wahlgotte, dem Gott meiner Wahl."

★

„Ich habe mich aber immer gewundert, Doktor, daß manche reiche Leute dieser Gattung, die wir als Präsidenten, Vizepräsidenten oder Sekretäre von Bekehrungsgesellschaften eifrigst bemüht sehen, etwa einen alten verschimmelten Betteljuden himmelfähig zu machen und seine einstige Genossenschaft im Himmelreich zu erwerben, dennoch nie dran denken, ihn jetzt schon auf Erden an ihren Genüssen teilnehmen zu lassen, und ihn z. B. nie des Sommers auf ihre Landhäuser einladen, wo es gewiß Leckerbissen gibt, die dem armen Schelm ebensogut schmecken würden, als genösse er sie im Himmel selbst."

„Das ist erklärlich, Mylady, die himmlischen Genüsse kosten sie nichts, und es ist ein doppeltes Vergnügen, wenn wir so wohlfeilerweise unsere Nebenmenschen beglücken können."

★

Am Ausgang des Doms tunkte sie den Zeigefinger dreimal ins Weihwasser, besprengte mich jedesmal und murmelte: „Dem Zefardeyim

Kinnim", welches nach ihrer Behauptung die arabische Formel ist, womit die Zauberinnen einen Menschen in einen Esel verwandeln.

★

„Sind die Berliner denn Christen?" rief Signora voller Verwunderung.

„Es hat eine eigene Bewandtnis mit ihrem Christentum. Dieses fehlt ihnen im Grunde ganz und gar, und sie sind auch viel zu vernünftig, um es ernstlich auszuüben. Aber da sie wissen, daß das Christentum im Staate nötig ist, damit die Untertanen hübsch demütig gehorchen und auch außerdem nicht zu viel gestohlen und gemordet wird, so suchen sie mit großer Beredsamkeit wenigstens ihre Nebenmenschen zum Christentume zu bekehren, sie suchen gleichsam Remplaçants in einer Religion, deren Aufrechterhaltung sie wünschen, und deren strenge Ausübung ihnen selbst zu mühsam wird. In dieser Verlegenheit benutzen sie den Diensteifer der armen Juden, diese müssen jetzt für sie Christen werden, und da dieses Volk für Geld und gute Worte alles aus sich machen läßt, so haben sich die Juden schon so ins Christentum hineinexerziert, daß sie ordentlich schon über Unglauben schreien, auf Tod und Leben die Dreieinigkeit verfechten, in den Hundstagen sogar daran glauben, gegen die Rationalisten wüten, als Missionäre und Glaubensspione im Lande herumschleichen und erbauliche Traktätchen verbreiten, in den Kirchen am besten die Augen verdrehen, die scheinheiligsten Gesichter schneiden und mit so viel hohem Beifalle frömmeln, daß sich schon hier und da der Gewerbsneid regt und die älteren Meister des Handwerks schon heimlich klagen: das Christentum sei jetzt ganz in den Händen der Juden."

★

„Aber es ist nicht zu ändern, die Menschen werden immer streiten über die Vorzüglichkeit derjenigen Religionsbegriffe, die man ihnen früh beigebracht, und der Vernünftige wird immer doppelt zu leiden haben. Einst war es freilich anders, da ließ sich keiner einfallen, die Lehre und die Feier seiner Religion besonders anzupreisen oder gar sie jemanden aufzudringen. Die Religion war eine liebe Tradition, heilige Geschichten, Erinnerungsfeier und Mysterien, überliefert von den Vorfahren, gleichsam Familiensakra des Volks, und einem Griechen wäre es ein Greuel gewesen, wenn ein Fremder, der nicht von seinem Geschlechte, eine Religionsgenossenschaft mit ihm verlangt hätte; noch mehr würde er es für eine Unmenschlichkeit gehalten haben, irgend jemand, durch Zwang oder List, dahin zu bringen, seine angeborene Religion aufzugeben und eine fremde dafür anzunehmen. Da kam aber ein Volk aus Ägypten, dem Vaterland der Krokodile und des Priestertums, und außer den Hautkrankheiten und den gestohlenen Gold- und Silbergeschirren brachte es auch eine sogenannte positive Religion mit, eine sogenannte Kirche, ein Gerüste von Dogmen, an die man glauben, und heiliger Zeremonien, die man feiern mußte, ein Vorbild der späteren Staatsreligionen. Nun entstand ‚die Menschenmäkelei', das Proselytenmachen, der Glaubenszwang und all jene heiligen Greuel, die dem Menschengeschlechte so viel Blut und Tränen gekostet."

„Goddam! dieses Urübelvolk!"

„O Mathilde, es ist längst verdammt und schleppt seine Verdammnisqualen durch die Jahrtausende. O dieses Ägypten! seine Fabrikate trotzen der Zeit, seine Pyramiden stehen noch immer unerschütterlich, seine Mumien sind noch so unzerstörbar wie sonst, und ebenso unverwüstlich ist jene Volkmumie, die über die Erde wandelt, eingewickelt in ihren uralten Buchstabenwindeln, ein verhärtet Stück Weltgeschichte, ein Gespenst, das zu seinem Unterhalte mit Wechseln und alten Hosen handelt — Sehen Sie, Mylady, dort jenen alten Mann mit dem weißen Barte, dessen Spitze sich wieder zu schwärzen scheint, und mit den geisterhaften Augen —"

„Sind dort nicht die Ruinen der alten Römergräber?"

„Ja, ebenda sitzt der alte Mann, und vielleicht, Mathilde, verrichtet er eben sein Gebet, ein schauriges Gebet, worin er seine Leiden bejammert und Völker anklagt, die längst von der Erde verschwunden sind und nur noch in Ammenmärchen leben — er aber, in seinem Schmerze, bemerkt kaum, daß er auf den Gräbern derjenigen Feinde sitzt, deren Untergang er vom Himmel erfleht."

★

Nur solange die Religionen mit anderen zu rivalisieren haben und weit mehr verfolgt werden als selbst verfolgen, sind sie herrlich und ehrenwert, nur da gibt's Begeisterung, Aufopferung, Märtyrer und Palmen. Wie schön, wie heilig lieblich, wie heimlich süß war das Christentum der ersten Jahrhunderte, als es selbst noch seinem göttlichen Stifter glich im Heldentum des Leidens. Da war's noch die schöne Legende von einem heimlichen Gotte, der in sanfter Jünglingsgestalt unter den Palmen Palästinas wandelte und Menschenliebe predigte und jene Freiheits- und Gleichheitslehre offenbarte, die auch später die Vernunft der größten Denker als wahr erkannt hat, und die, als französisches Evangelium, unsere Zeit begeistert. Mit jener Religion Christi vergleiche man die verschiedenen Christentümer, die in den verschiedenen Ländern als Staatsreligionen konstituiert worden, z. B. die römisch-apostolisch-katholische Kirche oder gar jenen Katholizismus ohne Poesie, den wir als High Church of England herrschen sehen, jenes kläglich morsche Glaubensskelett, worin alles blühende Leben erloschen ist! Wie den Gewerben ist auch den Religionen das Monopolsystem schädlich, durch freie Konkurrenz bleiben sie kräftig, und sie werden erst dann zu ihrer ursprünglichen Herrlichkeit wieder erblühen, sobald die politische Gleichheit der Gottesdienste, sozusagen die Gewerbefreiheit der Götter eingeführt wird.

★

Ob der liebe Gott es noch lange dulden wird, daß die Pfaffen einen leidigen Popanz für ihn ausgeben und damit Geld verdienen, das weiß ich nicht; — wenigstens würde ich mich nicht wundern, wenn ich mal im Hamburg. Unpart. Korrespondenten läse, daß der alte Jehovah jedermann warne, keinem Menschen, er sei wer es wolle, nicht einmal seinem Sohne, auf seinen Namen Glauben zu schenken.

★

Die tiefste Wahrheit erblüht nur der tiefsten Liebe, und daher die Übereinstimmung in den Ansichten des älteren Bergpredigers, der gegen die Aristokratie von Jerusalem gesprochen, und jener späteren Bergprediger, die von der Höhe des Konvents zu Paris ein dreifarbiges Evangelium herabpredigten, wonach nicht bloß die Form des Staates, sondern das ganze gesellschaftliche Leben nicht geflickt, sondern neu umgestaltet, neu begründet, ja neu geboren werden sollte.

★

Da gestern Sonntag war und eine bleierne Langeweile über der ganzen Insel lag und mir fast das Haupt eindrückte, griff ich aus Verzweiflung zur Bibel ... und ich gestehe es Dir, trotzdem, daß ich ein heimlicher Hellene bin, hat mich das Buch nicht bloß gut unterhalten, sondern auch weidlich erbaut. Welch ein Buch! groß und weit wie die Welt, wurzelnd in die Abgründe der Schöpfung und hinaufragend in die blauen Geheimnisse des Himmels ... Sonnenaufgang und Sonnenuntergang, Verheißung und Erfüllung, Geburt und Tod, das ganze Drama der Menschheit, alles ist in diesem Buche ... Es ist das Buch der Bücher, Biblia. Die Juden sollten sich leicht trösten, daß sie Jerusalem und den Tempel und die Bundeslade und die goldenen Geräte und Kleinodien Salomonis eingebüßt haben ... solcher Verlust ist doch nur geringfügig in Vergleichung mit der Bibel, dem unzerstörbaren

Schatze, den sie gerettet. Wenn ich nicht irre, war es Mahomet, welcher die Juden „das Volk des Buches“ nannte, ein Name, der ihnen bis heutigen Tag im Oriente verblieben und tiefsinnig bezeichnend ist. Ein Buch ist ihr Vaterland, ihr Besitz, ihr Herrscher, ihr Glück und ihr Unglück. Sie leben in den umfriedeten Marken dieses Buches, hier üben sie ihr unveräußerliches Bürgerrecht, hier kann man sie nicht verjagen, nicht verachten, hier sind sie stark und bewunderungswürdig. Versenkt in der Lektüre dieses Buches, merkten sie wenig von den Veränderungen, die um sie her in der wirklichen Welt vorfielen; Völker erhuben sich und schwanden, Staaten blühten empor und erloschen, Revolutionen stürmten über den Erdboden ... sie aber, die Juden, lagen gebeugt über ihrem Buche und merkten nichts von der wilden Jagd der Zeit, die über ihre Häupter dahinzog!

Wie der Prophet des Morgenlandes sie „das Volk des Buches“ nannte, so hat sie der Prophet des Abendlands in seiner Philosophie der Geschichte als „das Volk des Geistes“ bezeichnet. Schon in ihren frühesten Anfängen, wie wir im Pentateuch bemerken, bekunden die Juden ihre Vorneigung für das Abstrakte, und ihre ganze Religion ist nichts als ein Akt der Dialektik, wodurch Materie und Geist getrennt und das Absolute nur in der alleinigen Form des Geistes anerkannt wird. Welche schauerlich isolierte Stellung mußten sie einnehmen unter den Völkern des Altertums, die dem freudigsten Naturdienste ergeben, den Geist vielmehr in den Erscheinungen der Materie, in Bild und Symbol, begriffen! Welche entsetzliche Opposition bildeten sie deshalb gegen das buntgefärbte, hieroglyphenwimmelnde Ägypten, gegen Phönizien, den großen Freudetempel der Astarte, oder gar gegen die schöne Sünderin, das holde, süßduftige Babylon, und endlich gar gegen Griechenland, die blühende Heimat der Kunst!

Es ist ein merkwürdiges Schauspiel, wie das Volk des Geistes sich allmählich ganz von der Materie befreit, sich ganz spiritualisiert. Moses gab dem Geiste gleichsam materielle Bollwerke gegen den realen Andrang der Nachbarvölker: rings um das Feld, wo er Geist gesäet, pflanzte er das schroffe Zeremonialgesetz und eine egoistische Nationalität als schützende Dornhecke. Als aber die heilige Geistpflanze so tiefe Wurzel geschlagen und so himmelhoch emporgeschossen, daß sie nicht mehr ausgereutet werden konnte: da kam Jesus Christus und riß das Zeremonialgesetz nieder, das fürder keine nützliche Bedeutung mehr hatte, und er sprach sogar das Vernichtungsurteil über die jüdische Nationalität ... Er berief alle Völker der Erde zur Teilnahme an dem Reiche

Gottes, das früher nur einem einzigen auserlesenen Gottesvolke gehörte, er gab der ganzen Menschheit das jüdische Bürgerrecht ... Das war eine große Emanzipationsfrage, die jedoch weit großmütiger gelöst wurde wie die heutigen Emanzipationsfragen in Sachsen und Hannover ... Freilich, der Erlöser, der seine Brüder vom Zeremonialgesetz und der Nationalität befreite und den Kosmopolitismus stiftete, ward ein Opfer seiner Humanität, und der Stadtmagistrat von Jerusalem ließ ihn kreuzigen, und der Pöbel verspottete ihn ...

Aber nur der Leib ward verspottet und gekreuzigt, der Geist ward verherrlicht, und das Märtyrtum des Triumphators, der dem Geiste die Weltherrschaft erwarb, ward Sinnbild dieses Sieges, und die ganze Menschheit strebte seitdem, in imitationem Christi, nach leiblicher Abtötung und übersinnlichem Aufgehen im absoluten Geiste ...

★

Im Alten Testamente habe ich das erste Buch Mosis ganz durchgelesen. Wie lange Karawanenzüge zog die heilige Vorwelt durch meinen Geist. Die Kamele ragen hervor. Auf ihrem hohen Rücken sitzen die verschleierten Rosen von Kanaan. Fromme Viehhirten, Ochsen und Kühe vor sich hintreibend. Das zieht über kahle Berge, heiße Sandflächen, wo nur hie und da eine Palmengruppe zum Vorschein kommt und Kühlung fächelt. Die Knechte graben Brunnen. Süßes, stilles, hellsonniges Morgenland! Wie lieblich ruht es sich unter deinen Zelten! O Laban, könnte ich deine Herden weiden! Ich würde dir gerne sieben Jahre dienen um Rahel und noch andere sieben Jahre für die Lea, die du mir in den Kauf gibst! Ich höre, wie sie blöken, die Schafe Jakobs, und ich sehe, wie er ihnen die geschälten Stäbe vorhält, wenn sie in der Brunstzeit zur Tränke gehn. Die gesprenkelten gehören jetzt uns. Unterdessen kommt Ruben nach Hause und bringt seiner Mutter einen Strauß Dudaim, die er auf dem Felde gepflückt. Rahel verlangt die Dudaim, und Lea gibt sie ihr mit der Bedingung, daß Jakob dafür die nächste Nacht bei ihr schlafe. Was sind Dudaim? Die Kommentatoren haben sich vergebens darüber den Kopf zerbrochen. Luther weiß sich nicht besser zu helfen, als daß er diese Blumen ebenfalls Dudaim nennt. Es sind vielleicht schwäbische Gelbveiglein. Die Liebesgeschichte von der Dina und dem jungen Sichem hat mich sehr gerührt. Ihre Brüder Simeon und Levy haben jedoch die Sache nicht so sentimentalisch aufgefaßt. Abscheulich ist es, daß sie den unglücklichen Sichem und alle seine Angehörigen mit grimmiger Hinterlist erwürgten, obgleich der arme Liebhaber sich anheischig machte, ihre Schwester zu heuraten, ihnen Länder und Güter zu geben, sich mit ihnen zu einer einzigen Familie zu verbünden, obgleich er bereits in dieser Absicht sich und sein ganzes Volk beschneiden ließ. Die beiden Burschen hätten froh sein sollen, daß ihre Schwester eine so glänzende Partie machte, die angelobte Verschwägerung war für ihren Stamm von höchstem Nutzen, und dabei gewannen sie außer der kostbarsten Morgengabe auch eine gute Strecke Land, dessen sie eben sehr bedurften ... Man kann sich nicht anständiger aufführen wie dieser verliebte Sichemprinz, der am Ende doch nur aus Liebe die Rechte der Ehe antizipiert hatte ... Aber das ist es, er hatte ihre Schwester geschwächt, und für dieses Vergehen gibt es bei jenen ehrstolzen Brüdern keine andere Buße als den Tod ... und wenn der Vater sie ob ihrer blutigen Tat zur Rede stellt und die Vorteile erwähnt, die ihnen die Verschwägerung mit Sichem verschafft hätte, antworteten sie: „Sollten wir etwa Handel treiben mit der Jungferschaft unserer Schwester?"

Störrige, grausame Herzen, diese Brüder. Aber unter dem harten Stein duftet das zarteste Sittlichkeitsgefühl. Sonderbar, dieses Sittlichkeitsgefühl, wie es sich noch bei anderen Gelegenheiten im Leben der Erzväter äußert, ist nicht Resultat einer positiven Religion oder einer politischen Gesetzgebung — nein, damals gab es bei den Vorfahren der Juden weder positive Religion noch politisches Gesetz, beides entstand erst in späterer Zeit. Ich glaube daher behaupten zu können, die Sittlichkeit ist unabhängig von Dogma und Legislation, sie ist ein reines Produkt des gesunden Menschengefühls, und die wahre Sittlichkeit, die Vernunft des Herzens, wird ewig fortleben, wenn auch Kirche und Staat zugrunde gehen.

★

Aus dem Alten Testament springe ich manchmal ins Neue, und auch hier überschauert mich die Allmacht des großen Buches. Welchen heiligen Boden betritt hier dein Fuß! Bei dieser Lektüre sollte man die Schuhe ausziehen wie in der Nähe von Heiligtümern.

Die merkwürdigsten Worte des Neuen Testaments sind für mich die Stelle im Evangelium Johannis, Kap. 16, V. 12, 13. „Ich habe euch noch viel zu sagen, aber ihr könnet es jetzt nicht tragen. Wenn aber jener, der Geist der Wahrheit, kommen wird, der wird euch in alle Wahrheit leiten. Denn er wird nicht von sich selbst reden, sondern was er hören wird, das wird er reden, und was zukünftig ist, wird er euch verkündigen." Das letzte Wort ist also nicht gesagt worden, und hier ist vielleicht der Ring, woran sich eine neue Offenbarung knüpfen läßt.

Sie beginnt mit der Erlösung vom Worte, macht dem Märtyrtum ein Ende und stiftet das Reich der ewigen Freude: das Millennium. Alle Verheißungen finden zuletzt die reichste Erfüllung.

Eine gewisse mystische Doppelsinnigkeit ist vorherrschend im Neuen Testamente. Eine kluge Abschweifung, nicht ein System sind die Worte: gib Cäsarn, was des Cäsars, und Gott, was Gottes ist. So auch, wenn man Christum frägt: bist du König der Juden? ist die Antwort ausweichend. Ebenfalls auf die Frage, ob er Gottes Sohn sei? Mahomet zeigt sich weit offener, bestimmter. Als man ihn mit einer ähnlichen Frage anging, nämlich, ob er Gottes Sohn sei, antwortete er: Gott hat keine Kinder.

Welch ein großes Drama ist die Passion! Und wie tief ist es motiviert durch die Prophezeiungen des Alten Testamentes! Sie konnte nicht umgangen werden, sie war das rote Siegel der Beglaubnis. Gleich den Wundern, so hat auch die Passion als Annonce gedient ... Wenn jetzt ein Heiland aufsteht, braucht er sich nicht mehr kreuzigen zu lassen, um seine Lehre eindrücklich zu veröffentlichen ... er läßt sie ruhig drucken und annonziert das Büchlein in der „Allgemeinen Zeitung" mit sechs Kreuzern die Zeile Insertionsgebühr.

Welche süße Gestalt dieser Gottmensch! Wie borniert erscheint in Vergleichung mit ihm der Heros des Alten Testaments! Moses liebt sein Volk mit einer rührenden Innigkeit; wie eine Mutter sorgt er für die Zukunft dieses Volks. Christus liebt die Menschheit, jene Sonne umflammte die ganze Erde mit den wärmenden Strahlen seiner Liebe. Welch ein lindernder Balsam für alle Wunden dieser Welt sind seine Worte! Welch ein Heilquell für alle Leidende war das Blut, welches auf Golgatha floß! ... Die weißen marmornen Griechengötter wurden bespritzt von diesem Blute und erkrankten vor innerem Grauen und konnten nimmermehr genesen! Die meisten freilich trugen schon längst in sich das verzehrende Siechtum, und nur der Schreck beschleunigte ihren Tod.

★

Ich habe wieder im Alten Testamente gelesen. Welch ein großes Buch! Merkwürdiger noch als der Inhalt ist für mich diese Darstellung, wo das Wort gleichsam ein Naturprodukt ist, wie ein Baum, wie eine Blume, wie das Meer, wie die Sterne, wie der Mensch selbst. Das sproßt, das fließt, das funkelt, das lächelt, man weiß nicht wie, man weiß nicht warum, man findet alles ganz natürlich. Das ist wirklich das Wort Gottes, statt daß andere Bücher nur von Menschenwitz zeugen. Im Homer, dem anderen großen Buche, ist die Darstellung ein Produkt der Kunst, und wenn auch der Stoff immer, ebenso wie in der Bibel, aus der Realität aufgegriffen ist, so gestaltet er sich doch zu einem poetischen Gebilde, gleichsam umgeschmolzen im Tiegel des menschlichen Geistes; er wird geläutert durch einen geistigen Prozeß, welchen wir die Kunst nennen. In der Bibel erscheint auch keine Spur von Kunst; das ist der Stil eines Notizenbuchs, worin der absolute Geist, gleichsam ohne alle individuelle menschliche Beihilfe, die Tagesvorfälle eingezeichnet, ungefähr mit derselben tatsächlichen Treue, womit wir unsere Waschzettel schreiben. Über diesen Stil läßt sich gar kein Urteil aussprechen, man kann nur seine Wirkung auf unser Gemüt konstatieren, und nicht wenig mußten die griechischen Grammatiker in Verlegenheit geraten, als sie manche frappante Schönheiten in der Bibel nach hergebrachten Kunstbegriffen definieren sollten. Longinus spricht von Erhabenheit. Neuere Ästhetiker sprechen von Naivität. Ach! wie gesagt, hier fehlen alle Maßstäbe der Beurteilung ... die Bibel ist das Wort Gottes.

Nur bei einem einzigen Schriftsteller finde ich etwas, was an jenen unmittelbaren Stil der Bibel erinnert. Das ist Shakespeare. Auch bei ihm tritt das Wort manchmal in jener schauerlichen Nacktheit hervor, die uns erschreckt und erschüttert; in den Shakespeareschen Werken sehen wir manchmal die leibhaftige Wahrheit ohne Kunstgewand. Aber das geschieht nur in einzelnen Momenten; der Genius der Kunst, vielleicht seine Ohnmacht fühlend, überließ hier der Natur sein Amt auf einige Augenblicke und behauptet hernach um so eifersüchtiger seine Herrschaft in der plastischen Gestaltung und in der witzigen Verknüpfung des Dramas. Shakespeare ist zu gleicher Zeit Jude und Grieche, oder vielmehr beide Elemente, der Spiritualismus und die Kunst, haben sich in ihm versöhnungsvoll durchdrungen und zu einem höheren Ganzen entfaltet.

Ist vielleicht solche harmonische Vermischung der beiden Elemente die Aufgabe der ganzen europäischen Zivilisation? Wir sind noch sehr weit entfernt von einem solchen Resultate. Der Grieche Goethe und mit ihm die ganze poetische Partei hat in jüngster Zeit seine Antipathie gegen Jerusalem fast leidenschaftlich ausgesprochen. Die Gegenpartei, die keinen großen Namen an ihrer Spitze hat, sondern nur einige Schreihälse, wie z. B. der Jude Pustkuchen, der Jude Wolfgang Menzel, der Jude Hengstenberg, diese erheben ihr pharisäisches Zeter um so krächzender gegen Athen und den großen Heiden.

*

I M E X I L

1831—1846

AN VARNHAGEN VON ENSE

Paris, Mai 1832

Habe jedoch im letzten Jahre durch die Anschauung des Parteitreibens und der saintsimonistischen Erscheinungen sehr vieles verstehen gelernt; z. B. den „Moniteur“ von 1793 und die Bibel.

★

Die Hamburger sind gute Leute und essen gut. Über Religion, Politik und Wissenschaft sind ihre respektiven Meinungen sehr verschieden, aber in betreff des Essens herrscht das schönste Einverständnis. Mögen die christlichen Theologen dort noch so sehr streiten über die Bedeutung des Abendmahls; über die Bedeutung des Mittagsmahls sind sie ganz einig. Mag es unter den Juden dort eine Partei geben, die das Tischgebet auf deutsch spricht, während eine andere es auf hebräisch absingt; beide Parteien essen und essen gut und wissen das Essen gleich richtig zu beurteilen.

★

Wenn der Braten ganz schlecht war, disputierten wir über die Existenz Gottes. Der liebe Gott hatte aber immer die Majorität. Nur drei von der Tischgenossenschaft waren atheistisch gesinnt; aber auch diese ließen sich überreden, wenn wir wenigstens guten Käse zum Dessert bekamen. Der eifrigste Deist war der kleine Simson, und wenn er mit dem langen Vanpitter über die Existenz Gottes disputierte, wurde er zuweilen höchst ärgerlich, lief im Zimmer auf und ab und schrie beständig: das ist bei Gott nicht erlaubt! Der lange Vanpitter, ein magerer Friese, dessen Seele so ruhig wie das Wasser in einem holländischen Kanal, und dessen Worte sich ruhig hinzogen wie eine Trekschuite, holte seine Argumente aus der deutschen Philosophie, womit man sich damals in Leiden stark beschäftigte. Er spöttelte über die engen Köpfe, die dem lieben Gott eine Privatexistenz zuschreiben, er beschuldigte sie sogar der Blasphemie, indem sie Gott mit Weisheit, Gerechtigkeit, Liebe und ähnlichen menschlichen Eigenschaften versähen, die sich gar nicht für ihn schickten; denn diese Eigenschaften seien gewissermaßen die Negation von menschlichen Gebrechen, da wir sie nur als Gegensatz zu menschlicher Dummheit, Ungerechtigkeit und Haß aufgefaßt haben. Wenn aber Vanpitter seine eigenen pantheistischen Ansichten entwickelte, so trat der dicke Fichteaner, ein gewisser Driksen aus Utrecht, gegen ihn auf und wußte seinen vagen, in der Natur verbreiteten, also immer im Raume existierenden Gott gehörig durchzuhecheln, ja er behauptete: es sei Blasphemie, wenn man auch nur von einer Existenz Gottes spricht, indem „Existieren" ein Begriff sei, der einen gewissen Raum, kurz etwas Substantielles voraussetze. Ja, es sei Blasphemie, von Gott zu sagen: „er ist"; das reinste Sein könne nicht ohne sinnliche Beschränkung gedacht werden; wenn man Gott denken wolle, müsse man von aller Substanz abstrahieren, man müsse ihn nicht denken als eine Form der Ausdehnung, sondern als eine Ordnung der Begebenheiten; Gott sei kein Sein, sondern ein reines Handeln, er sei nur Prinzip einer übersinnlichen Weltordnung.

Bei diesen Worten aber wurde der kleine Simson immer ganz wütend und lief noch toller im Zimmer herum und schrie noch lauter: „O Gott! Gott! das ist bei Gott nicht erlaubt, o Gott!" Ich glaube, er hätte den dicken Fichteaner geprügelt zur Ehre Gottes, wenn er nicht gar zu dünne Ärmchen hatte. Manchmal stürmte er auch wirklich auf ihn los; dann aber nahm der Dicke die beiden Ärmchen des kleinen Simson, hielt ihn ruhig fest, setzte ihm sein System ganz ruhig auseinander, ohne die Pfeife aus dem Munde zu nehmen, und blies ihm dann seine dünnen Argumente mitsamt dem dicksten Tabaksdampf ins Gesicht, so daß der Kleine fast erstickte vor Rauch und Ärger und immer leiser und hilfeflehend wimmerte: „O Gott! O Gott!" Aber der half ihm nie, obgleich er dessen eigene Sache verfocht.

Trotz dieser göttlichen Indifferenz, trotz diesem fast menschlichen Undank Gottes, blieb der kleine Simson doch der beständige Champion des Deismus, und ich glaube aus angeborener Neigung. Denn seine Väter gehörten zu dem auserwählten Volke Gottes, einem Volke, das Gott einst mit seiner besonderen Liebe protegiert, und das daher bis auf diese Stunde eine gewisse Anhänglichkeit für den lieben Gott bewahrt hat. Die Juden sind immer die gehorsamsten Deisten, namentlich diejenigen, welche, wie der kleine Simson, in der freien Stadt Frankfurt geboren sind. Diese können bei politischen Fragen so republikanisch als möglich denken, ja sich sogar sansculottisch im Kote wälzen; kommen aber religiöse Begriffe ins Spiel, dann bleiben sie untertänige Kammerknechte ihres Jehovah, des alten Fetischs, der doch von ihrer ganzen Sippschaft nichts mehr wissen will und sich zu einem Gott-reinen Geist umtaufen lassen.

Ich glaube, dieser Gott-reine Geist, dieser Parvenü des Himmels, der jetzt so moralisch, so kosmopolitisch und universell gebildet ist, hegt ein geheimes Mißwollen gegen die armen Juden, die ihn noch in seiner ersten rohen Gestalt gekannt haben und ihn täglich in ihren Synagogen an seine ehemaligen obskuren Nationalverhältnisse erinnern. Vielleicht will es der alte Herr gar nicht mehr wissen, daß er palästinischen Ursprungs und einst der Gott Abrahams, Isaaks und Jakobs gewesen und damals Jehovah geheißen hat.

★

„Und nun, kleiner Simson," rief der dicke Driksen, „glaubst du noch an Gott? Ist das Gerechtigkeit? Die Frau Bandagistin besucht den Schnabelewopski in der dunkeln Nacht, und wir müssen dafür schlecht essen am hellen, lichten Tag?"

„O Gott! Gott!" seufzte der Kleine, gar verdrießlich wegen solcher atheistischer Ausbrüche und vielleicht auch wegen des schlechten Essens. Seine Verdrießlichkeit stieg, als auch der lange Vanpitter seine Witze gegen die Anthropomorphisten losließ und die Ägypter lobte, die einst Ochsen und Zwiebel verehrten; denn erstere, wenn sie gebraten, und letztere, wenn sie gestovt, schmeckten ganz göttlich.

Des kleinen Simsons Gemüt wurde aber durch solche Spöttereien immer bitterer gestimmt, und er schloß endlich folgendermaßen seine Apologie des Deismus: „Was die Sonne für die Blumen ist, das ist Gott für die Menschen. Wenn die Strahlen jenes himmlischen Gestirns die Blumen berühren, dann wachsen sie heiter empor und öffnen ihre Kelche und entfalten ihren buntesten Farbenschmuck. Des Nachts, wenn ihre Sonne entfernt ist, stehen sie traurig, mit geschlossenen Kelchen, und schlafen oder träumen von den goldenen Strahlenküssen der Vergangenheit. Diejenigen Blumen, die immer im Schatten stehen, verlieren Farbe und Wuchs, verkrüppeln und erbleichen und welken mißmütig, glücklos. Die Blumen aber, die ganz im Dunkeln wachsen, in alten Burgkellern, unter Klosterruinen, die werden häßlich und giftig, sie ringeln am Boden wie Schlangen, schon ihr Duft ist unheilbringend, boshaft betäubend, tödlich —"

„Oh, du brauchst deine biblische Parabel nicht weiter auszuspinnen," schrie der dicke Driksen, indem er sich ein großes Glas Schiedammer Genever in den Schlund goß; „du, kleiner Simson, bist eine fromme Blume, die im Sonnenschein Gottes die heiligen Strahlen der Tugend und Liebe so trunken einsaugt, daß deine Seele wie ein Regenbogen blüht, während die unsrige, abgewendet von der Gottheit, farblos und häßlich verwelkt, wo nicht gar pestilenzialische Düfte verbreitet —"

„Ich habe einmal zu Frankfurt", sagte der kleine Simson, „eine Uhr gesehen, die an keinen Uhrmacher glaubte; sie war von Tombak und ging sehr schlecht —"

„Ich will dir wenigstens zeigen, daß so eine Uhr wenigstens gut schlagen kann", versetzte Driksen, indem er plötzlich ganz ruhig wurde und den Kleinen nicht weiter molestierte.

Da letzterer trotz seiner schwachen Ärmchen ganz vortrefflich stieß, so ward beschlossen, daß sich die beiden noch denselben Tag auf Parisiens schlagen sollten. Sie stachen aufeinander los mit großer Erbitterung. Die schwarzen Augen des kleinen Simson glänzten feurig groß und kontrastierten um so wunderbarer mit seinen Ärmchen, die aus den aufgeschürzten Hemdärmeln gar kläglich dünn hervortraten. Er wurde immer heftiger; er schlug sich ja für die Existenz Gottes, des alten Jehovah, des Königs der Könige. Dieser aber gewährte seinem Champion nicht die mindeste Unterstützung, und im sechsten Gang bekam der Kleine einen Stich in die Lunge.

„O Gott!" seufzte er und stürzte zu Boden.

★

Nach diesem wichtigsten Geschäft eilte ich nach der Wohnung des kleinen Simson, den ich in einem sehr schlechten Zustande fand. Er lag in einem großen altfränkischen Bette, das keine Vorhänge hatte, und an dessen Ecken vier große marmorierte Holzsäulen befindlich waren, die oben einen reichvergoldeten Betthimmel trugen. Das Antlitz des Kleinen war leidend blaß, und in dem Blick, den er mir zuwarf, lag so viel Wehmut, Güte und Elend, daß ich davon bis in die Tiefe meiner Seele gerührt wurde. Der Arzt hatte ihn eben verlassen und seine Wunde für bedenklich erklärt. Van Moeulen, der allein dort geblieben, um die Nacht bei ihm zu wachen, saß vor seinem Bette und las ihm vor aus der Bibel.

„Schnabelewopski," seufzte der Kleine, „es ist gut, daß du kommst. Kannst zuhören, und es wird dir wohltun. Das ist ein liebes Buch. Meine Vorfahren haben es in der ganzen Welt mit sich herumgetragen und gar viel Kummer und Unglück und Schimpf und Haß dafür erduldet oder sich gar dafür totschlagen lassen. Jedes Blatt darin hat Tränen und Blut gekostet, es ist das aufgeschriebene Vaterland der Kinder Gottes, es ist das heilige Erbe Jehovahs —"

„Rede nicht zuviel," rief van Moeulen, „es bekömmt dir schlecht."

„Und gar," setzte ich hinzu, „rede nicht von Jehovah, dem undankbarsten der Götter, für dessen Existenz du dich heute geschlagen —"

„O Gott!" seufzte der Kleine, und Tränen fielen aus seinen Augen — „o Gott, du hilfst unseren Feinden!"

„Rede nicht soviel," wiederholte van Moeulen. „Und du, Schnabelewopski," flüsterte er mir zu, „entschuldige, wenn ich dich langweile; der Kleine wollte durchaus, daß ich ihm die Geschichte seines Namensvetters, des Simson, vorlese — wir sind am vierzehnten Kapitel, hör' zu:

‚Simson ging hinab gegen Thimnath und sahe ein Weib zu Thimnath unter den Töchtern der Philister —'"

„Nein," rief der Kleine mit geschlossenen Augen, „wir sind schon am sechzehnten Kapitel. Ist mir doch, als lebte ich das alles mit, was du da vorliest, als hörte ich die Schafe blöken, die am Jordan weiden, als hätte ich selber den Füchsen die Schwänze angezündet und sie in die Felder der Philister gejagt, als hätte ich mit einem Eselskinnbacken tausend Philister erschlagen — Oh, die Philister! sie hatten uns unterjocht und verspottet und ließen uns wie Schweine Zoll bezahlen und haben mich zum Tanzsaal hinausgeschmissen auf dem Roß und zu Bockenheim mit Füßen getreten — hinausgeschmissen, mit Füßen getreten auf dem Roß, o Gott, das ist nicht erlaubt!"

„Er liegt im Wundfieber und phantasiert", bemerkte leise van Moeulen und begann das sechzehnte Kapitel:

„‚Simson ging hin gen Gasa und sahe daselbst eine Hure und lag bei ihr. Da ward den Gasitern gesagt: Simson ist hereingekommen. Und sie umgaben ihn und ließen auf ihn lauern die ganze Nacht in der Stadt Tor und waren die ganze Nacht stille und sprachen: Harre, morgen, wenn es Licht wird, wollen wir ihn erwürgen.

Simson aber lag bis zu Mitternacht. Da stund er auf zu Mitternacht und ergriff beide Türen an der Stadt Tor samt den beiden Pfosten und hub sie aus mit den Riegeln und legte sie auf seine Schultern und trug sie hinauf auf die Höhe des Berges von Hebron.

Danach gewann er ein Weib lieb am Bach Sorek, die hieß Delila.

Zu der kamen der Philister Fürsten hinauf und sprachen zu ihr: Überrede ihn und besiehe, worin er so große Kraft hat, und womit wir ihn übermögen, daß wir ihn binden und zwingen, so wollen wir dir geben ein jeglicher tausend und hundert Silberlinge.

‚Und Delila sprach zu Simson: Lieber, sage mir, worinnen deine große Kraft sei, und womit man dich binden möge, damit man dich zwinge?

‚Simson sprach zu ihr: Wenn man mich bünde mit sieben Seilen von frischem Bast, die noch nicht verdorret waren; und sie band ihn damit.

(Man hielt aber auf ihn bei ihr in der Kammer.) Und sie sprach zu ihm: Die Philister über dir, Simson. Er aber zerriß die Seile, wie eine flächsene Schnur zerreißet, wenn sie ans Feuer reucht; und ward nicht kund, wo seine Kraft wäre.'"

„O dumme Philister!" rief jetzt der Kleine und lächelte vergnügt, „wollten mich auch auf die Konstablerwacht setzen —"

Van Moeulen aber las weiter:

„‚Da sprach Delila zu Simson: Siehe, du hast mich getäuschet, mir gelogen; nun, so sage mir doch, womit kann man dich binden?

‚Er antwortete ihr: Wenn sie mich bünden mit neuen Stricken, damit nie keine Arbeit geschehen ist, so würde ich schwach und wie ein ander Mensch.

‚Da nahm Delila neue Stricke und band ihn damit und sprach: Philister über dir, Simson; (man hielt aber auf ihn in der Kammer;) und er zerriß sie von seinen Armen wie einen Faden.'"

„Oh, dumme Philister!" rief der Kleine im Bette.

„‚Delila aber sprach zu ihm: Noch hast du mich getäuschet und mir gelogen. Lieber, sage mir doch, womit kann man dich binden? Er antwortete ihr: Wenn du sieben Locken meines Hauptest flöchtest mit einem Flechtbande und heftetest sie mit einem Nagel ein.

‚Und sie sprach zu ihm: Philister über dir, Simson. Er aber wachte auf von seinem Schlaf und zog die geflochtenen Locken mit Nagel und Flechtband heraus.'"

Der Kleine lachte: „Das war auf der Eschenheimer Gasse." Van Moeulen aber fuhr fort:

„‚Da sprach sie zu ihm: Wie kannst du sagen, du habest mich lieb, so dein Herz doch nicht mit mir ist? Dreimal hast du mich getäuschet und mir nicht gesaget, worinnen deine große Kraft sei.

‚Da sie ihn aber trieb mit ihren Worten alle Tage und zerplagte ihn, ward seine Seele matt bis an den Tod.

‚Und sagte ihr sein ganzes Herz und sprach zu ihr: Es ist nie kein Schermesser auf mein Haupt kommen, denn ich bin ein Verlobter Gottes von Mutterleib an. Wenn du mich beschörest, so wiche meine Kraft von mir, daß ich schwach würde und wie alle andere Menschen.

Da nun Delila sahe, daß er ihr alle sein Herz offenbaret hatte, sandte sie hin und ließ der Philister Fürsten rufen und sagen: Kommet noch einmal herauf, denn er hat mir alle sein Herz offenbaret. Da kamen der Philister Fürsten zu ihr herauf und brachten das Geld mit sich in ihrer Hand.

‚Und sie ließ ihn entschlafen auf ihrem Schoße und rief einem, der ihm die sieben Locken seines Hauptes abschöre. Und sie fing an, ihn zu zwingen. Da war seine Kraft von ihm gewichen.

‚Und sie sprach zu ihm: Philister über dir, Simson. Da er nun von seinem Schlaf erwachte, gedachte er: ich will ausgehen, wie ich mehrmals getan habe, ich will mich ausreißen, und wußte nicht, daß der Herr von ihm gewichen war.

‚Aber die Philister griffen ihn und stachen ihm die Augen aus und führten ihn hinab gen Gasa und bunden ihn mit zwo ehernen Ketten, und er mußte mahlen im Gefängnis.'"

„O Gott! Gott!" wimmerte und weinte beständig der Kranke. „Sei still", sagte van Moeulen und las weiter:

„‚Aber das Haar seines Hauptes fing wieder an zu wachsen, wo es beschoren war.

‚Da aber der Philister Fürsten sich versammleten, ihrem Gott Dagon ein groß Opfer zu tun und sich zu freuen, sprachen sie: Unser Gott hat uns unsern Feind Simson in unsere Hände gegeben.

‚Desselbigengleichen, als ihn das Volk sahe, lobeten sie ihren Gott; denn sie sprachen: Unser Gott hat uns unseren Feind in unsere Hände gegeben, der unser Land verderbete und unserer viele erschlug.

‚Da nun ihr Herz guter Dinge war, sprachen sie: Lasset Simson holen, daß er vor uns spiele. Da holeten sie Simson aus dem Gefängnis, und er spielete vor ihnen, und sie stelleten ihn zwischen zwo Säulen.

‚Simson aber sprach zu dem Knaben, der ihn bei der Hand leitete: Laß mich, daß ich die Säulen taste, auf welchen das Haus stehet, daß ich mich daran lehne.

‚Das Haus aber war voll Männer und Weiber. Es waren auch der Philister Fürsten alle da und auf dem Dach bei dreitausend, Mann und Weib, die da zusahen, wie Simson spielete.

‚Simson aber rief den Herren an und sprach: Herr, Herr, gedenke mein und stärke mich doch, Gott, diesmal, daß ich für meine beide Augen mich einst räche an den Philistern.

‚Und er fassete die zwo Mittelsäulen, auf welchen das Haus gesetzet war und darauf sich hielt, eine in seine rechte und die andere in seine linke Hand.

‚Und sprach: Meine Seele sterbe mit den Philistern, und neigte sich kräftiglich. Da fiel das Haus auf die Fürsten und auf alles Volk, das drinnen war, daß der Toten mehr waren, die in seinem Tode sturben, denn die bei seinem Leben sturben.'"

Bei dieser Stelle öffnete der kleine Simson seine Augen geisterhaft weit, hob sich krampfhaft in die Höhe, ergriff mit seinen dünnen Ärmchen die beiden Säulen, die zu Füßen seines Bettes, rüttelte daran, während er zornig stammelte: „Es sterbe meine Seele mit den Philistern." Aber die starken Bettsäulen blieben unbeweglich, ermattet und wehmütig lächelnd fiel der Kleine zurück auf seine Kissen, und aus seiner Wunde, deren Verband sich verschoben, quoll ein roter Blutstrom.

★

Nicht durch die Trennung in zwei Reiche ging Rom zugrunde; am Bosporos wie an der Tiber ward Rom verzehrt von demselben judäischen Spiritualismus, und hier wie dort ward die römische Geschichte ein langsames Dahinsterben, eine Agonie, die Jahrhunderte dauerte. Hat etwa das gemeuchelte Judäa, indem es den Römern seinen Spiritualismus bescherte, sich an dem siegenden Feinde rächen wollen, wie einst der sterbende Zentaur, der dem Sohne Jupiters das verderbliche Gewand, das mit dem eigenen Blute vergiftet war, so listig zu überliefern wußte? Wahrlich Rom, der Herkules unter den Völkern, wurde durch das judäische Gift so wirksam verzehrt, daß Helm und Harnisch seinen welkenden Gliedern entsanken und seine imperatorische Schlachtstimme herabsiechte zu betendem Pfaffengewimmer und Kastratengetriller.

Aber was den Greis entkräftet, das stärkt den Jüngling. Jener Spiritualismus wirkte heilsam auf die übergesunden Völker des Nordens; die allzu vollblütigen barbarischen Leiber wurden christlich vergeistigt; es begann die europäische Zivilisation. Das ist eine preiswürdige, heilige Seite des Christentums.

★

Ich habe Geistesfreiheit und Protestantismus zusammen genannt; ich hoffe aber, daß man mich, obgleich ich mich in Deutschland zur protestantischen Kirche bekenne, keiner Parteilichkeit für letztere beschuldigen wird.

★

Obgleich ich mich in Deutschland zur protestantischen Kirche bekenne, so bedeutet dieses Bekenntnis doch nichts anders, als daß mein Name in einem lutherischen Kirchenbuche inskribiert steht, welches wahrlich nicht so viel wert ist wie eine Inskription im großen Buche.

★

Von dem Reichstage an, wo Luther die Autorität des Papstes leugnet und öffentlich erklärt: „daß man seine Lehre durch die Aussprüche der Bibel selbst oder durch vernünftige Gründe widerlegen müsse!" da beginnt ein neues Zeitalter in Deutschland. Die Kette, womit der heilige Bonifaz die deutsche Kirche an Rom gefesselt, wird entzweigehauen. Diese Kirche, die vorher einen integrierenden Teil der großen Hierarchie bildete, zerfällt in religiöse Demokratien. Die Religion selber wird eine andere; es verschwindet daraus das indisch-gnostische Element, und wir sehen, wie sich wieder das judäisch-deistische Element darin erhebt. Es entsteht das evangelische Christentum.

★

Aber dieser Martin Luther gab uns nicht bloß die Freiheit der Bewegung, sondern auch das Mittel der Bewegung, dem Geist gab er nämlich einen Leib. Er gab dem Gedanken auch das Wort. Er schuf die deutsche Sprache.

Dieses geschah, indem er die Bibel übersetzte.

In der Tat, der göttliche Verfasser dieses Buchs scheint es ebensogut wie wir andere gewußt zu haben, daß es gar nicht gleichgültig ist, durch wen man übersetzt wird, und er wählte selber seinen Übersetzer und verlieh ihm die wundersame Kraft, aus einer toten Sprache, die gleichsam schon begraben war, in eine andere Sprache zu übersetzen, die noch gar nicht lebte.

Man besaß zwar die Vulgata, die man verstand, sowie auch die Septuaginta, die man schon verstehen konnte. Aber die Kenntnis des Hebräischen war in der christlichen Welt ganz erloschen. Nur die Juden, die sich hier und da in einem Winkel dieser Welt verborgen hielten, bewahrten noch die Traditionen dieser Sprache. Wie ein Gespenst, das einen Schatz bewacht, der ihm einst im Leben anvertraut worden, so saß dieses gemordete Volk, dieses Volk-Gespenst, in seinen dunklen Ghettos und bewahrte dort die hebräische Bibel; und in diese verrufenen Schlupfwinkel sah man die deutschen Gelehrten heimlich hinabsteigen, um den Schatz zu heben, um die Kenntnis der hebräischen Sprache zu erwerben. Als die katholische Geistlichkeit merkte, daß ihr von dieser Seite Gefahr drohte, daß das Volk auf diesem Seitenweg zum wirklichen Wort Gottes gelangen und die römischen Fälschungen entdecken konnte: da hätte man gern auch die jüdische Tradition unterdrückt, und man ging damit um, alle hebräischen Bücher zu vernichten, und am Rhein begann die Bücherverfolgung, wogegen unser vortrefflicher Doktor Reuchlin so glorreich gekämpft hat. Die Kölner Theologen, die damals agierten, besonders Hochstraaten, waren keineswegs so geistesbeschränkt, wie der tapfere Mitkämpfer Reuchlins, Ritter Ulrich von Hutten, sie in seinen litteris obscurorum virorum schildert. Es galt die Unterdrückung der hebräischen Sprache. Als Reuchlin siegte, konnte Luther sein Werk beginnen.

★

Bei der Lektüre des Spinoza ergreift uns ein Gefühl wie beim Anblick der großen Natur in ihrer lebendigsten Ruhe. Ein Wald von himmelhohen Gedanken, deren blühende Wipfel in wogender Bewegung sind, während die unerschütterlichen Baumstämme in der ewigen Erde wurzeln. Es ist ein gewisser Hauch in den Schriften des Spinoza, der unerklärlich. Man wird angeweht wie von den Lüften der Zukunft. Der Geist der hebräischen Propheten ruhte vielleicht noch auf ihrem späten Enkel. Dabei ist ein Ernst in ihm, ein selbstbewußter Stolz, eine Gedankengrandezza, die ebenfalls ein Erbteil zu sein scheint; denn Spinoza gehörte zu jenen Märtyrerfamilien, die damals von den allerkatholischsten Königen aus Spanien vertrieben worden. Dazu kommt noch die Geduld des Holländers, die sich ebenfalls, wie im Leben, so auch in den Schriften des Mannes, niemals verleugnet hat.

Konstatiert ist es, daß der Lebenswandel des Spinoza frei von allem Tadel war und rein und makellos wie das Leben seines göttlichen Vetters, Jesu Christi. Auch wie dieser litt er für seine Lehre, wie dieser trug er die Dornenkrone. Überall, wo ein großer Geist seinen Gedanken ausspricht, ist Golgatha.

Teurer Leser, wenn du mal nach Amsterdam kommst, so laß dir dort von den Lohnlakaien die spanische Synagoge zeigen. Diese ist ein schönes Gebäude, und das Dach ruht auf vier kolossalen Pfeilern, und in der Mitte steht die Kanzel, wo einst der Bannfluch ausgesprochen wurde über den Verächter des mosaischen Gesetzes, den Hidalgo Don Benedikt de Spinoza. Bei dieser Gelegenheit wurde auf einem Bockshorne geblasen, welches Schofar heißt. Es muß eine furchtbare Bewandtnis haben mit diesem Horne. Denn wie ich mal in dem Leben des Salomon Maimon gelesen, suchte einst der Rabbi von Altona ihn, den Schüler Kants, wieder zum alten Glauben zurückzuführen, und als derselbe bei seinen philosophischen Ketzereien halsstarrig beharrte, wurde er drohend und zeigte ihm den Schofar mit den finstern Worten: „Weißt du, was das ist?" Als aber der Schüler Kants sehr gelassen antwortete: „Es ist das Horn eines Bockes!" da fiel der Rabbi rücklings zu Boden vor Entsetzen.

Mit diesem Horne wurde die Exkommunikation des Spinoza akkompagniert, er wurde feierlich ausgestoßen aus der Gemeinschaft Israels und unwürdig erklärt, hinfüro den Namen Jude zu tragen. Seine christlichen Feinde waren großmütig genug, ihm diesen Namen zu lassen. Die Juden aber, die Schweizergarde des Deismus, waren unerbittlich, und man zeigt den Platz vor der spanischen Synagoge zu Amsterdam, wo sie einst mit ihren langen Dolchen nach dem Spinoza gestochen haben.

*

Der Gott des Pantheisten unterscheidet sich also von dem Gotte des Deisten dadurch, daß er in der Welt selbst ist, während letzterer ganz außer oder, was dasselbe ist, über der Welt ist. Der Gott des Deisten regiert die Welt von oben herab, als ein von ihm abgesondertes Etablissement. Nur in betreff der Art dieses Regierens differenzieren untereinander die Deisten. Die Hebräer denken sich Gott als einen donnernden Tyrannen; die Christen als einen liebenden Vater; die Schüler Rousseaus, die ganze Genfer Schule, denken sich ihn als einen weisen Künstler, der die Welt verfertigt hat, ungefähr wie ihr Papa seine Uhren verfertigt, und als Kunstverständige bewundern sie das Werk und preisen den Meister dort oben.

Dem Deisten, welcher also einen außerweltlichen oder überweltlichen Gott annimmt, ist nur der Geist heilig, indem er letzteren gleichsam als den göttlichen Atem betrachtete, den der Weltschöpfer dem menschlichen Leibe, dem aus Lehm gekneteten Werk seiner Hände eingeblasen hat. Die Juden achteten daher den Leib als etwas Geringes, als eine armselige Hülle des Ruach hakodasch, des heiligen Hauchs, des Geistes, und nur diesem widmeten sie ihre Sorgfalt, ihre Ehrfurcht, ihren Kultus. Sie wurden daher ganz eigentlich das Volk des Geistes, keusch, genügsam, ernst, abstrakt, halsstarrig, geeignet zum Martyrtum, und ihre sublimste Blüte ist Jesus Christus. Dieser ist im wahren Sinne des Wortes der inkarnierte Geist, und tiefsinnig bedeutungsvoll ist die schöne Legende, daß ihn eine leiblich unberührte, immakulierte Jungfrau, nur durch geistige Empfängnis, zur Welt gebracht habe.

Hatten aber die Juden den Leib nur mit Geringschätzung betrachtet, so sind die Christen auf dieser Bahn noch weiter gegangen und betrachteten ihn als etwas Verwerfliches, als etwas Schlechtes, als das Übel selbst. Da sehen wir nun, einige Jahrhunderte nach Christi Geburt, eine Religion emporsteigen, welche ewig die Menschheit in Erstaunen setzen und den spätesten Geschlechtern die schauerlichste Bewunderung abtrotzen wird. Ja, es ist eine große, heilige, mit unendlicher Seligkeit erfüllte Religion, die dem Geiste auf dieser Erde die unbedingteste Herrschaft erobern wollte — aber diese Religion war eben allzuerhaben, allzurein, allzugut für diese Erde, wo ihre Idee nur in der Theorie proklamiert, aber niemals in der Praxis ausgeführt werden konnte. Der Versuch einer Ausführung dieser Idee hat in der Geschichte unendlich viel herrliche Erscheinungen hervorgebracht, und die Poeten aller Zeiten werden noch lange davon singen und sagen. Der Versuch, die Idee des Christentums zur Ausführung zu bringen, ist jedoch, wie wir endlich sehen, aufs kläglichste verunglückt, und dieser unglückliche Versuch hat der Menschheit Opfer gekostet, die unberechenbar sind, und trübselige Folge derselben ist unser jetziges soziales Unwohlsein in ganz Europa. Wenn wir noch, wie viele glauben, im Jugendalter der Menschheit leben, so gehörte das Christentum gleichsam zu ihren überspanntesten Studentenideen, die weit mehr ihrem Herzen als ihrem Verstande Ehre machen. Die Materie, das Weltliche, überließ das Christentum den Händen Cäsars und seiner jüdischen Kammerknechte und begnügte sich damit, ersterem die Suprematie abzusprechen und letztere in der öffentlichen Meinung zu fletrieren — aber siehe! das gehaßte Schwert und das verachtete Geld erringen dennoch am Ende die Obergewalt, und die Repräsentanten des Geistes müssen sich mit ihnen verständigen. Ja, aus diesem Verständnis ist sogar eine solidarische Allianz geworden. Nicht bloß die römischen, sondern auch die englischen, die preußischen, kurz alle privilegierten Priester haben sich verbündet mit Cäsar und Konsorten zur Unterdrückung der Völker. Aber durch diese Verbündung geht die Religion des Spiritualismus desto schneller zugrunde.

★

Merkwürdig ist es, wie die verschiedensten Parteien gegen Spinoza gekämpft. Sie bilden eine Armee, deren bunte Zusammensetzung den spaßhaftesten Anblick gewährt. Neben einem Schwarm schwarzer und weißer Kapuzen, mit Kreuzen und dampfenden Weihrauchfässern, marschiert die Phalanx der Enzyklopädisten, die ebenfalls gegen diesen penseur téméraire eifern. Neben dem Rabbiner der Amsterdamer Synagoge, der mit dem Bockshorn des Glaubens zum Angriff bläst, wandelt Arouet de Voltaire, der mit der Pickelflöte der Persiflage zum Besten des Deismus musiziert. Dazwischen greint das alte Weib Jacobi, die Marketenderin dieser Glaubensarmee.

★

Mendelssohn hat jedoch vor allen übrigen eine große soziale Bedeutung. Er war der Reformator der deutschen Israeliten, seiner Glaubensgenossen, er stürzte das Ansehen des Talmudismus, er begründete den reinen Mosaismus. Dieser Mann, den seine Zeitgenossen den deutschen Sokrates nannten und wegen seines Seelenadels und seiner Geisteskraft so ehrfurchtvoll bewunderten, war der Sohn eines armen Küsters der Synagoge von Dessau. Außer diesem Geburtsübel hatte ihn die Vorsehung auch noch mit einem Buckel belastet, gleichsam um dem Pöbel in recht greller Weise die Lehre zu geben, daß man den Menschen nicht nach seiner äußeren Erscheinung, sondern nach seinem inneren Werte schätzen solle. Oder hat ihm die Vorsehung, eben aus gütiger Vorsicht, einen Buckel zugeteilt, damit er manche Unbill des Pöbels einem Übel zuschreibe, worüber ein Weiser sich leicht trösten kann?

Wie Luther das Papsttum, so stürzte Mendelssohn den Talmud, und zwar in derselben Weise, indem er nämlich die Tradition verwarf, die Bibel für die Quelle der Religion erklärte und den wichtigsten Teil derselben übersetzte. Er zerstörte hierdurch den jüdischen, wie Luther den christlichen Katholizismus. In der Tat, der Talmud ist der Katholizismus der Juden. Er ist ein gotischer Dom, der zwar mit kindischen Schnörkeleien überladen, aber doch durch seine himmelkühne Riesenhaftigkeit uns in Erstaunen setzt. Er ist eine Hierarchie von Religionsgesetzen, die oft die putzigsten, lächerlichsten Subtilitäten betreffen, aber so sinnreich einander über- und untergeordnet sind, einander stützen und tragen und so furchtbar konsequent zusammenwirken, daß sie ein grauenhaft trotziges, kolossales Ganze bilden.

Nach dem Untergang des christlichen Katholizismus mußte auch der jüdische, der Talmud, untergehen. Denn der Talmud hatte alsdann seine Bedeutung verloren; er diente nämlich nur als Schutzwerk gegen Rom, und ihm verdanken es die Juden, daß sie dem christlichen Rom ebenso heldenmütig wie einst dem heidnischen Rom widerstehen konnten. Und sie haben nicht bloß widerstanden, sondern auch gesiegt. Der arme Rabbi von Nazareth, über dessen sterbendes Haupt der heidnische Römer die hämischen Worte schrieb: „König der Juden" — eben dieser dornengekrönte, mit dem ironischen Purpur behängte Spottkönig der Juden wurde am Ende der Gott der Römer, und sie mußten vor ihm niederknien! Wie das heidnische Rom wurde auch das christliche Rom besiegt, und dieses wurde sogar tributär. Wenn du, teurer Leser, dich in den ersten Tagen des Trimesters nach der Straße Lafitte verfügen willst, und zwar nach dem Hotel Numero funfzehn, so siehst du dort vor einem hohen Portal eine schwerfällige Kutsche, aus welcher ein dicker Mann hervorsteigt. Dieser begibt sich die Treppe hinauf nach einem kleinen Zimmer, wo ein blonder junger Mensch sitzt, der dennoch älter ist, als er wohl aussieht, und in dessen vornehmer grandseigneurlicher Nonchalance dennoch etwas so Solides liegt, etwas so Positives, etwas so Absolutes, als habe er alles Geld dieser Welt in seiner Tasche. Und wirklich, er hat alles Geld dieser Welt in seiner Tasche, und er heißt Monsieur James de Rothschild, und der dicke Mann ist Monsignor Grimbaldi, Abgesandter Seiner Heiligkeit des Papstes, und er bringt in dessen Namen die Zinsen der römischen Anleihe, den Tribut von Rom.

Wozu jetzt noch der Talmud?

Moses Mendelssohn verdient daher großes Lob, daß er diesen jüdischen Katholizismus, wenigstens in Deutschland, gestürzt hat. Denn was überflüssig ist, ist schädlich. Die Tradition verwerfend, suchte er jedoch das mosaische Zeremonialgesetz als religiöse Verpflichtung aufrechtzuerhalten. War es Feigheit oder Klugheit? War es eine wehmütige Nachliebe, die ihn abhielt, die zerstörende Hand an Gegenstände zu legen, die seinen Vorvätern am heiligsten waren, und wofür soviel Märtyrerblut und Märtyrertränen geflossen? Ich glaube nicht. Wie die Könige der Materie, so müssen auch die Könige des Geistes unerbittlich sein gegen Familiengefühle; auch auf dem Throne des Gedankens darf man keinen sanften Gemütlichkeiten nachgeben. Ich bin deshalb vielmehr der Meinung, daß Moses Mendelssohn in dem reinen Mosaismus eine Institution sah, die dem Deismus gleichsam als eine letzte Verschanzung dienen konnte. Denn der Deismus war sein innerster Glaube und seine tiefste Überzeugung. Als sein Freund Lessing starb und man denselben des Spinozismus anklagte, verteidigte er ihn mit dem ängstlichsten Eifer, und er ärgerte sich bei dieser Gelegenheit zu Tode.

★

Ja, der Buchstabe, sagte Lessing, sei die letzte Hülle des Christentums, und erst nach Vernichtung dieser Hülle trete hervor der Geist. Dieser Geist ist aber nichts anderes als das, was die Wolfschen Philosophen zu demonstrieren gedacht, was die Philanthropen in ihrem Gemüte gefühlt, was Mendelssohn im Mosaismus gefunden, was die Freimaurer gesungen, was die Poeten gepfiffen, was sich damals in Deutschland unter allen Formen geltend machte: der reine Deismus.

Lessing starb zu Braunschweig im Jahr 1781, verkannt, gehaßt und verschrien. In demselben Jahre erschien zu Königsberg die „Kritik der reinen Vernunft“ von Immanuel Kant. Mit diesem Buche, welches durch sonderbare Verzögerung erst am Ende der achtziger Jahre allgemein bekannt wurde, beginnt eine geistige Revolution in Deutschland, die mit der materiellen Revolution in Frankreich die sonderbarsten Analogien bietet und dem tieferen Denker ebenso wichtig dünken muß wie jene. Sie entwickelt sich mit denselben Phasen, und zwischen beiden herrscht der denkwürdige Parallelismus. Auf beiden Seiten des Rheines sehen wir denselben Bruch mit der Vergangenheit, der Tradition wird alle Ehrfurcht aufgekündigt; wie hier in Frankreich jedes Recht, so muß dort in Deutschland jeder Gedanke sich justifizieren, und wie hier das Königtum, der Schlußstein der alten sozialen Ordnung, so stürzt dort der Deismus, der Schlußstein des geistigen alten Regimes.

Von dieser Katastrophe, von dem 21. Januar des Deismus, sprechen wir im folgenden Stücke. Ein eigentümliches Grauen, eine geheimnisvolle Pietät erlaubt uns heute nicht, weiter zu schreiben. Unsere Brust ist voll von entsetzlichem Mitleid — es ist der alte Jehova selber, der sich zum Tode bereitet. Wir haben ihn so gut gekannt, von seiner Wiege an, in Ägypten, als er unter göttlichen Kälbern, Krokodilen, heiligen Zwiebeln, Ibissen und Katzen erzogen wurde — Wir haben ihn gesehen, wie er diesen Gespielen seiner Kindheit und den Obelisken und Sphinxen seines heimatlichen Niltals Ade sagte und in Palästina, bei einem armen Hirtenvölkchen, ein kleiner Gottkönig wurde und in einem eigenen Tempelpalast wohnte — Wir sahen ihn späterhin, wie er mit der assyrisch-babylonischen Zivilisation in Berührung kam und seine allzumenschlichen Leidenschaften ablegte, nicht mehr lauter Zorn und Rache spie, wenigstens nicht mehr wegen jeder Lumperei gleich donnerte — Wir sahen ihn auswandern nach Rom, der Hauptstadt, wo er alle Nationalvorurteile entsagte, und die himmlische Gleichheit aller Völker proklamierte, und mit solchen schönen Phrasen gegen den alten Jupiter Opposition bildete, und so lange intrigierte, bis er zur Herrschaft gelangte und vom Kapitole herab die Stadt und die Welt, urbem et orbem, regierte — Wir sahen, wie er sich noch mehr vergeistigte, wie er sanftselig wimmerte, wie er ein liebevoller Vater wurde, ein allgemeiner Menschenfreund, ein Weltbeglücker, ein Philanthrop — es konnte ihm alles nichts helfen —

Hört ihr das Glöckchen klingeln? Kniet nieder — Man bringt die Sakramente einem sterbenden Gotte.

★

Den Juden, was doch die Deisten am Ende alle sind, mußte Fichte ein Greuel sein.

★

AN GIACOMO MEYERBEER

Paris, 6. April 1835

Ich handle selten wie ein Marquis Posa und noch seltener wie ein Titus (ich spreche von dem Titus, wie ihn die Römer schildern und wie ihn Mozart komponiert; der wirkliche Titus, wie wir sehr gut wissen, war ein Rosche). Wie gesagt, ich bin kein Posa, kein Titus Vespasianus, kein Nathan der Weise, ich bin sogar das Gegenteil, kurz es ist viel Bedenkliches über mich zu sagen ... Aber das ist sicher, in der Tiefe meines Herzens wohnt Sympathie für alles, was herrlich und tragisch ist, für die Mitmärtyrer in der Poesie und Kunst, Sympathie für das verwandte Genie. Ich bestehe vielleicht aus zwei Personen; die eine, die bessere Person, schreibt Ihnen heute; sie schreibt auch nicht an den gewöhnlichen Meyerbeer, der gewöhnlich einen braunen Rock trägt und sehr gequält wird von Impressionen, schlechten Sängern, aufgeklärten Israeliten, vorurteilsfreien Christen, schätzenswerten Dilettanten, Inhabern von Albums (an diesen Meyerbeer habe ich diese Tage einen Empfehlungsbrief geschrieben, den ihm ein junger Sprachlehrer mosaischer Konfession, welcher wahrscheinlich auch Violine spielt, überreichen wird) — ich schreibe an den zweiten Meyerbeer, den Maestro divino, den Schöpfer, den Triumphator mit dem Lorbeerkranz, den Geisterfürsten, an den die Menschen, ebenso wie an mich, noch lange denken werden. Ja, ich überlasse mich der wehmütig übelen Hoffnung, daß man den Namen dieses Meyerbeers nicht selten mit dem meinigen zusammen nennen wird, wenn wir nebbich beide längst im Grabe liegen.

*

AN AUGUST LEWALD

Paris, 11. April 1835

Haben Sie das Hohe Lied des Königs Salomo gelesen? Nun, so lesen Sie es nochmals, und Sie finden darin alles, was ich Ihnen heute sagen könnte.

Warten Sie nur, in kurzem geht eine Veränderung mit mir vor, und dann will ich auch, wie Sie es wünschen, für die Komödianten schreiben, und die Stücke werden gewiß aufgeführt werden können, wenn man nur die Vorsicht braucht, meine Tragödien als Komödien und meine Komödien als Tragödien auf den Zetteln anzukündigen.

Lesen Sie das Hohe Lied von König Salomo; ich mache Sie aufmerksam auf diesen Mann.

*

AN JULIUS CAMPE

Paris, 26. Juli 1835

Ich wiederhole meine Bitte, handeln Sie christlich in der Exemplarzahl der Auflage. O liebster Campe, ich gäbe was drum, wenn Sie mehr Religion hätten! Aber das Lesen meiner eigenen Schriften hat Ihrem Gemüte viel geschadet, jenes zarte gläubige Gefühl, das Sie sonst besaßen, ist verloren gegangen. Sie glauben nicht mehr, durch gute Werke selig zu werden, nur der Schund ist Ihnen angenehm, Sie sind ein Pharisäer geworden, der in den Büchern nur den Buchstaben sieht und nicht den Geist, ein Sadduzäer, der an keine Auferstehung der Bücher, an keine Auflagen glaubt, ein Atheist, der im Geheim meinen heiligen Namen lästert — o tun Sie Buße, bessern Sie sich!

★

AN HEINRICH LAUBE

Boulogne, 23. Nov. 1835

Vielleicht ohne diese Andeutungen werden Sie begriffen haben, warum ich mich immer in der protestantischen Befugnis verschanzt, so wie Sie auch leicht die pöbelhafte List der Gegner begriffen, die mich gern in die Synagoge verwiesen, mich den geborenen Antagonisten des jüdisch-mahometanisch-christlichen Deismus.

★

Zu Frankfurt kam ich am Schabbes an,
Und aß dort Schalet und Klöße;
Ihr habt die beste Religion,
Auch lieb' ich das Gänsegekröse.

★

Arme griechische Philosophen! Sie konnten diesen Widerspruch niemals begreifen, wie sie auch späterhin niemals begriffen, daß sie in ihrer Polemik mit den Christen keineswegs die alte erstorbene Glaubenslehre, sondern weit lebendigere Dinge zu verteidigen hatten. Es galt nämlich nicht, die tiefere Bedeutung der Mythologie durch neoplatonische Spitzfindigkeiten zu beweisen, den erstorbenen Göttern ein neues symbolisches Lebensblut zu infusieren und sich mit den plumpen, materiellen Einwürfen der ersten Kirchenväter, die besonders über den moralischen Charakter der Götter fast voltairisch spotteten, tagtäglich abzuquälen; es galt vielmehr den Hellenismus selbst, griechische Gefühls- und Denkweise, zu verteidigen und der Ausbreitung des Judäismus, der judäischen Gefühls- und Denkweise, entgegenzuwirken. Die Frage war: ob der trübsinnige, magere, sinnenfeindliche, übergeistige Judäismus der Nazarener oder ob hellenische Heiterkeit, Schönheitsliebe und blühende Lebenslust in der Welt herrschen solle? Jene schönen Götter waren nicht die Hauptsache; niemand glaubte mehr an die ambrosiaduftenden Bewohner des Olymps, aber man amüsierte sich göttlich in ihren Tempeln, bei ihren Festspielen, Mysterien; da schmückte man das Haupt mit Blumen, da gab es feierlich holde Tänze, da lagerte man sich zu freudigen Mahlen . . . wo nicht gar zu noch süßeren Genüssen.

★

AN MOSES MOSER

Avignon, 8. Nov. 1836

Ich werde angefeindet und verleumdet zugleich von Christen und Juden, letztere sind gegen mich erbost, daß ich nicht das Schwert ziehe für ihre Emanzipation in Baden, Nassau oder sonstigen Krähwinkelstaaten. O der Kurzsichtigkeit! Nur vor den Toren Roms kann man Karthago verteidigen! Hast Du auch mich mißverstanden?

Ich schreibe Dir diese Zeilen aus Avignon, der ehemaligen Residenz der Päpste und der Muse Petrarchas; ich liebe diesen ebensowenig wie jene; ich hasse die christliche Lüge in der Poesie ebenso sehr wie im Leben.

★

Es gilt, dem Publikum zu zeigen, welche Bewandtnis es hat mit jenem bramarbasierenden Helden der Nationalität, jenem Wächter des Deutschtums, der beständig auf die Franzosen schimpft und uns arme Schriftsteller des Jungen Deutschlands für lauter Franzosen und Juden erklärt hat. Für Juden, das hätte nichts zu bedeuten; wir suchen nicht die Allianz des gemeinen Pöbels, und der Höhergebildete weiß wohl, daß Leute, die man als Gegner des Deismus anklagte, keine Sympathie für die Synagoge hegen konnten; man wendet sich nicht an die überwelken Reize der Mutter, wenn einem die alternde Tochter nicht mehr behagt.

★

Täglich steigert sich meine Angst über die Krisen, die dieser soziale Zustand Frankreichs hervorbringen kann; wenn die Franzosen nur im mindesten an die Zukunft dächten, könnten sie auch keinen Augenblick mit Ruhe ihres Daseins froh werden. Und wirklich freuen sie sich dessen nie mit Ruhe. Sie sitzen nicht gemächlich am Bankette des Lebens, sondern sie verschlucken dort eilig die holden Gerichte, stürzen den süßen Trank hastig in den Schlund und können sich dem Genusse nie mit Wohlbehagen hingeben. Sie mahnen mich an den alten Holzschnitt in unserer Hausbibel, wo die Kinder Israel vor dem Auszug aus Ägypten das Passahfest begehen und stehend, reisegerüstet und den

Wanderstab in den Händen, ihren Lämmerbraten verzehren. Werden uns in Deutschland die Lebenswonnen auch viel spärlicher zugeteilt, so ist es uns doch vergönnt, sie mit behaglichster Ruhe zu genießen. Unsere Tage gleiten sanft dahin wie ein Haar, welches man durch die Milch zieht.

Liebster Lewald, der letztere Vergleich ist nicht von mir, sondern von einem Rabbinen; ich las ihn unlängst in einer Blumenlese rabbinischer Poesie, wo der Dichter das Leben des Gerechten mit einem Haare vergleicht, welches man durch die Milch zieht. Anfangs kotzte ich ein bißchen über dieses Bild, denn nichts wirkt erbrechlicher auf meinen Magen, als wenn ich des Morgens meinen Kaffee trinke und ein Haar in der Milch finde. Nun gar ein langes Haar, welches sich sanft hindurchziehen läßt wie das Leben des Gerechten! Aber das ist eine Idiosynkrasie von mir; ich will mich durchaus an das Bild gewöhnen und werde es bei jeder Gelegenheit anwenden. Ein Schriftsteller darf sich nicht seiner Subjektivität ganz überlassen, er muß alles schreiben können, und sollte es ihm noch so übel dabei werden.

★

Ich kenne einen guten Hamburger Christen, der sich nie darüber zufrieden geben konnte, daß unser Herr und Heiland von Geburt ein Jude war. Ein tiefer Unmut ergriff ihn jedesmal, wenn er sich eingestehen mußte, daß der Mann, der, ein Muster der Vollkommenheit, die höchste Verehrung verdient, dennoch zur Sippschaft jener ungeschnäuzten Langnasen gehörte, die er auf der Straße als Trödler herumhausieren sieht, die er so gründlich verachtet, und die ihm noch fataler sind, wenn sie gar, wie er selber, sich dem Großhandel mit Gewürzen und Farbestoffen zuwenden und seine eigenen Interessen beeinträchtigen.

★

Diese alte, unversöhnliche Abneigung gegen das Theater ist nichts als eine Seite jener Feindschaft, die seit achtzehn Jahrhunderten zwischen zwei ganz heterogenen Weltanschauungen waltet, und wovon die eine dem dürren Boden Judäas, die andere dem blühenden Griechenland entsprossen ist. Ja, schon seit achtzehn Jahrhunderten dauert der Groll zwischen Jerusalem und Athen, zwischen dem Heiligen Grab und der Wiege der Kunst, zwischen dem Leben im Geiste und dem Geist im Leben; und die Reibungen, öffentliche und heimliche Befehdungen, die dadurch entstanden, offenbaren sich dem esoterischen Leser in der Geschichte der Menschheit. Wenn wir in der heutigen Zeitung finden, daß der Erzbischof von Paris einem armen toten Schauspieler die gebräuchlichen Begräbnisehren verweigert, so liegt solchem Verfahren keine besondere Priesterlaune zum Grunde, und nur der Kurzsichtige erblickt darin eine engsinnige Böswilligkeit. Es waltet hier vielmehr der Eifer eines alten Streites, eines Todeskampfs gegen die Kunst. welche von dem hellenischen Geist oft als Tribüne benutzt wurde, um von da herab das Leben zu predigen gegen den abtötenden Judäismus: die Kirche verfolgte in den Schauspielern die Organe des Griechentums, und diese Verfolgung traf nicht selten auch die Dichter, die ihre Begeisterung nur von Apollo herleiteten und den proskribierten Heidengöttern eine Zuflucht sicherten im Lande der Poesie.

★

JESSIKA.

Als ich dieses Stück in Drury Lane aufführen sah, stand hinter mir in der Loge eine schöne blasse Britin, welche am Ende des vierten Aktes heftig weinte und mehrmals ausrief: „The poor man is wronged!" („Dem armen Mann geschieht unrecht!"). Es war ein Gesicht vom edelsten griechischen Schnitt, und die Augen waren groß und schwarz. Ich habe sie nie vergessen können, diese großen und schwarzen Augen, welche um Shylock geweint haben!

Wenn ich aber an jene Tränen denke, so muß ich den „Kaufmann von Venedig" zu den Tragödien rechnen, obgleich der Rahmen des Stückes von den heitersten Masken, Satyrbildern und Amoretten verziert ist und auch der Dichter eigentlich ein Lustspiel geben wollte. Shakespeare hegte vielleicht die Absicht, zur Ergötzung des großen Haufens einen gedrillten Werwolf darzustellen, ein verhaßtes Fabelgeschöpf, das nach Blut lechzt und dabei seine Tochter und seine Dukaten einbüßt und obendrein verspottet wird. Aber der Genius des Dichters, der Weltgeist, der in ihm waltet, steht immer höher als sein Privatwille, und so geschah es, daß er in Shylock trotz der grellen Fratzenhaftigkeit die Justifikation einer unglücklichen Sekte aussprach, welche von der Vorsehung aus geheimnisvollen Gründen mit dem Haß des niederen und vornehmen Pöbels belastet worden und diesen Haß nicht immer mit Liebe vergelten wollte.

Aber was sag' ich? der Genius des Shakespeare erhebt sich noch über den Kleinhader zweier Glaubensparteien, und sein Drama zeigt uns eigentlich weder Juden noch Christen, sondern Unterdrücker und Unterdrückte und das wahnsinnig schmerzliche Aufjauchzen dieser letzteren, wenn sie ihren übermütigen Quälern die zugefügten Kränkungen mit Zinsen zurückzahlen können. Von Religionsverschiedenheit ist in diesem Stücke nicht die geringste Spur, und Shakespeare zeigt in Shylock nur einen Menschen, dem die Natur gebietet, seinen Feind zu hassen, wie er in Antonio und dessen Freunden keineswegs die Jünger jener göttlichen Lehre schildert, die uns befiehlt, unsere Feinde zu lieben. Wenn Shylock dem Manne, der von ihm Geld borgen will, folgende Worte sagt:

„Signor Antonio, viel und oftermals
Habt Ihr auf dem Rialto mich geschmäht
Um meine Gelder und um meine Zinsen;
Stets trug ich's mit geduld'gem Achselzucken,
Denn dulden ist das Erbteil unsers Stamms.
Ihr scheltet mich abtrünnig, einen Bluthund,
Und speit auf meinen jüdischen Rocklor,
Und alles, weil ich nutz', was mir gehört.
Gut denn, nun zeigt sich's, Ihr braucht meine Hilfe:
Ei freilich ja, Ihr kommt zu mir, Ihr sprecht:
‚Shylock, wir wünschten Gelder.' So sprecht Ihr,
Der mir den Auswurf auf den Bart geleert
Und mich getreten, wie Ihr von der Schwelle
Den fremden Hund stoßt; Geld ist Eu'r Begehren.
Wie sollt' ich sprechen nun? Sollt' ich nicht sprechen:
‚Hat ein Hund Geld? Ist's möglich, daß ein Spitz
Dreitausend Dukaten leihn kann?' Oder soll ich
Mich bücken und in eines Schuldners Ton
Demütig wispernd, mit verhaltnem Odem
So sprechen: ‚Schöner Herr, am letzten Mittwoch
Spiet Ihr mich an, Ihr tratet mich den Tag;
Ein andermal hießt Ihr mich einen Hund:
Für diese Höflichkeiten will ich Euch
Die und die Gelder leihn.'"

Da antwortet Antonio:

„Ich könnte leichtlich wieder dich so nennen,
Dich wieder anspein, ja mit Füßen treten. —"

Wo steckt da die christliche Liebe! Wahrlich, Shakespeare würde eine Satire auf das Christentum gemacht haben, wenn er es von jenen Personen repräsentieren ließe, die dem Shylock feindlich gegenüberstehen, aber dennoch kaum wert sind, demselben die Schuhriemen zu lösen. Der bankrotte Antonio ist ein weichliches Gemüt ohne Energie, ohne Stärke des Hasses und also auch ohne Stärke der Liebe, ein trübes

Wurmherz, dessen Fleisch wirklich zu nichts Besserem taugt, als „Fische damit zu angeln". Die abgeborgten dreitausend Dukaten stattet er übrigens dem geprellten Juden keineswegs zurück. Auch Bassanio gibt ihm das Geld nicht wieder, und dieser ist ein echter fortune-hunter, nach dem Ausdruck eines englischen Kritikers; er borgt Geld, um sich etwas prächtig herauszustaffieren und eine reiche Heirat, einen fetten Brautschatz zu erbeuten; denn, sagt er zu seinem Freunde:

„Euch ist nicht unbekannt, Antonio,
Wie sehr ich meinen Glücksstand hab' erschöpft,
Indem ich glänzender mich eingerichtet,
Als meine schwachen Mittel tragen konnten.
Auch jammer' ich jetzt nicht, daß die große Art
Mir untersagt ist; meine Sorg' ist bloß,
Mit Ehren von den Schulden loszukommen,
Worin mein Leben, etwas zu verschwendrisch,
Mich hat verstrickt. — —"

Was gar den Lorenzo betrifft, so ist er der Mitschuldige eines der infamsten Hausdiebstähle, und nach dem preußischen Landrecht würde er zu fünfzehn Jahren Zuchthaus verurteilt und gebrandmarkt und an den Pranger gestellt werden; obgleich er nicht bloß für gestohlene Dukaten und Juwelen, sondern auch für Naturschönheiten, Landschaften im Mondlicht und für Musik sehr empfänglich ist. Was die anderen edlen Venezianer betrifft, die wir als Gefährten des Antonio auftreten sehen, so scheinen sie ebenfalls das Geld nicht sehr zu hassen, und für ihren armen Freund, wenn er ins Unglück geraten, haben sie nichts als Worte, gemünzte Luft. Unser guter Pietist Franz Horn macht hierüber folgende sehr wäßrige, aber ganz richtige Bemerkung: „Hier ist nun billig die Frage aufzuwerfen: wie war es möglich, daß es mit Antonios Unglück so weit kam? Ganz Venedig kannte und schätzte ihn, seine guten Bekannten wußten genau um die furchtbare Verschreibung, und daß der Jude auch nicht einen Punkt derselben würde auslöschen lassen. Dennoch lassen sie einen Tag nach dem anderen verstreichen, bis endlich die drei Monate vorüber sind und mit denselben jede Hoffnung auf Rettung. Es würde jenen guten Freunden, deren der königliche Kaufmann ja ganze Scharen um sich zu haben scheint, doch wohl ziemlich leicht geworden sein, die Summe von dreitausend Dukaten zusammenzubringen, um ein Menschenleben — und welch eines! — zu retten; aber dergleichen ist denn doch immer ein wenig unbequem, und so tun die lieben guten Freunde, eben weil es nur sogenannte Freunde oder, wenn man will, halbe oder dreiviertel Freunde sind, — nichts und wieder nichts und gar nichts. Sie bedauern den vortrefflichen Kaufmann, der ihnen früher so schöne Feste veranstaltet hat, ungemein, aber mit gehöriger Bequemlichkeit, schelten, was nur das Herz und die Zunge vermag, auf Shylock, was gleichfalls ohne alle Gefahr geschehen kann, und meinen dann vermutlich alle, ihre Freundschaftspflicht erfüllt zu haben. So sehr wir Shylock hassen müssen, so würden wir doch selbst ihm nicht verdenken können, wenn er diese Leute ein wenig verachtete, was er denn auch wohl tun mag. Ja, er scheint zuletzt auch den Graziano, den Abwesenheit entschuldigt, mit jenen zu verwechseln und in eine Klasse zu werfen, wenn er die frühere Tatlosigkeit und jetzige Wortfülle mit der schneidenden Antwort abfertigt:

„Bis du von meinem Schein das Siegel wegschiltst,
Tust du mit Schrein nur deiner Lunge weh.
Stell deinen Witz her, guter junger Mensch,
Sonst fällt er rettungslos in Trümmern dir.
Ich stehe hier um Recht."

Oder sollte etwa gar Lanzelot Gobbo als Repräsentant des Christentums gelten? Sonderbar genug, hat sich Shakespeare über letzteres nirgends so bestimmt geäußert wie in einem Gespräche, das dieser Schalk mit seiner Gebieterin führt. Auf Jessikas Äußerung:

„Ich werde durch meinen Mann selig werden, er hat mich zu einer Christin gemacht"

antwortet Lanzelot Gobbo:

„Wahrhaftig, da ist er sehr zu tadeln. Es gab unser vorher schon Christen genug, gerade so viele, als nebeneinander gut bestehen konnten. Dies Christenmachen wird den Preis der Schweine steigern; wenn wir alle Schweinefleischesser werden, so ist in kurzem kein Schnittchen Speck in der Pfanne für Geld mehr zu haben."

Wahrlich, mit Ausnahme Portias ist Shylock die respektabelste Person im ganzen Stück. Er liebt das Geld, er verschweigt nicht diese Liebe, er schreit sie aus auf öffentlichem Markte ... Aber es gibt etwas, was er dennoch höher schätzt als Geld, nämlich die Genugtuung für sein beleidigtes Herz, die gerechte Wiedervergeltung unsäglicher Schmähungen: und obgleich man ihm die erborgte Summe zehnfach anbietet, er schlägt sie aus, und die dreitausend, die zehnmal dreitausend Dukaten gereuen ihn nicht, wenn er ein Pfund Herzfleisch seines Feindes damit erkaufen kann. „Was willst du mit diesem Fleische", fragt ihn Salario. Und er antwortet:

„Fisch' mit zu angeln. Sättigt es sonst niemanden, so sättigt es doch meine Rache. Er hat mich beschimpft, mir eine halbe Million gehindert, meinen Verlust belacht, meinen Gewinn bespottet, mein Volk geschmäht, meinen Handel gekreuzt, meine Freunde verleitet, meine Feinde gehetzt. Und was hat er für Grund? Ich bin ein Jude. Hat nicht ein Jude Augen? Hat nicht ein Jude Hände, Gliedmaßen, Werkzeuge, Sinne, Neigungen, Leidenschaften? Mit derselben Speise genährt, mit denselben Waffen verletzt, denselben Krankheiten unterworfen, mit denselben Mitteln geheilt, gewärmt und gekältet von eben dem Winter und Sommer als ein Christ? Wenn ihr uns stecht, bluten wir nicht? Wenn ihr uns kitzelt, lachen wir nicht? Wenn ihr uns vergiftet, sterben wir nicht? Und wenn ihr uns beleidigt, sollen wir uns nicht rächen? Sind wir euch in allen Dingen ähnlich, so wollen wir's euch auch darin gleich tun. Wenn ein Jude einen Christen beleidigt, was ist seine Demut? Rache. Wenn ein Christ einen Juden beleidigt, was muß seine Geduld sein nach christlichem Vorbild? Nu, Rache. Die Bosheit, die ihr mich lehrt, die will ich ausüben, und es muß schlimm hergehn, oder ich will es meinen Meistern zuvortun."

Nein, Shylock liebt zwar das Geld, aber es gibt Dinge, die er noch weit mehr liebt, unter anderen auch seine Tochter, „Jessika, mein Kind". Obgleich er in der höchsten Leidenschaft des Zorns sie verwünscht und tot zu seinen Füßen liegen sehen möchte, mit den Juwelen in den Ohren, mit den Dukaten im Sarg: so liebt er sie doch mehr als alle Dukaten und Juwelen. Aus dem öffentlichen Leben, aus der christlichen Sozietät zurückgedrängt in die enge Umfriedung häuslichen Glückes, blieben ja dem armen Juden nur die Familiengefühle, und diese treten bei ihm hervor mit der rührendsten Innigkeit. Den Türkis, den Ring, den ihm einst seine Gattin, seine Lea, geschenkt, er hätte ihn nicht „für einen Wald von Affen" hingegeben. Wenn in der Gerichtsszene Bassanio folgende Worte zum Antonio spricht:

‚Ich hab' ein Weib zur Ehe, und sie ist
So lieb mir als mein Leben selbst, doch gilt
Sie höher als dein Leben nicht bei mir.
Ich gäbe alles hin, ja opfert' alles,
Das Leben selbst, mein Weib und alle Welt,
Dem Teufel da, um dich nur zu befrein."

Wenn Graziano ebenfalls hinzusetzt:

„Ich hab' ein Weib, die ich, auf Ehre, liebe;
Doch wünscht' ich sie im Himmel, könnt' sie Mächte
Dort flehn, den hünd'schen Juden zu erweichen."

Dann regt sich in Shylock die Angst ob dem Schicksal seiner Tochter, die unter Menschen, welche ihre Weiber aufopfern könnten für ihre Freunde, sich verheiratet hat, und nicht laut, sondern „beiseite" sagt er zu sich selber:

„So sind die Christenmänner: ich hab' 'ne Tochter,
Wär' irgendwer vom Stamm des Barnabas
Ihr Mann geworden, lieber als ein Christ! —'

Diese Stelle, dieses leise Wort begründet das Verdammungsurteil, welches wir über die schöne Jessika aussprechen müssen. Es war kein liebloser Vater, den sie verließ, den sie beraubte, den sie verriet... Schändlicher Verrat! Sie macht sogar gemeinschaftliche Sache mit den Feinden Shylocks, und wenn diese zu Belmont allerlei Mißreden über ihn führen, schlägt Jessika nicht die Augen nieder, erbleichen nicht die Lippen Jessikas, sondern Jessika spricht von ihrem Vater das Schlimmste... Entsetzlicher Frevel! Sie hat kein Gemüt, sondern abenteuerlichen Sinn. Sie langweilte sich in dem streng verschlossenen „ehrbaren" Hause des bittermütigen Juden, das ihr endlich eine Hölle dünkte. Das leichtfertige Herz ward allzusehr angezogen von den heiteren Tönen der Trommel und der quergehalsten Pfeife. Hat Shakespeare hier eine Jüdin schildern wollen? Wahrlich nein; er schildert nur eine Tochter Evas, einen jener schönen Vögel, die, wenn sie flügge geworden, aus dem väterlichen Neste fortflattern zu den geliebten Männchen. So folgte Desdemona dem Mohren, so Imogen dem Posthumus. Das ist weibliche Sitte. Bei Jessika ist besonders bemerkbar eine gewisse zagende Scham, die sie nicht überwinden kann, wenn sie Knabentracht anlegen soll. Vielleicht in diesem Zuge möchte man jene sonderbare Keuschheit erkennen, die ihrem Stamme eigen ist, und den Töchtern desselben einen so wunderbaren Liebreiz verleiht. Die Keuschheit der Juden ist vielleicht die Folge einer Opposition, die sie von jeher gegen jenen orientalischen Sinnen- und Sinnlichkeitsdienst bildeten, der einst bei ihren Nachbarn, den Ägyptern, Phöniziern, Assyrern und Babyloniern, in üppigster Blüte stand und sich in beständiger Transformation bis auf den heutigen Tag erhalten hat. Die Juden sind ein keusches enthaltsames, ich möchte fast sagen, abstraktes Volk, und in der Sittenreinheit stehen sie am nächsten den germanischen Stämmen. Die Züchtigkeit der Frauen bei Juden und Germanen ist vielleicht von keinem absoluten Werte, aber in ihrer Erscheinung macht sie den lieblichsten, anmutigsten und rührendsten Eindruck. Rührend bis zum Weinen ist es, wenn z. B. nach der Niederlage der Zimbern und Teutonen die Frauen derselben den Marius anflehen, sie nicht seinen Soldaten, sondern den Priesterinnen der Vesta als Sklavinnen zu übergeben.

Es ist in der Tat auffallend, welche innige Wahlverwandtschaft zwischen den beiden Völkern der Sittlichkeit, den Juden und Germanen, herrscht. Diese Wahlverwandtschaft entstand nicht auf historischem Wege, weil etwa die große Familienchronik der Juden, die Bibel, der ganzen germanischen Welt als Erziehungsbuch diente, auch nicht, weil Juden und Germanen von früh an die unerbittlichsten Feinde der Römer und also natürliche Bundesgenossen waren: sie hat einen tieferen Grund, und beide Völker sind sich ursprünglich so ähnlich, daß man das ehemalige Palästina für ein orientalisches Deutschland ansehen könnte, wie man das heutige Deutschland für die Heimat des heiligen Wortes, für den Mutterboden des Prophetentums, für die Burg der reinen Geistheit halten sollte.

Aber nicht bloß Deutschland trägt die Physiognomie Palästinas, sondern auch das übrige Europa erhebt sich zu den Juden. Ich sage erhebt sich, denn die Juden trugen schon im Beginne das moderne Prinzip in sich, welches sich heute erst bei den europäischen Völkern sichtbar entfaltet.

Griechen und Römer hingen begeistert an dem Boden, an dem Vaterlande. Die späteren nordischen Einwanderer in die Römer- und Griechenwelt hingen an der Person ihrer Häuptlinge, und an die Stelle des antiken Patriotismus trat im Mittelalter die Vasallentreue, die Anhänglichkeit an die Fürsten. Die Juden aber von jeher hingen nur an dem Gesetz, an dem abstrakten Gedanken, wie unsere neueren kosmopolitischen Republikaner, die weder das Geburtsland noch die Person des Fürsten, sondern die Gesetze als das Höchste achten. Ja, der Kosmopolitismus ist ganz eigentlich dem Boden Judäas entsprossen, und Christus, der trotz dem Mißmute des früher erwähnten Hamburger Spezereihändlers ein wirklicher Jude war, hat ganz eigentlich eine Propaganda des Weltbürgertums gestiftet. Was den Republikanismus der Juden betrifft, so erinnere ich mich, im Josephus gelesen zu haben, daß es zu Jerusalem Republikaner gab, die sich den königlich gesinnten Herodianern entgegensetzten, am mutigsten fochten, niemanden den Namen „Herr" gaben und den römischen Absolutismus aufs ingrimmigste haßten; Freiheit und Gleichheit war ihre Religion. Welcher Wahn!

Was ist aber der letzte Grund jenes Hasses, den wir in Europa zwischen den Anhängern der mosaischen Gesetze und der Lehre Christi bis auf heutigen Tag gewahren, und wovon uns der Dichter, indem er das Allgemeine im Besonderen veranschaulichte, im „Kaufmann von Venedig" ein schauerliches Bild geliefert hat? Ist es der ursprüngliche Bruderhaß, den wir schon gleich nach Erschaffung der Welt ob der Verschiedenheit des Gottesdienstes zwischen Kain und Abel entlodern sehen? Oder ist die Religion überhaupt nur Vorwand, und die Menschen hassen sich, um sich zu hassen, wie sie sich lieben, um sich zu lieben? Auf welcher Seite ist die Schuld bei diesem Groll? Ich kann nicht umhin, zur Beantwortung dieser Frage eine Stelle aus einem Privatbriefe mitzuteilen, die auch die Gegner Shylocks justifiziert:

„Ich verdamme nicht den Haß, womit das gemeine Volk die Juden verfolgt; ich verdamme nur die unglückseligen Irrtümer, die jenen Haß erzeugten. Das Volk hat immer recht in der Sache, seinem Hasse wie seiner Liebe liegt immer ein ganz richtiger Instinkt zugrunde, nur weiß es nicht seine Empfindungen richtig zu formulieren, und statt der Sache trifft sein Groll gewöhnlich die Person, den unschuldigen Sündenbock zeitlicher und örtlicher Mißverhältnisse. Das Volk leidet Mangel, es fehlen ihm die Mittel zum Lebensgenuß, und obgleich ihm die Priester der Staatsreligion versichern, ‚daß man auf Erden sei, um zu entbehren und trotz Hunger und Durst der Obrigkeit zu gehorchen' — so hat doch das Volk eine geheime Sehnsucht nach den Mitteln des Genusses, und es haßt diejenigen, in deren Kisten und Kasten dergleichen aufgespeichert liegt; es haßt die Reichen und ist froh, wenn ihm die Religion erlaubt, sich diesem Hasse mit vollem Gemüte hinzugeben. Das gemeine Volk haßte in den Juden immer nur die Geldbesitzer, es war immer das aufgehäufte Metall, welches die Blitze seines Zornes auf die Juden herabzog. Der jedesweilige Zeitgeist lieh nun immer jenem Hasse seine Parole. Im Mittelalter trug diese Parole die düstere Farbe der katholischen Kirche, und man schlug die Juden tot und plünderte ihre Häuser: ‚weil sie Christus gekreuzigt' — ganz mit derselben Logik, wie auf St. Domingo einige schwarze Christen zur Zeit der Massaker mit einem Bilde des gekreuzigten Heilands herumliefen und fanatisch schrien: ‚Les blancs l'ont tué, tuons tous les blancs.'

Mein Freund, Sie lachen über die armen Neger; ich versichere Sie, die westindischen Pflanzer lachten damals nicht und wurden niedergemetzelt zur Sühne Christi wie einige Jahrhunderte früher die europäischen Juden. Aber die schwarzen Christen auf St. Domingo hatten in der Sache ebenfalls recht! die Weißen lebten müßig in der Fülle aller Genüsse, während der Neger im Schweiße seines schwarzen Angesichts für sie arbeiten mußte und zum Lohne nur ein bißchen Reismehl und sehr viele Peitschenhiebe erhielt; die Schwarzen waren das gemeine Volk.—

Wir leben nicht mehr im Mittelalter, auch das gemeine Volk wird aufgeklärter, schlägt die Juden nicht mehr auf einmal tot und beschönigt seinen Haß nicht mehr mit der Religion; unsere Zeit ist nicht mehr so naiv glaubensheiß, der traditionelle Groll kleidet sich in modernen Redensarten, und der Pöbel in den Bierstuben wie in den Deputiertenkammern deklamiert wider die Juden mit merkantilischen, industriellen, wissenschaftlichen oder gar philosophischen Argumenten. Nur abgefeimte Heuchler geben noch heute ihrem Haß eine religiöse Färbung und verfolgen die Juden um Christi willen; die große Menge gesteht offenherzig, daß hier materielle Interessen zugrunde liegen, und sie will den Juden durch alle möglichen Mittel die Ausübung ihrer industriellen Fähigkeiten erschweren. Hier in Frankfurt z. B. dürfen jährlich nur vierundzwanzig Bekenner des mosaischen Glaubens heiraten, damit ihre Population nicht zunimmt und für die christlichen Handelsleute keine allzustarke Konkurrenz erzeugt wird. Hier tritt der wirkliche Grund des Judenhasses mit seinem wahren Gesichte hervor, und dieses Gesicht trägt keine düster fanatische Mönchsmiene, sondern die schlaffen, aufgeklärten Züge eines Krämers, der sich ängstigt, im Handel und Wandel von dem israelitischen Geschäftsgeist überflügelt zu werden.

Aber ist es die Schuld der Juden, daß sich dieser Geschäftsgeist bei ihnen so bedrohlich entwickelt hat? Die Schuld liegt ganz an jenem Wahnsinn, womit man im Mittelalter die Bedeutung der Industrie verkannte, den Handel als etwas Unedles und gar die Geldgeschäfte als etwas Schimpfliches betrachtete und deshalb den einträglichsten Teil solcher Industriezweige, namentlich die Geldgeschäfte, in die Hände der Juden gab; so daß diese, ausgeschlossen von allen anderen Gewerben, notwendigerweise die raffiniertesten Kaufleute und Bankiers werden mußten. Man zwang sie, reich zu werden, und haßte sie dann wegen ihres Reichtums; und obgleich jetzt die Christenheit ihre Vorurteile gegen die Industrie aufgegeben hat und die Christen in Handel und Gewerb' ebenso große Spitzbuben und ebenso reich wie die Juden geworden sind: so ist dennoch an diesen letzteren der traditionelle Volkshaß haften geblieben, das Volk sieht in ihnen noch immer die Repräsentanten des Geldbesitzes und haßt sie. Sehen Sie, in der Weltgeschichte hat jeder recht, sowohl der Hammer als der Amboß."

★

PORTIA.

„Wahrscheinlich wurden alle Kunstrichter von Shylocks erstaunlichem Charakter so geblendet und gefangen, daß sie ihrerseits Portia ihr Recht nicht widerfahren ließen, da doch ausgemacht Shylocks Charakter in seiner Art nicht kunstreicher, noch vollendeter ist als Portias in der ihrigen. Die zwei glänzenden Figuren sind beide ehrenwert: wert, zusammen in dem reichen Bann bezaubernder Dichtung und prachtvoller, anmutiger Formen zu stehen. Neben dem schrecklichen, unerbittlichen Juden, gegen seine gewaltigen Schatten durch ihre Glanzlichter abstechend, hängt sie wie ein prächtiger schönheitatmender Tizian neben einem herrlichen Rembrandt.

Portia hat ihr gehöriges Teil von den angenehmen Eigenschaften, die Shakespeare über viele seiner weiblichen Charaktere ausgegossen, neben der Würde aber, der Süßigkeit und Zärtlichkeit, welche ihr Geschlecht überhaupt auszeichnen, auch noch ganz eigentümliche, besondere Gaben: hohe geistige Kraft, begeisterte Stimmung, entschiedene Festigkeit und allem obschwebende Munterkeit. Diese sind angeboren; sie hat aber noch andere ausgezeichnete äußerlichere Eigenschaften, die aus ihrer Stellung und ihren Bezügen hervorgehen. So ist sie Erbin eines fürstlichen Namens und unberechenbaren Reichtums; ein Gefolg' dienstwilliger Lustbarkeiten hat sie stets umgeben; von Kindheit an hat sie eine mit Wohlgerüchen und Schmeicheldüften durchwürzte Luft geatmet. Daher eine gebieterische Anmut, eine vornehme, hehre Zierlichkeit, ein Geist der Pracht in allem, was sie tut und sagt, als die von Geburt an mit dem Glanze Vertraute. Sie wandelt einher wie in Marmorpalästen, unter goldverzierten Decken, auf Fußböden von Zeder und Mosaiken von Jaspis und Porphyr, in Gärten mit Standbildern, Blumen und Quellen und geisterartig flüsternder Musik. Sie ist voll eindringender Weisheit, unverfälschter Zärtlichkeit und lebhaften Witzes. Da sie aber nie Mangel, Gram, Furcht oder Mißerfolg gekannt, so hat ihre Weisheit keinen Zug von Düsterheit oder Trübheit; all ihre Regungen sind mit Glauben, Hoffnung, Freude versetzt, und ihr Witz ist nicht im mindesten böswillig oder beißend."

Obige Worte entlehne ich einem Werke der Frau Jameson, welches „Moralische, poetische und historische Frauen-Charaktere" betitelt. Es ist in diesem Buche nur von Shakespeareschen Weibern die Rede, und die angeführte Stelle zeugt von dem Geiste der Verfasserin, die wahrscheinlich von Geburt eine Schottin ist. Was sie über Portia im Gegensatz zu Shylock sagt, ist nicht bloß schön, sondern auch wahr. Wollen wir letzteren in üblicher Auffassung als den Repräsentanten des starren, ernsten, kunstfeindlichen Judäas betrachten, so erscheint uns dagegen Portia als die Repräsentantin jener Nachblüte des griechischen Geistes, welche von Italien aus im sechzehnten Jahrhundert ihren holden Duft über die Welt verbreitete, und welche wir noch heute unter dem Namen „die Renaissance" lieben und schätzen. Portia ist zugleich die Repräsentantin des heitern Glückes im Gegensatze zu dem düstern Mißgeschick, welches Shylock repräsentiert. Wie blühend, wie rosig, wie reinklingend ist all ihr Denken und Sprechen, wie freudewarm sind ihre Worte, wie schön alle ihre Bilder, die meistens der Mythologie entlehnt sind! Wie trübe, kneifend und häßlich sind dagegen die Gedanken und Reden des Shylock, der im Gegenteil nur alttestamentalische Gleichnisse gebraucht! Sein Witz ist krampfhaft und ätzend, seine Metaphern sucht er unter den widerwärtigsten Gegenständen, und sogar seine Worte sind zusammengequetschte Mißlaute, schrill, zischend und quirrend. Wie die Personen, so ihre Wohnungen. Wenn wir sehen, wie der Diener Jehovas, der weder ein Abbild Gottes noch des Menschen, des erschaffenen Konterfei Gottes, in seinem „ehrbaren Hause" duldet und sogar die Ohren desselben, die Fenster, verstopft, damit die Töne des heidnischen Mummenschanz nicht hineindringen in sein „ehrbares Haus" ... so sehen wir im Gegenteil das kostbarste und geschmackvollste Villeggiatura-Leben in dem schönen Palazzo zu Belmont, wo lauter Licht und Musik, wo unter Gemälden, marmornen Statuen und hohen Lorbeerbäumen die geschmückten Freier lustwandeln und über Liebesrätsel sinnen und inmitten aller Herrlichkeit Signora Portia gleich einer Göttin hervorglänzt,

‚Das sonnige Haar die Schläf' umwallend.'

Durch solchen Kontrast werden die beiden Hauptpersonen des Dramas so individualisiert, daß man darauf schwören möchte, es seien nicht Phantasiebilder eines Dichters, sondern wirkliche, weibgeborene Menschen. Ja, sie erscheinen uns noch lebendiger als die gewöhnlichen Naturgeschöpfe, da weder Zeit noch Tod ihnen etwas anhaben kann und in ihren Adern das unsterblichste Blut, die ewige Poesie, pulsiert. Wenn du nach Venedig kommst und den Dogenpalast durchwandelst, so weißt du sehr gut, daß du weder im Saal der Senatoren noch auf der Riesentreppe dem Marino Falieri begegnen wirst; — an den alten Dandolo wirst du im Arsenale zwar erinnert, aber auf keiner der goldenen Galeeren wirst du den blinden Helden suchen; — siehst du an einer Ecke der Straße Santa eine Schlange in Stein gehauen und an der anderen Ecke den geflügelten Löwen, welcher das Haupt der Schlange in der Tatze hält, so kommt dir vielleicht der stolze Carmagnole in den Sinn, doch nur auf einen Augenblick: — Aber weit mehr als an alle solche historische Personen denkst du zu Venedig an Shakespeares Shylock, der immer noch lebt, während jene im Grabe längst vermodert sind, — und wenn du über den Rialto steigst, so sucht ihn dein Auge überall, und du meinst, er müsse dort hinter irgendeinem Pfeiler zu finden sein mit seinem jüdischen Rokelor, mit seinem mißtrauisch berechnenden Gesicht, und du glaubst manchmal sogar seine kreischende Stimme zu hören: „Dreitausend Dukaten — gut".

Ich wenigstens, wandelnder Traumjäger wie ich bin, ich sah mich auf dem Rialto überall um, ob ich ihn irgend fände, den Shylock. Ich hätte ihm etwas mitzuteilen gehabt, was ihm Vergnügen machen konnte, daß z. B. sein Vetter, Herr von Shylock zu Paris, der mächtigste Baron der Christenheit geworden und von Ihrer Katholischen Majestät jenen Isabellenorden erhalten hat, welcher einst gestiftet ward, um die Vertreibung der Juden und Mauren aus Spanien zu verherrlichen. Aber ich bemerkte ihn nirgends auf dem Rialto, und ich entschloß mich daher, den alten Bekannten in der Synagoge zu suchen. Die Juden feierten hier eben ihren heiligen Versöhnungstag und standen eingewickelt in ihren weißen Schaufäden-Talaren, mit unheimlichen Kopfbewegungen, fast aussehend wie eine Versammlung von Gespenstern. Die armen Juden, sie standen dort fastend und betend von frühestem Morgen, hatten seit dem Vorabend weder Speise noch Trank zu sich genommen und hatten auch vorher alle ihre Bekannten um Verzeihung gebeten für etwaige Beleidigungen, die sie ihnen im Laufe des Jahres zugefügt, damit ihnen Gott ebenfalls ihre Sünden verzeihe, — ein schöner Gebrauch, welcher sich sonderbarerweise bei diesen Leuten findet, denen doch die Lehre Christi ganz fremd geblieben ist!

Indem ich, nach dem alten Shylock umherspähend, all die blassen leidenden Judengesichter aufmerksam musterte, machte ich eine Entdeckung, die ich leider nicht verschweigen kann. Ich hatte nämlich denselben Tag das Irrenhaus San Carlo besucht, und jetzt in der Synagoge fiel es mir auf, daß in dem Blick der Juden derselbe fatale, halb stiere, halb unstete, halb pfiffige, halb blöde Glanz flimmerte, welchen ich kurz vorher in den Augen der Wahnsinnigen zu San Carlo bemerkt hatte. Dieser unbeschreibliche, rätselhafte Blick zeugte nicht eigentlich von Geistesabwesenheit als vielmehr von der Oberherrschaft einer fixen Idee. Ist etwa der Glaube an jenen außerweltlichen Donnergott, den

Moses aussprach, zur fixen Idee eines ganzen Volkes geworden, das trotzdem, daß man es seit zwei Jahrtausenden in die Zwangsjacke steckte und ihm die Dusche gab, dennoch nicht davon ablassen will — gleich jenem verrückten Advokaten, den ich in San Carlo sah, und der sich ebenfalls nicht ausreden ließ, daß die Sonne ein englischer Käse sei, daß die Strahlen derselben aus lauter roten Würmern bestünden, und daß ihm ein solcher herabgeschossener Wurmstrahl das Hirn zerfresse?

Ich will hiermit keineswegs den Wert jener fixen Idee bestreiten, sondern ich will nur sagen, daß die Träger derselben zu schwach sind, um sie zu beherrschen, und davon niedergedrückt und inkurabel werden. Welches Martyrtum haben sie schon um dieser Idee willen erduldet! welches größere Martyrtum steht ihnen noch bevor! Ich schaudere bei diesem Gedanken, und ein unendliches Mitleid rieselt mir durchs Herz. Während des ganzen Mittelalters bis zum heutigen Tag stand die herrschende Weltanschauung nicht in direktem Widerspruch mit jener Idee, die Moses den Juden aufgebürdet, ihnen mit heiligen Riemen angeschnallt, ihnen ins Fleisch eingeschnitten hatte; ja, von Christen und Mohammedanern unterschieden sie sich nicht wesentlich, unterschieden sie sich nicht durch eine entgegengesetzte Synthese, sondern nur durch Auslegung und Schiboleth. Aber siegt einst Satan, der sündhafte Pantheismus, vor welchem uns sowohl alle Heiligen des Alten und des Neuen Testaments als auch des Korans bewahren mögen, so zieht sich über die Häupter der armen Juden ein Verfolgungsgewitter, das ihre früheren Erduldungen noch weit überbieten wird ...

Trotzdem, daß ich in der Synagoge von Venedig nach allen Seiten umherspähte, konnte ich das Antlitz des Shylocks nirgends erblicken. Und doch war es mir, als halte er sich dort verborgen unter irgendeinem jener weißen Talare, inbrünstiger betend als seine übrigen Glaubensgenossen, mit stürmischer Wildheit, ja mit Raserei hinaufbetend zum Throne Jehovas, des harten Gottkönigs! Ich sah ihn nicht. Aber gegen Abend, wo nach dem Glauben der Juden die Pforten des Himmels geschlossen werden und kein Gebet mehr Einlaß erhält, hörte ich eine Stimme, worin Tränen rieselten, wie sie nie mit den Augen geweint werden ... Es war ein Schluchzen, das einen Stein in Mitleid zu rühren vermochte ... Es waren Schmerzlaute, wie sie nur aus einer Brust kommen konnten, die all das Martyrtum, welches ein ganzes gequältes Volk seit achtzehn Jahrhunderten ertragen hat, in sich verschlossen hielt ... Es war das Röcheln einer Seele, welche todmüde niedersinkt vor den Himmelspforten ... Und diese Stimme schien mir wohlbekannt, und mir war, als hätte ich sie einst gehört, wie sie ebenso verzweiflungsvoll jammerte: „Jessika, mein Kind!"

★

AN HEINRICH LAUBE

Paris, 7. Januar 1839

Mich z. B. will er loben, und weiß doch nichts Besseres zu tun, als daß er die Triumphpforte, die er mir baut, mit dem alten Menzelschen Kot bekleckst, von meinem Judentum spricht, ganz à la Menzel, der mit dieser Losung zuerst den Pöbel gegen mich zur Bundgenossenschaft aufrief und sein eignes Originaldeutschtum dokumentieren wollte. Oder sollte wirklich Gutzkow so wenig Bildung, so wenig Takt besitzen, daß er von Dingen redet, woran man weder mich noch den Pöbel erinnern sollte, Dinge, die jeder, der meine Achtung genießen will, nicht einmal denken sollte, so kläglich, so miserabel sind sie.

★

AN JULIUS CAMPE

Paris, 21. Juli 1840

Der Titel heißt:

Der Rabbi von Bacherach.
Ein Fragment.

Ich habe dieses mittelalterliche Sittengemälde vor etwa fünfzehn Jahren geschrieben, und was ich hier gebe, ist nur die Exposition des Buches, das bei meiner Mutter verbrannt ist — vielleicht zu meinem Besten. Denn im Verfolg traten die ketzerischsten Ansichten hervor, die sowohl bei Juden wie Christen viel Zetergeschrei hervorgerufen hätten.

★

DER RABBI VON BACHERACH

Drittes Kapitel.

Als die schöne Sara nach beendigtem Gottesdienste in den Hof der Synagoge hinabstieg, stand dort der Rabbi harrend seines Weibes. Er nickte ihr mit heiterem Antlitz zu und geleitete sie hinaus auf die Straße, wo die frühere Stille ganz verschwunden und ein lärmiges Menschengewimmel zu schauen war. Bärtige Schwarzröcke wie Ameisenhaufen; Weiber, glanzreich hinflatternd wie Goldkäfer; neugekleidete Knaben, die den Alten die Gebetbücher nachtrugen; junge Mädchen, die, weil sie nicht in die Synagoge gehen dürfen, jetzt aus den Häusern ihren Eltern entgegenhüpfen, vor ihnen die Lockenköpfchen beugen, um den

Segen zu empfangen; alle heiter und freudig, und die Gasse auf und ab spazierend im seligen Vorgefühl eines guten Mittagmahls, dessen lieblicher Duft schon mundwässernd hervorstieg aus den schwarzen, mit Kreide bezeichneten Töpfen, die eben von den lachenden Mägden aus dem großen Gemeindeofen geholt worden.

In diesem Gewirre war besonders bemerkbar die Gestalt eines spanischen Ritters, auf dessen jugendlichen Gesichtszügen jene reizende Blässe lag, welche die Frauen gewöhnlich einer unglücklichen Liebe, die Männer hingegen einer glücklichen zuschreiben. Sein Gang, obschon gleichgültig hinschlendernd, hatte dennoch eine etwas gesuchte Zierlichkeit; die Federn seines Baretts bewegten sich mehr durch das vornehme Wiegen des Hauptes als durch das Wehen des Windes; mehr als eben notwendig klirrten seine goldenen Sporen und das Wehrgehänge seines Schwertes, welches er im Arme zu tragen schien, und dessen Griff kostbar hervorblitzte aus dem weißen Reitermantel, der seine schlanken Glieder scheinbar nachlässig umhüllte und dennoch den sorgfältigsten Faltenwurf verriet. Hin und wieder, teils mit Neugier, teils mit Kennermienen nahte er sich den vorüberwandelnden Frauenzimmern, sah ihnen seelenruhig fest ins Antlitz, verweilte bei solchem Anschauen, wenn die Gesichter der Mühe lohnten, sagte auch manchem liebenswürdigen Kinde einige rasche Schmeichelworte und schritt sorglos weiter, ohne die Wirkung zu erwarten. Die schöne Sara hatte er schon mehrmals umkreist, jedesmal wieder zurückgescheucht von dem gebietenden Blick derselben oder auch von der rätselhaft lächelnden Miene ihres Mannes, aber endlich, in stolzem Abstreifen aller scheuen Befangenheit, trat er beiden keck in den Weg, und mit stutzerhafter Sicherheit und süßlich galantem Tone hielt er folgende Anrede:

„Sennora, ich schwöre! Hört, Sennora, ich schwöre! Bei den Rosen beider Kastilien, bei den aragonesischen Hyazinthen und andalusischen Granatblüten! Bei der Sonne, die ganz Spanien mit all seinen Blumen, Zwiebeln, Erbsensuppen, Wäldern, Bergen, Mauleseln, Ziegenböcken und Altchristen beleuchtet! Bei der Himmelsdecke, woran diese Sonne nur ein goldener Quast ist! Und bei dem Gott, der auf der Himmelsdecke sitzt, und Tag und Nacht über neue Bildung holdseliger Frauengestalten nachsinnt ... Ich schwöre, Sennora, Ihr seid das schönste Weib, das ich im deutschen Lande gesehen habe, und so Ihr gewillet seid, meine Dienste anzunehmen, so bitte ich Euch um die Gunst, Huld und Erlaubnis, mich Euren Ritter nennen zu dürfen und in Schimpf und Ernst Eure Farben zu tragen!“

Ein errötender Schmerz glitt über das Antlitz der schönen Sara, und mit einem Blicke, der um so schneidender wirkt, je sanfter die Augen sind, die ihn versenden, und mit einem Tone, der um so vernichtender, je bebend-weicher die Stimme, antwortete die tief gekränkte Frau:

„Edler Herr! Wenn Ihr mein Ritter sein wollt, so müßt Ihr gegen ganze Völker kämpfen, und in diesem Kampfe gibt es wenig Dank und noch weniger Ehre zu gewinnen! Und wenn Ihr gar meine Farben tragen wollt, so müßt Ihr gelbe Ringe auf Euren Mantel nähen oder eine blaugestreifte Schärpe umbinden: denn dieses sind meine Farben, die Farben meines Hauses, des Hauses, welches Israel heißt und sehr elend ist und auf den Gassen verspottet wird von den Söhnen des Glücks!"

Plötzliche Purpurröte bedeckte die Wangen des Spaniers, eine unendliche Verlegenheit arbeitete in allen seinen Zügen, und fast stotternd sprach er:

„Sennora ... Ihr habt mich mißverstanden ... unschuldiger Scherz ... aber, bei Gott, kein Spott, kein Spott über Israel . . . ich stamme selber aus dem Hause Israel . . . mein Großvater war ein Jude, vielleicht sogar mein Vater . . ."

„Und ganz sicher, Sennor, ist Euer Oheim ein Jude" — fiel ihm der Rabbi, der dieser Szene ruhig zugesehen, plötzlich in die Rede, und mit einem fröhlich neckenden Blicke setzte er hinzu: — „und ich will mich selbst dafür verbürgen, daß Don Isaak Abarbanel, Neffe des großen Rabbi, dem besten Blute Israels entsprossen ist, wo nicht gar dem königlichen Geschlechte Davids!"

Da klirrte das Schwertgehänge unter dem Mantel des Spaniers, seine Wangen erblichen wieder bis zur fahlsten Blässe, auf seiner Oberlippe zuckte es wie Hohn, der mit dem Schmerze ringt, aus seinen Augen grinste der zornigste Tod, und in einem ganz verwandelten, eiskalten, scharfgehacktem Tone sprach er:

„Sennor Rabbi! Ihr kennt mich. Nun wohlan, so wißt Ihr auch, wer ich bin. Und weiß der Fuchs, daß ich der Brut des Löwen angehöre, so wird er sich hüten und seinen Fuchsbart nicht ins Lebensgefahr bringen und meinen Zorn nicht reizen! Wie will der Fuchs den Löwen richten? Nur wer wie der Löwe fühlt, kann seine Schwächen begreifen . . ."

„Oh, ich begreife es wohl" — antwortete der Rabbi, und wehmütiger Ernst zog über seine Stirne — „ich begreife es wohl, wie der stolze Leu aus Stolz seinen fürstlichen Pelz abwirft und sich in den bunten

Schuppenpanzer des Krokodils verkappt, weil es Mode ist, ein greinendes, schlaues, gefräßiges Krokodil zu sein! Was sollen erst die geringeren Tiere beginnen, wenn sich der Löwe verleugnet? Aber hüte dich, Don Isaak, du bist nicht geschaffen für das Element des Krokodils. Das Wasser (du weißt wohl, wovon ich rede), ist dein Unglück, und du wirst untergehen. Nicht im Wasser ist dein Reich; die schwächste Forelle kann besser darin gedeihen als der König des Waldes. Weißt du noch, wie dich die Strudel des Tajo verschlingen wollten ...“

In ein lautes Gelächter ausbrechend, fiel Don Isaak plötzlich dem Rabbi um den Hals, verschloß seinen Mund mit Küssen, sprang sporenklirrend vor Freude in die Höhe, daß die vorbeigehenden Juden zurückschraken, und in seinem natürlich herzlich heiteren Tone rief er:

„Wahrhaftig, du bist Abraham von Bacherach! Und es war ein guter Witz und obendrein ein Freundschaftsstück, als du zu Toledo von der Alkantarabrücke ins Wasser sprangest und deinen Freund, der besser trinken als schwimmen konnte, beim Schopf faßtest und aufs trockene zogest! Ich war nahe daran, recht gründliche Untersuchungen anzustellen: ob auf dem Grunde des Tajo wirklich Goldkörner zu finden, und ob ihn mit Recht die Römer den goldenen Fluß genannt haben? Ich sage dir, ich erkälte mich noch heute durch die bloße Erinnerung an jene Wasserpartie.“

Bei diesen Worten gebärdete sich der Spanier, als wollte er anhängende Wassertropfen von sich abschütteln. Das Antlitz des Rabbi aber war gänzlich aufgeheitert. Er drückte seinem Freunde wiederholentlich die Hand, und jedesmal sagte er: „Ich freue mich!“

„Und ich freue mich ebenfalls“ — sprach der andere — „wir haben uns seit sieben Jahren nicht gesehen; bei unserem Abschied war ich noch ein ganz junger Gelbschnabel, und du, du warst schon so gesetzt und ernsthaft ... Was ward aber aus der schönen Donna, die dir damals so viele Seufzer kostete, wohlgereimte Seufzer, die du mit Lautenklang begleitet hast ...“

„Still, still! die Donna hört uns, sie ist mein Weib, und du selbst hast ihr heute eine Probe deines Geschmackes und Dichtertalentes dargebracht.“

Nicht ohne Nachwirkung der früheren Verlegenheit, begrüßte der Spanier die schöne Frau, welche mit anmutiger Güte jetzt bedauerte, daß sie durch Äußerungen des Unmuts einen Freund ihres Mannes betrübt habe.

„Ach, Sennora“ — antwortete Don Isaak — „wer mit täppischer

Hand nach einer Rose griff, darf sich nicht beklagen, daß ihn die Dornen verletzen! Wenn der Abendstern sich im blauen Strome goldfunkelnd abspiegelt ..."

„Ich bitte dich um Gottes willen" — unterbrach ihn der Rabbi — „hör' auf ... Wenn wir so lange warten sollen, bis der Abendstern sich im blauen Strome goldfunkelnd abspiegelt, so verhungert meine Frau; sie hat seit gestern nichts gegessen und seitdem viel Ungemach und Mühsal erlitten."

„Nun so will ich euch nach der besten Garküche Israels führen" — rief Don Isaak — „nach dem Hause meiner Freundin Schnapper-Elle, das hier in der Nähe. Schon rieche ich ihren holden Duft, nämlich der Garküche. O wüßtest du, Abraham, wie dieser Duft mich anspricht! Er ist es, der mich, seit ich in dieser Stadt verweile, so oft hinlockt nach den Zelten Jakobs. Der Verkehr mit dem Volke Gottes ist sonst nicht meine Liebhaberei, und wahrlich nicht um hier zu beten, sondern um zu essen, besuche ich die Judengasse ..."

„Du hast uns nie geliebt, Don Isaak ..."

„Ja" — fuhr der Spanier fort — „ich liebe eure Küche weit mehr als euren Glauben; es fehlt ihm die rechte Sauce. Euch selber habe ich nie ordentlich verdauen können. Selbst in euren besten Zeiten, selbst unter der Regierung meines Ahnherrn Davids, welcher König war über Juda und Israel, hätte ich es nicht unter euch aushalten können, und ich wäre gewiß eines frühen Morgens aus der Burg Zion entsprungen und nach Phönizien emigriert, oder nach Babylon, wo die Lebenslust schäumte im Tempel der Götter ..."

„Du lästerst, Isaak, den einzigen Gott" — murmelte finster der Rabbi — „du bist weit schlimmer als ein Christ, du bist ein Heide, ein Götzendiener ..."

„Ja, ich bin ein Heide, und ebenso zuwider wie die dürren, freudlosen Hebräer sind mir die trüben, qualsüchtigen Nazarener. Unsere liebe Frau von Sidon, die heilige Astarte, mag es mir verzeihen, daß ich vor der schmerzenreichen Mutter des Gekreuzigten niederknie und bete ... Nur mein Knie und meine Zunge huldigt dem Tode, mein Herz blieb treu dem Leben! ..."

„Aber schau nicht so sauer" — fuhr der Spanier fort in seiner Rede, als er sah, wie wenig dieselbe den Rabbi zu erbauen schien — „schau mich nicht an mit Abscheu. Meine Nase ist nicht abtrünnig geworden. Als mich einst der Zufall um Mittagszeit in diese Straße führte und aus den Küchen der Juden mir die wohlbekannten Düfte in die Nase stiegen, da erfaßte mich jene Sehnsucht, die unsere Väter empfanden, als sie zurückdachten an die Fleischtöpfe Ägyptens; wohlschmeckende Jugenderinnerungen stiegen in mir auf; ich sah wieder im Geiste die Karpfen mit brauner Rosinensoße, die meine Tante für den Freitagabend so erbaulich zu bereiten wußte; ich sah wieder das gedämpfte Hammelfleisch mit Knoblauch und Meerrettich, womit man die Toten erwecken kann, und die Suppe mit schwärmerisch schwimmenden Klößchen ... und meine Seele schmolz wie die Töne einer verliebten Nachtigall, und seitdem esse ich in der Garküche meiner Freundin Donna Schnapper-Elle!"

Diese Garküche hatte man unterdessen erreicht; Schnapper-Elle selbst stand an der Türe ihres Hauses, die Meßfremden, die sich hungrig hineindrängten, freundlich begrüßend. Hinter ihr, den Kopf über ihre Schulter hinauslehnend, stand der lange Nasenstern und musterte neugierig-ängstlich die Ankömmlinge. Mit übertriebener Grandezza nahte sich Don Isaak unserer Gastwirtin, die seine schalkhaft tiefen Verbeugungen mit unendlichen Knicksen erwiderte; drauf zog er den Handschuh ab von seiner rechten Hand, umwickelte sie mit dem Zipfel seines Mantels, ergriff damit die Hand der Schnapper-Elle, strich sie langsam über die Haare seines Stutzbartes und sprach:

„Sennora! Eure Augen wetteifern mit den Gluten der Sonne! Aber obgleich die Eier, je länger sie gekocht werden, sich desto mehr verhärten, so wird dennoch mein Herz nur um so weicher, je länger es von den Flammenstrahlen Eurer Augen gekocht wird! Aus der Dotter meines Herzens flattert hervor der geflügelte Gott Amor und sucht ein trauliches Nestchen in Eurem Busen ... Diesen Busen, Sennora, womit soll ich ihn vergleichen? Es gibt in der weiten Schöpfung keine Blume, keine Frucht, die ihm ähnlich wäre! Dieses Gewächs ist einzig in seiner Art. Obgleich der Sturm die zartesten Röslein entblättert, so ist doch Euer Busen eine Winterrose, die allen Winden trotzt! Obgleich die saure Zitrone, je mehr sie altert, nur desto gelber und runzlichter wird, so wetteifert dennoch Euer Busen mit der Farbe und Zartheit der süßesten Ananas! O Sennora, ist auch die Stadt Amsterdam so schön, wie Ihr mir gestern und vorgestern und alle Tage erzählt habt, so ist doch der Boden, worauf sie ruht, noch tausendmal schöner ..."

Der Ritter sprach diese letzteren Worte mit erheuchelter Befangenheit und schielte schmachtend nach dem großen Bilde, das an Schnapper-Elles Halse hing; der Nasenstern schaute von oben herab mit suchenden Augen, und der belobte Busen setzte sich in eine so wogende Bewegung, daß die Stadt Amsterdam hin und her wackelte.

„Ach!" — seufzte die Schnapper-Elle — „Tugend ist mehr wert als Schönheit. Was nützt mir die Schönheit? Meine Jugend geht vorüber, und seit Schnapper tot ist — er hat wenigstens schöne Hände gehabt — was hilft mir da die Schönheit?"

Und dabei seufzte sie wieder, und wie ein Echo, fast unhörbar, seufzte hinter ihr der Nasenstern.

„Was Euch die Schönheit nützt" — rief Don Isaak — „Oh, Donna Schnapper-Elle, versündigt Euch nicht an der Güte der schaffenden Natur! Schmäht nicht ihre holdesten Gaben! Sie würde sich furchtbar rächen. Diese beseligenden Augen würden blöde verglasen, diese anmutigen Lippen würden sich bis ins Abgeschmackte verplatten, dieser keusche, liebesuchende Leib würde sich in eine schwerfällige Talgtonne verwandeln, die Stadt Amsterdam würde auf einen muffigen Morast zu ruhen kommen —"

Und so schilderte er Stück vor Stück das jetzige Aussehen der Schnapper-Elle, so daß der armen Frau sonderbar beängstigend zumute ward und sie den unheimlichen Reden des Ritters zu entrinnen suchte. In diesem Augenblicke war sie doppelt froh, als sie der schönen Sara ansichtig ward und sich angelegentlichst erkundigen konnte, ob sie ganz von ihrer Ohnmacht genesen. Sie stürzte sich dabei in ein lebhaftes Gespräch, worin sie alle ihre falsche Vornehmtuerei und echte Herzensgüte entwickelte, und mit mehr Weitläufigkeit als Klugheit die fatale Geschichte erzählte, wie sie selbst vor Schrecken fast in Ohnmacht gefallen wäre, als sie wildfremd mit der Trekschuite zu Amsterdam ankam und der spitzbübische Träger ihres Koffers sie nicht in ein ehrbares Wirtshaus, sondern in ein freches Frauenhaus brachte, was sie bald gemerkt an dem vielen Branntweingesöffe und den unsittlichen Zumutungen ... und sie wäre, wie gesagt, wirklich in Ohnmacht gefallen, wenn sie es während den sechs Wochen, die sie in jenem verfänglichen Hause zubrachte, nur einen Augenblick wagen durfte, die Augen zu schließen ...

„Meiner Tugend wegen" — setzte sie hinzu — „durfte ich es nicht wagen. Und das alles passierte mir wegen meiner Schönheit! Aber Schönheit vergeht, und Tugend besteht."

Don Isaak war schon im Begriff, die Einzelheiten dieser Geschichte kritisch zu beleuchten, als glücklicherweise der scheele Aaron Hirschkuh von Homburg an der Lahn mit der weißen Serviette im Maule aus dem Hause hervorkam und ärgerlich klagte, daß schon längst die Suppe aufgetragen sei und die Gäste zu Tisch säßen und die Wirtin fehle. — —

*

Sein Groll gegen Goethe hatte vielleicht ebenfalls örtliche Anfänge; ich sage Anfänge, nicht Ursachen; denn wenn auch der Umstand, daß Frankfurt ihre gemeinschaftliche Vaterstadt war, Börnes Aufmerksamkeit zunächst auf Goethe lenkte, so war doch der Haß, der gegen diesen Mann in ihm brannte und immer leidenschaftlicher entloderte, nur die notwendige Folge einer tiefen, in der Natur beider Männer begründeten Differenz. Hier wirkte keine kleinliche Scheelsucht, sondern ein uneigennütziger Widerwille, der angebornen Trieben gehorcht, ein Hader, welcher, alt wie die Welt, sich in allen Geschichten des Menschengeschlechts kundgibt und am grellsten hervortrat in dem Zweikampfe, welchen der judäische Spiritualismus gegen hellenische Lebensherrlichkeit führte, ein Zweikampf, der noch immer nicht entschieden ist und vielleicht nie ausgekämpft wird: der kleine Nazarener haßte den großen Griechen, der noch dazu ein griechischer Gott war.

★

Wie in seinen Äußerungen über Goethe, so auch in seiner Beurteilung anderer Schriftsteller verriet Börne seine nazarenische Beschränktheit. Ich sage nazarenisch, um mich weder des Ausdrucks „jüdisch" noch „christlich" zu bedienen, obgleich beide Ausdrücke für mich synonym sind und von mir nicht gebraucht werden, um einen Glauben, sondern um ein Naturell zu bezeichnen. „Juden" und „Christen" sind für mich ganz sinnverwandte Worte im Gegensatz zu „Hellenen", mit welchem Namen ich ebenfalls kein bestimmtes Volk, sondern eine sowohl angeborne als angebildete Geistesrichtung und Anschauungsweise bezeichne. In dieser Beziehung möchte ich sagen: alle Menschen sind entweder Juden oder Hellenen, Menschen mit aszetischen, bildfeindlichen, vergeistigungssüchtigen Trieben oder Menschen von lebensheiterem, entfaltungsstolzem und realistischem Wesen. So gab es Hellenen in deutschen Predigerfamilien, und Juden, die in Athen geboren und vielleicht von Theseus abstammen. Der Bart macht nicht den Juden, oder der Zopf macht nicht den Christen, kann man hier mit Recht sagen. Börne war ganz Nazarener, seine Antipathie gegen Goethe ging unmittelbar hervor aus seinem nazarenischen Gemüte, seine spätere politische Exaltation war begründet in jenem schroffen Aszetismus, jenem Durst nach Märtyrtum, der überhaupt bei den Republikanern gefunden wird, den sie republikanische Tugend nennen, und der von der Passionssucht der früheren Christen so wenig verschieden ist. In seiner späteren Zeit wendete sich Börne sogar zum historischen Christentum, er sank fast in den Katholizismus, er fraternisierte mit dem Pfaffen Lamennais und verfiel in den widerwärtigsten Kapuzinerton, als er sich einst über einen Nachfolger Goethes, einen Pantheisten von der heiteren Observanz, öffentlich aussprach. — Psychologisch merkwürdig ist die Untersuchung, wie in Börnes Seele allmählich das eingeborene Christentum emporstieg, nachdem es lange niedergehalten worden von seinem scharfen Verstand und seiner Lustigkeit. Ich sage Lustigkeit, gaité, nicht Freude, joie; die Nazarener haben zuweilen eine gewisse springende gute Laune, eine witzige eichkätzchenhafte Munterkeit, gar lieblich kapriziös, gar süß, auch glänzend, worauf aber bald eine starre Gemütsvertrübung folgt: es fehlt ihnen die Majestät der Genußseligkeit, die nur bei bewußten Göttern gefunden wird.

★

Ist aber in unserem Sinne kein großer Unterschied zwischen Juden und Christen, so existiert dergleichen desto herber in der Weltbetrachtung Frankfurter Philister.

★

Was wir nämlich in Norddeutschland Mauscheln nennen, ist nichts anderes als die eigentliche Frankfurter Landessprache, und sie wird von der unbeschnittenen Population ebenso vortrefflich gesprochen wie von der beschnittenen.

★

In der Tat, die Häuser jener Straße sahen mich an, als wollten sie mir betrübsame Geschichten erzählen, Geschichten, die man wohl weiß, aber nicht wissen will oder lieber vergäße, als daß man sie ins Gedächtnis zurückriefe. So erinnere ich mich noch eines giebelhohen Hauses, dessen Kohlenschwärze um so greller hervorstach, da unter den Fenstern eine Reihe kreideweißer Talglichter hingen; der Eingang, zur Hälfte mit rostigen Eisenstangen vergittert, führte in eine dunkle Höhle, wo die Feuchtigkeit von den Wänden herabzurieseln schien, und aus dem Innern tönte ein höchst sonderbarer, näselnder Gesang. Die gebrochene Stimme schien die eines alten Mannes, und die Melodie wiegte sich in den sanftesten Klagelauten, die allmählich bis zum entsetzlichsten Zorne anschwollen. „Was ist das für ein Lied?" frug ich meinen Begleiter. „Es ist ein gutes Lied", antwortete dieser mit einem mürrischen Lachen, „ein lyrisches Meisterstück, das im diesjährigen Musenalmanach schwerlich seinesgleichen findet ... Sie kennen es vielleicht in der deutschen Übersetzung: Wir saßen an den Flüssen Babels, unsere Harfen hingen an den Trauerweiden usw. Ein Prachtgedicht! und der alte Rabbi Chayim singt es sehr gut mit seiner zittrigen, abgemergelten Stimme;

die Sontag sänge es vielleicht mit größerem Wohllaut, aber nicht mit so viel Ausdruck, mit so viel Gefühl.. Denn der alte Mann haßt noch immer die Babylonier und weint noch täglich über den Untergang Jerusalems durch Nebukadnezar ... Dieses Unglück kann er gar nicht vergessen, obgleich so viel Neues seitdem passiert ist und noch jüngst der zweite Tempel durch Titus, den Bösewicht, zerstört worden. Ich muß Ihnen nämlich bemerken, der alte Rabbi Chayim betrachtet den Titus keineswegs als ein Delicium generis humani, er hält ihn für einen Bösewicht, den auch die Rache Gottes erreicht hat ... Es ist ihm nämlich eine kleine Mücke in die Nase geflogen, die, allmählich wachsend, mit ihren Klauen in seinem Gehirn herumwühlte und ihm so grenzenlose Schmerzen verursachte, daß er nur dann einige Erholung empfand, wenn in seiner Nähe einige hundert Schmiede auf ihre Ambosse loshämmerten. Das ist sehr merkwürdig, daß alle Feinde der Kinder Israel ein so schlechtes Ende nehmen. Wie es dem Nebukadnezar gegangen ist, wissen Sie, er ist in seinen alten Tagen ein Ochs geworden und hat Gras essen müssen. Sehen Sie den persischen Staatsminister Haman, ward er nicht am Ende gehenkt zu Susa in der Hauptstadt? Und Antiochus, der König von Syrien, ist er nicht bei lebendigem Leibe verfault, durch die Läusesucht? Die späteren Bösewichter, die Judenfeinde, sollten sich in acht nehmen ... Aber was hilft's, es schreckt sie nicht ab, das furchtbare Beispiel.

★

Als wir denselben Abend wieder durch die Judengasse gingen und das Gespräch über die Insassen derselben wieder anknüpften, sprudelte die Quelle des Börneschen Geistes um so heiterer, da auch jene Straße, die am Tage einen düsteren Anblick gewährte, jetzt aufs fröhlichste illuminiert war und die Kinder Israel an jenem Abend, wie mir mein Cicerone erklärte ihr lustiges Lampenfest feierten. Dieses ist einst gestiftet worden zum ewigen Andenken an den Sieg, den die Makkabäer über den König von Syrien so heldenmütig erfochten haben.

„Sehen Sie," sagte Börne, „das ist der 18. Oktober der Juden, nur daß dieser makkabäische 18. Oktober mehr als zwei Jahrtausende alt ist und noch immer gefeiert wird, statt daß der Leipziger 18. Oktober noch nicht das funfzehnte Jahr erreicht hat und bereits in Vergessenheit geraten. Die Deutschen sollten bei der alten Madame Rothschild in die Schule gehen, um Patriotismus zu lernen. Sehen Sie hier, in diesem kleinen Hause wohnt die alte Frau, die Lätitia, die so viele Finanzbonaparten geboren hat, die große Mutter aller Anleihen, die aber trotz der Weltherrschaft ihrer königlichen Söhne noch immer ihr kleines Stammschlößchen in der Judengasse nicht verlassen will und heute wegen des großen Freudenfestes ihre Fenster mit weißen Vorhängen geziert hat. Wie vergnügt funkeln die Lämpchen, die sie mit eigenen Händen anzündete, um jenen Siegestag zu feiern, wo Judas Makkabäus und seine Brüder ebenso tapfer und heldenmütig das Vaterland befreiten wie in unseren Tagen Friedrich Wilhelm, Alexander und Franz II. Wenn die gute Frau diese Lämpchen betrachtet, treten ihr die Tränen in die alten Augen, und sie erinnert sich mit wehmütiger Wonne jener jüngeren Zeit, wo der selige Meyer Amschel Rothschild, ihr teurer Gatte, das Lampenfest mit ihr feierte und ihre Söhne noch kleine Bübchen waren und kleine Lichtchen auf den Boden pflanzten und in kindischer Lust darüber hin und her sprangen, wie es Brauch und Sitte ist in Israel!"

★

Hier möchte ich nur der Bemerkung Raum geben, daß unsere deutschen Freiheitsprediger ebenso ungerecht wie töricht handeln, wenn sie das Haus Rothschild wegen seiner politischen Bedeutung, wegen seiner Einwirkung auf die Interessen der Revolution, kurz, wegen seines öffentlichen Charakters mit soviel Grimm und Blutgier anfeinden. Es gibt keine stärkere Beförderer der Revolution als eben die Rothschilde ... und was noch befremdlicher klingen mag: diese Rothschilde, die Bankiers der Könige, diese fürstlichen Seckelmeister, deren Existenz durch einen Umsturz des europäischen Staatensystems in die ernsthaftesten Gefahren geraten dürfte, sie tragen dennoch im Gemüte das Bewußtsein ihrer revolutionären Sendung. Namentlich ist dieses der Fall bei dem Manne, der unter dem scheinlosen Namen Baron James bekannt ist, und in welchem sich jetzt, nach dem Tode seines erlauchten Bruders von England, die ganze politische Bedeutung des Hauses Rothschild resümiert. Dieser Nero der Finanz, der sich in der Rue Laffitte seinen goldenen Palast erbaut hat und von dort aus als unumschränkter Imperator die Börsen beherrscht, er ist, wie weiland sein Vorgänger, der römische Nero, am Ende ein gewaltsamer Zerstörer des bevorrechteten Patriziertums und Begründer der neuen Demokratie. Einst, vor mehreren Jahren, als er in guter Laune war und wir Arm in Arm, ganz famillionär, wie Hirsch Hyazinth sagen würde, in den Straßen von Paris umherflanierten, setzte mir Baron James ziemlich klar auseinander: wie eben er selber durch sein Staatspapierensystem für den gesellschaftlichen Fortschritt in Europa überall die ersten Bedingnisse erfüllt, gleichsam Bahn gebrochen habe.

★

Ich sehe in Rothschild einen der größten Revolutionäre, welche die moderne Demokratie begründeten. Richelieu, Robespierre und Rothschild sind für mich drei terroristische Namen, und sie bedeuten die graduelle Vernichtung der alten Aristokratie. Richelieu, Robespierre und Rothschild sind die drei furchtbarsten Nivelleurs Europas. Richelieu zerstörte die Souveränität des Feudaladels und beugte ihn unter jene königliche Willkür, die ihn entweder durch Hofdienst herabwürdigte oder durch krautjunkerliche Untätigkeit in der Provinz vermodern ließ. Robespierre schlug diesem unterwürfigen und faulen Adel endlich das Haupt ab. Aber der Boden blieb, und der neue Herr desselben, der neue Gutsbesitzer, ward ganz wieder ein Aristokrat wie seine Vorgänger, deren Prätensionen er unter anderem Namen fortsetzte. Da kam Rothschild und zerstörte die Oberherrschaft des Bodens, indem er das Staatspapierensystem zur höchsten Macht emporhob, dadurch die großen Besitztümer und Einkünfte mobilisierte und gleichsam das Geld mit den ehemaligen Vorrechten des Bodens belehnte. Er stiftete freilich dadurch eine neue Aristokratie, aber diese, beruhend auf dem unzuverlässigsten Elemente, auf dem Gelde, kann nimmermehr so nachhaltig mißwirken wie die ehemalige Aristokratie, die im Boden, in der Erde selber, wurzelte. Geld ist flüssiger als Wasser, windiger als Luft, und dem jetzigen Geldadel verzeiht man gern seine Impertinenzen, wenn man seine Vergänglichkeit bedenkt ... er zerrinnt und verdunstet, ehe man sich dessen versieht.

★

„Denn sehen Sie" — sprach er — „die Rothschilde haben so viel Geld, eine solche Unmasse von Geld, daß sie uns einen fast grauenhaften Respekt einflößen; sie identifizierten sich sozusagen mit dem Begriff des Geldes überhaupt, und Geld kann man nicht verachten. Auch haben diese Leute das sicherste Mittel angewendet, um jenem Ridikül zu entgehen, dem so manche andere baronisierte Millionärenfamilien des Alten Testaments verfallen sind: sie enthalten sich des christlichen Weihwassers. Die Taufe ist jetzt bei den reichen Juden an der Tagesordnung, und das Evangelium, das den Armen Judäas vergebens gepredigt worden, ist jetzt in Floribus bei den Reichen. Aber da die Annahme desselben nur Selbstbetrug, wo nicht gar Lüge ist und das angeheuchelte Christentum mit dem alten Adam bisweilen recht grell kontrastiert, so geben diese Leute dem Witze und dem Spotte die bedenklichsten Blößen. Oder glauben Sie, daß durch die Taufe die innere Natur ganz verändert worden? Glauben Sie, daß man

Läuse in Flöhe verwandeln kann, wenn man sie mit Wasser begießt?"

„Ich glaube nicht."

„Ich glaub's auch nicht, und ein ebenso melancholischer wie lächerlicher Anblick ist es für mich, wenn die alten Läuse, die noch aus Ägypten stammen, aus der Zeit der pharaonischen Plage, sich plötzlich einbilden, sie wären Flöhe, und christlich zu hüpfen beginnen. In Berlin habe ich auf der Straße alte Töchter Israels gesehen, die am Halse lange Kreuze tragen, Kreuze, die noch länger als ihre Nasen und bis an den Nabel reichten; in den Händen hielten sie ein evangelisches Gesangbuch, und sie sprachen von der prächtigen Predigt, die sie eben in der Dreifaltigkeitskirche gehört. Die eine frug die andere: bei wem sie das heilige Abendmahl genommen? und beide rochen dabei aus dem Halse. Widerwärtiger war mir noch der Anblick von schmutzigen Bartjuden, die aus ihren polnischen Kloaken kamen, von der Bekehrungsgesellschaft in Berlin für den Himmel angeworben wurden und in ihrem mundfaulen Dialekte das Christentum predigten und so entsetzlich dabei stanken. Es wäre jedenfalls wünschenswert, wenn man dergleichen polnisches Läusevolk nicht mit gewöhnlichem Wasser, sondern mit Eau de Cologne taufen ließe."

„Im Hause des Gehängten", unterbrach ich diese Rede, „muß man nicht von Stricken sprechen, lieber Doktor, sagen Sie mir vielmehr: wo sind jetzt die großen Ochsen, die, wie mein Vater mir einst erzählte, auf dem jüdischen Kirchhofe hier zu Frankfurt herumliefen und in der Nacht so entsetzlich brüllten, daß die Ruhe der Nachbarn dadurch gestört wurde?"

„Ihr Herr Vater", rief Börne lachend, „hat Ihnen in der Tat keine Unwahrheit gesagt. Es existierte früherhin der Gebrauch, daß die jüdischen Viehhändler die männliche Erstgeburt ihrer Kühe nach biblischer Vorschrift dem lieben Gotte widmeten und in dieser Absicht aus allen Gegenden Deutschlands hierher nach Frankfurt brachten, wo man jenen Ochsen Gottes den jüdischen Kirchhof zum Grasen anwies, und wo sie bis an ihr seliges Ende sich herumtrieben und wirklich oft entsetzlich brüllten. Aber die alten Ochsen sind jetzt tot, und das heutige Rindvieh hat nicht mehr den rechten Glauben, und ihre Erstgeburten bleiben ruhig daheim, wenn sie nicht gar zum Christentume übergehen. Die alten Ochsen sind tot."

★

Ich kann nicht umhin, bei dieser Gelegenheit zu erwähnen, daß mich Börne während meines Aufenthalts in Frankfurt einlud, bei einem seiner

Freunde zu Mittag zu speisen, und zwar weil derselbe, in getreuer Beharrnis an jüdischen Gebräuchen, mir die berühmte Schaletspeise vorsetzen werde; und in der Tat, ich erfreute mich dort jenes Gerichtes, das vielleicht noch ägyptischen Ursprungs und alt wie die Pyramiden ist. Ich wundere mich, daß Börne späterhin, als er scheinbar in humoristischer Laune, in der Tat aber aus plebejischer Absicht durch mancherlei Erfindungen und Insinuationen, wie gegen Kronenträger überhaupt so auch gegen ein gekröntes Dichterhaupt den Pöbel verhetzte ... ich wundere mich, daß er in seinen Schriften nie erzählt hat, mit welchem Appetit, mit welchem Enthusiasmus, mit welcher Andacht, mit welcher Überzeugung ich einst beim Doktor St..... das altjüdische Schaletessen verzehrt habe! Dieses Gericht ist aber auch ganz vortrefflich, und es ist schmerzlichst zu bedauern, daß die christliche Kirche, die dem alten Judentume so viel Gutes entlehnte, nicht auch den Schalet adoptiert habe. Vielleicht hat sie sich dieses für die Zukunft noch vorbehalten, und wenn es ihr mal ganz schlecht geht, wenn ihre heiligsten Symbole, sogar das Kreuz, seine Kraft verloren, greift die christliche Kirche zum Schaletessen, und die entwischten Völker werden sich wieder mit neuem Appetit in ihren Schoß hineindrängen. Die Juden wenigstens werden sich alsdann auch mit Überzeugung dem Christentume anschließen ... denn, wie ich klar einsehe, es ist nur der Schalet, der sie zusammenhält in ihrem alten Bunde. Börne versicherte mir sogar, daß die Abtrünnigen, welche zum neuen Bunde übergegangen, nur den Schalet zu riechen brauchen, um ein gewisses Heimweh nach der Synagoge zu empfinden, daß der Schalet sozusagen der Kuhreigen der Juden sei.

★

Auch nach Bornheim sind wir miteinander hinausgefahren am Sabbat, um dort Kaffee zu trinken und die Töchter Israels zu betrachten ... Es waren schöne Mädchen und rochen nach Schalet, allerliebst.

★

Die Volkstümelei war von jeher in Norddeutschland mehr Affektation, wo nicht gar einstudierte Lüge, namentlich in Preußen, wo sogar die Championen der Nationalität ihren slawischen Ursprung vergebens zu verleugnen suchten. Da lob' ich mir meine Schwaben, die meinen es wenigstens ehrlicher und dürfen mit größerem Rechte auf germanische Rassenreinheit pochen. Ihr jetziges Hauptorgan, die Cottasche „Dreimonatsrevue", ist beseelt von diesem Stolz, und ihr Redakteur, der Diplomat Kölle (ein geistreicher Mann, aber der größte Schwätzer dieser Erde, und der gewiß nie ein Staatsgeheimnis verschwiegen hat!), der

Redakteur jener Revue ist der eingefleischteste Rassenmäkler, und sein drittes Wort ist immer germanische, romanische und semitische Rasse ... Sein größter Schmerz ist, daß der Champion des Germanentums, sein Liebling, Wolfgang Menzel, alle Kennzeichen der mongolischen Abstammung im Gesichte trägt.

*

Die Verdächtigung seines Patriotismus erregte bei Börne in der angeführten Stelle eine Mißlaune, die der bloße Vorwurf jüdischer Abstammung niemals in ihm hervorzurufen vermochte. Es amüsierte ihn sogar, wenn die Feinde, bei der Fleckenlosigkeit seines Wandels, ihm nichts Schlimmeres nachzusagen wußten, als daß er der Sprößling eines Stammes, der einst die Welt mit seinem Ruhm erfüllte und trotz aller Herabwürdigung noch immer die uralt heilige Weihe nicht ganz eingebüßt hat. Er rühmte sich sogar oft dieses Ursprungs, freilich in seiner humoristischen Weise, und den Mirabeau parodierend, sagte er einst zu einem Franzosen: „Jésus-Christ — qui en parenthèse était mon cousin — a prêché l'égalité usw." In der Tat, die Juden sind aus jenem Teige, woraus man Götter knetet; tritt man sie heute mit Füßen, fällt man morgen vor ihnen auf die Knie; während die einen sich im schäbigsten Kote des Schachers herumwühlen, ersteigen die anderen den höchsten Gipfel der Menschheit, und Golgatha ist nicht der einzige Berg, wo ein jüdischer Gott für das Heil der Welt geblutet. Die Juden sind das Volk des Geistes, und jedesmal, wenn sie zu ihrem Prinzipe zurückkehren, sind sie groß und herrlich und beschämen und überwinden ihre plumpen Dränger. Der tiefsinnige Rosenkranz vergleicht sie mit dem Riesen Antäus, nur daß dieser jedesmal erstarkte, wenn er die Erde berührte, jene aber, die Juden, neue Kräfte gewinnen, sobald sie wieder mit dem Himmel in Berührung kommen. Merkwürdige Erscheinung der grellsten Extreme! während unter diesen Menschen alle möglichen Fratzenbilder der Gemeinheit gefunden werden, findet man unter ihnen auch die Ideale des reinsten Menschentums, und wie sie einst die Welt in neue Bahnen des Fortschrittes geleitet, so hat die Welt vielleicht noch weitere Initiationen von ihnen zu erwarten ...

„Die Natur", sagte mir einst Hegel, „ist sehr wunderlich; dieselben Werkzeuge, die sie zu den erhabensten Zwecken gebraucht, benutzt sie auch zu den niedrigsten Verrichtungen, z. B. jenes Glied, welchem die höchste Mission, die Fortpflanzung der Menschheit, anvertraut ist, dient auch zum — — —"

Diejenigen, welche über die Dunkelheit Hegels klagen, werden ihn hier verstehen, und wenn er auch obige Worte nicht eben in Beziehung auf Israel aussprach, so lassen sie sich doch darauf anwenden.

Wie dem auch sei, es ist leicht möglich, daß die Sendung dieses Stammes noch nicht ganz erfüllt, und namentlich mag dieses in Beziehung auf Deutschland der Fall sein. Auch letzteres erwartet einen Befreier, einen irdischen Messias — mit einem himmlischen haben uns die Juden schon gesegnet —, einen König der Erde, einen Retter mit Zepter und Schwert, und dieser deutsche Befreier ist vielleicht derselbe, dessen auch Israel harret ...

O teurer, sehnsüchtig erwarteter Messias!

Wo ist er jetzt, wo weilt er? Ist er noch ungeboren, oder liegt er schon seit einem Jahrtausend irgendwo versteckt, erwartend die große rechte Stunde der Erlösung? Ist es der alte Barbarossa, der im Kyffhäuser schlummernd sitzt auf dem steinernen Stuhle und schon so lange schläft, daß sein weißer Bart durch den steinernen Tisch durchgewachsen? ... nur manchmal schlaftrunken schüttelt er das Haupt und blinzelt mit den halbgeschlossenen Augen, greift auch wohl träumend nach dem Schwert ... und nickt wieder ein in den schweren Jahrtausendschlaf!

Nein, es ist nicht der Kaiser Rotbart, welcher Deutschland befreien wird, wie das Volk glaubt, das deutsche Volk, das schlummersüchtige, träumende Volk, welches sich auch seinen Messias nur in der Gestalt eines alten Schläfers denken kann!

Da machen doch die Juden sich eine weit bessere Vorstellung von ihrem Messias, und vor vielen Jahren, als ich in Polen war und mit dem großen Rabbi Manasse ben Naphtali zu Krakau verkehrte, horchte ich immer mit freudig offenem Herzen, wenn er von dem Messias sprach ... Ich weiß nicht mehr, in welchem Buche des Talmuds die Details zu lesen sind, die mir der große Rabbi ganz treu mitteilte, und überhaupt nur in den Grundzügen schwebt mir seine Beschreibung des Messias noch im Gedächtnisse. Der Messias, sagte er mir, sei an dem Tage geboren, wo Jerusalem durch den Bösewicht Titus Vespasian zerstört worden, und seitdem wohne er im schönsten Palaste des Himmels, umgeben von Glanz und Freude, auch eine Krone auf dem Haupte tragend, ganz wie ein König ... aber seine Hände seien gefesselt mit goldenen Ketten!

„Was," frug ich verwundert, „was bedeuten diese goldenen Ketten?"

„Die sind notwendig" — erwiderte der große Rabbi mit einem schlauen Blick und einem tiefen Seufzer —, „ohne diese Fessel würde der Messias, wenn er manchmal die Geduld verliert, plötzlich herabeilen und zu frühe, zur unrechten Stunde, das Erlösungswerk unternehmen. Er ist eben keine ruhige Schlafmütze. Er ist ein schöner, sehr schlanker, aber doch ungeheuer kräftiger Mann; blühend wie die Jugend. Das Leben, das er führt, ist übrigens sehr einförmig. Den größten Teil des Morgens verbringt er mit den üblichen Gebeten oder lacht und scherzt mit seinen Dienern, welche verkleidete Engel sind und hübsch singen und die Flöte blasen. Dann läßt er sein langes Haupthaar kämmen, und man salbt ihn mit Narden und bekleidet ihn mit seinem fürstlichen Purpurgewande. Den ganzen Nachmittag studiert er die Kabbala. Gegen Abend läßt er seinen alten Kanzler kommen, der ein verkleideter Engel ist, ebenso wie die vier starken Staatsräte, die ihn begleiten, verkleidete Engel sind. Aus einem großen Buche muß alsdann der Kanzler seinem Herrn vorlesen, was jeden Tag passierte ... Da kommen allerlei Geschichten vor, worüber der Messias vergnügt lächelt oder auch mißmutig den Kopf schüttelt ... Wenn er aber hört, wie man unten sein Volk mißhandelt, dann gerät er in den furchtbarsten Zorn und heult, daß die Himmel erzittern ... Die vier starken Staatsräte müssen dann den Ergrimmten zurückhalten, daß er nicht herabeile auf die Erde, und sie würden ihn wahrlich nicht bewältigen, wären seine Hände nicht gefesselt mit den goldenen Ketten ... Man beschwichtigt ihn auch mit sanften Reden, daß jetzt die Zeit noch nicht gekommen sei, die rechte Rettungsstunde, und er sinkt am Ende aufs Lager und verhüllt sein Antlitz und weint ..."

So ungefähr berichtete mir Manasse ben Naphtali zu Krakau, seine Glaubwürdigkeit mit Hinweisung auf den Talmud verbürgend. Ich habe oft an seine Erzählungen denken müssen, besonders in den jüngsten Zeiten nach der Juliusrevolution. Ja, in schlimmen Tagen glaubt' ich manchmal mit eigenen Ohren ein Gerassel zu hören wie von goldenen Ketten und dann ein verzweifelndes Schluchzen ...

O verzage nicht, schöner Messias, der du nicht bloß Israel erlösen willst, wie die abergläubischen Juden sich einbilden, sondern die ganze leidende Menschheit! Oh, zerreißt nicht, ihr goldenen Ketten! Oh, haltet ihn noch einige Zeit gefesselt, daß er nicht zu frühe komme, der rettende König der Welt!

★

Der König hat wenig Geld, und es ist für ihn ein doppeltes Mißgeschick, daß das große Publikum das Gegenteil glaubt und über seine große Geldgier murrt, während die haute finance, bei welcher er borgen möchte, das betrübte Geheimnis sehr gut kennt. Dieser Geldverlegenheit verdankt Rothschild die größten Aufmerksamkeiten bei Hofe; einige hundert Jahre früher hätte ihm der König von Frankreich ganz einfach die Zähne ausreißen lassen, um ihn zu einer Anleihe zu bewegen. Aber die naiven Sitten des Mittelalters sind untergegangen im Strom der Revolution, und Herr Rothschild, Baron und Ritter des Isabellenordens, kann jetzt ruhig in den Tuilerien umherspazieren und dem geldbedrängten Könige die Zähne zeigen, ohne auch nur einen Stummel zu riskieren.

★

DAMASKUS-BRIEFE

Paris, 7. Mai 1840

Die heutigen Pariser Blätter bringen einen Bericht des k. k. österreichischen Konsuls zu Damaskus an den k. k. österreichischen Generalkonsul in Alexandria in bezug der Damaszener Juden, deren Martyrtum an die dunkelsten Zeiten des Mittelalters erinnert. Während wir in Europa die Märchen desselben als poetischen Stoff bearbeiten und uns an jenen schauerlich naiven Sagen ergötzen, womit unsere Vorfahren sich nicht wenig ängstigten; während bei uns nur noch in Gedichten und Romanen von jenen Hexen, Werwölfen und Juden die Rede ist, die zu ihrem Satansdienst das Blut frommer Christenkinder nötig haben; während wir lachen und vergessen, fängt man an, im Morgenlande sich sehr betrübsam des alten Aberglaubens zu erinnern und gar ernsthafte Gesichter zu schneiden, Gesichter des düstersten Grimms und der verzweifelnden Todesqual! Unterdessen foltert der Henker, und auf der Marterbank gesteht der Jude, daß er bei dem herannahenden Passahfeste etwas Christenblut brauchte zum Eintunken für seine trockenen Osterbröte, und daß er zu diesem Behufe einen alten Kapuziner abgeschlachtet habe! Der Türke ist dumm und schnöde und stellt gern seine Bastonaden- und Torturapparate zur Verfügung der Christen gegen die angeklagten Juden; denn beide Sekten sind ihm verhaßt, er betrachtet sie beide wie Hunde, er nennt sie auch mit diesem Ehrennamen, und er freut sich gewiß, wenn der christliche Giaur ihm Gelegenheit gibt, mit einigem Anschein von Recht den jüdischen Giaur zu mißhandeln. Wartet nur, wenn es mal des Paschas Vorteil sein wird und er nicht mehr den bewaffneten Einfluß der Europäer zu fürchten braucht, wird er auch dem beschnittenen Hunde Gehör schenken, und dieser wird unsere christlichen Brüder anklagen, Gott weiß wessen! Heute Amboß, morgen Hammer! —

Aber für den Freund der Menschheit wird dergleichen immer ein Herzeleid sein. Erscheinungen dieser Art sind ein Unglück, dessen

Folgen unberechenbar. Der Fanatismus ist ein ansteckendes Übel, das sich unter den verschiedensten Formen verbreitet und am Ende gegen uns alle wütet. Der französische Konsul in Damaskus, der Graf Ratti-Menton, hat sich Dinge zuschulden kommen lassen, die hier einen allgemeinen Schrei des Entsetzens erregten. Er ist es, welcher den okzidentalischen Aberglauben dem Orient einimpfte und unter dem Pöbel von Damaskus eine Schrift austeilte, worin die Juden des Christenmordes bezichtigt werden. Diese haßschnaufende Schrift, die der Graf Menton von seinen geistlichen Freunden zum Behufe der Verbreitung empfangen hatte, ist ursprünglich der „Bibliotheca prompta a Lucio Ferrario" entlehnt, und es wird darin ganz bestimmt behauptet, daß die Juden zur Feier ihres Passahfestes des Blutes der Christen bedürften. Der edle Graf hütete sich, die damit verbundene Sage des Mittelalters zu wiederholen, daß nämlich die Juden zu demselben Zwecke auch konsakrierte Hostien stehlen und mit Nadeln so lange stechen, bis das Blut herausfließe — eine Untat, die im Mittelalter nicht bloß durch beeidigte Zeugenaussagen, sondern auch dadurch ans Tageslicht gekommen, daß über dem Judenhause, worin eine jener gestohlenen Hostien gekreuzigt worden, sich ein lichter Schein verbreitete. Nein, die Ungläubigen, die Mohammedaner, hätten dergleichen nimmermehr geglaubt, und der Graf Menton mußte im Interesse seiner Sendung zu weniger mirakulösen Historien seine Zuflucht nehmen. Ich sage im Interesse seiner Sendung und überlasse diese Worte dem weitesten Nachdenken. Der Herr Graf ist erst seit kurzer Zeit in Damaskus; vor sechs Monaten sah man ihn hier in Paris, der Werkstätte aller progressiven, aber auch aller retrograden Verbrüderungen. — Der hiesige Minister der auswärtigen Angelegenheiten, Herr Thiers, der sich jüngst nicht bloß als Mann der Humanität, sondern sogar als Sohn der Revolution geltend zu machen suchte, offenbart bei Gelegenheit der Damaszener Vorgänge eine befremdliche Lauheit. Nach dem heutigen „Moniteur" soll bereits ein Vizekonsul nach Damaskus abgegangen sein, um das Betragen des dortigen französischen Konsuls zu untersuchen. Ein Vizekonsul! Gewiß eine untergeordnete Person aus einer nachbarlichen Landschaft, ohne Namen und ohne Bürgschaft parteiloser Unabhängigkeit!

Paris, 14. Mai 1840

Während aber der kluge Präsident des Konseils die Nationaleitelkeit unserer lieben Kechenäer, der Maulaufsperrer an der Seine, mit Erfolg zu kitzeln und auszubeuten weiß, zeigt er sich sehr indifferent, ja mehr als indifferent in einer Sache, wo nicht die Interessen eines Landes oder eines Volks, sondern die Interessen der Menschheit selbst in Betracht kommen. Ist es Mangel an liberalem Gefühl oder an Scharfsinn, was ihn verleitete, für den französischen Konsul, dem in der Tragödie zu Damaskus die schändlichste Rolle zugeschrieben wird, offenbar Partei zu nehmen? Nein, Herr Thiers ist ein Mann von großer Einsicht und Humanität, aber er ist auch ein Staatsmann, er bedarf nicht bloß der revolutionären Sympathien, er hat Helfer nötig von jeder Sorte, er muß transigieren, er braucht eine Majorität in der Pairskammer, er kann den Klerus als ein gouvernementales Mittel benützen, nämlich jenen Teil des Klerus, der, von der ältern Bourbonischen Linie nichts mehr erwartend, sich der jetzigen Regierung angeschlossen hat. Zu diesem Teil des Klerus, welchen man den clergé rallié nennt, gehören sehr viele Ultramontanen, deren Organ ein Journal namens „Univers"; letztere erwarten das Heil der Kirche von Herrn Thiers, und dieser sucht wieder in jenen seine Stütze. Graf Montalembert, das rührigste Mitglied der frommen Gesellschaft und seit dem ersten März auch Seïde des Herrn Thiers, ist der sichtbare Vermittler zwischen dem Sohn der Revolution und den Vätern des Glaubens, zwischen dem ehemaligen Redakteur des „National" und den jetzigen Redaktoren des „Univers", die in ihren Kolonnen alles mögliche aufbieten, um der Welt glauben zu machen, die Juden fräßen alte Kapuziner, und der Graf Ratti-Menton sei ein ehrlicher Mann. Graf Ratti-Menton, ein Freund, vielleicht nur ein Werkzeug der Freunde des Grafen Montalembert, war früher französischer Konsul in Sizilien, wo er zweimal Bankrott machte und fortgeschafft ward. Später war er Konsul in Tiflis, wo er ebenfalls das Feld räumen mußte, und zwar wegen Dingen, die nicht sonderlich ehrender Art sind; nur soviel will ich bemerken, daß damals der russische Botschafter in Paris, Graf Pahlen, dem hiesigen Minister der auswärtigen Angelegenheiten, Grafen Molé, die bestimmte Anzeige machte: im Fall man den Herrn Ratti-Menton nicht von Tiflis abberufe, werde die kaiserlich russische Regierung denselben schimpflich zu entfernen wissen. Man hätte das Holz, wodurch man Flammen schüren will, nicht von so faulem Baume nehmen sollen!

Paris, 27. Mai 1840

Über die Blutfrage von Damaskus haben norddeutsche Blätter mehrere Mitteilungen geliefert, welche teils von Paris, teils von Leipzig datiert, aber wohl aus derselben Feder geflossen sind und im Interesse einer gewissen Clique das Urteil des deutschen Publikums irre leiten sollen. Wir lassen die Persönlichkeit und die Motive jenes Berichterstatters unbeleuchtet, enthalten uns auch aller Untersuchung der Damaszener Vorgänge: nur über das, was in Beziehung derselben von den hiesigen Juden und der hiesigen Presse gesagt wurde, erlauben wir uns einige berichtigende Bemerkungen. Aber auch bei dieser Aufgabe leitet uns mehr das Interesse der Wahrheit als der Personen; und was gar die hiesigen Juden betrifft, so ist es möglich, daß unser Zeugnis eher gegen sie als für sie spräche. — Wahrlich, wir würden die Juden von Paris eher loben als tadeln, wenn sie, wie die erwähnten norddeutschen Blätter meldeten, für ihre unglücklichen Glaubensbrüder in Damaskus einen so großen Eifer an den Tag legten und zur Ehrenrettung ihrer verleumdeten Religion keine Geldopfer scheuten. Aber es ist nicht der Fall. Die Juden in Frankreich sind schon zu lange emanzipiert, als daß die Stammesbande nicht sehr gelockert wären, sie sind fast ganz untergegangen oder, besser gesagt, aufgegangen in der französischen Nationalität; sie sind gerade eben solche Franzosen wie die anderen und haben also auch Anwandlungen von Enthusiasmus, die vierundzwanzig Stunden und, wenn die Sonne heiß ist, sogar drei Tage dauern! — und das gilt von den bessern. Viele unter ihnen üben noch den jüdischen Zeremonialdienst, den äußerlichen Kultus, mechanisch, ohne zu wissen warum, aus alter Gewohnheit; von innerem Glauben keine Spur, denn in der Synagoge ebenso wie in der christlichen Kirche hat die witzige Säure der Voltairischen Kritik zerstörend gewirkt. Bei den französischen Juden wie bei den übrigen Franzosen ist das Gold der Gott des Tages, und die Industrie ist die herrschende Religion. In dieser Beziehung dürfte man die hiesigen Juden in zwei Sekten einteilen: in die Sekte der rive droite und die Sekte der rive gauche; diese Namen haben nämlich Bezug auf die beiden Eisenbahnen, welche, die eine längs dem rechten Seine-Ufer, die andere dem linken Ufer entlang, nach Versailles führen und von zwei berühmten Finanzrabbinen geleitet werden, die miteinander ebenso divergierend hadern wie einst Rabbi Samai und Rabbi Hillel in der ältern Stadt Babylon.

Wir müssen dem Großrabbi der rive droite, dem Baron Rothschild, die Gerechtigkeit widerfahren lassen, daß er für das Haus Israel eine edlere Sympathie an den Tag legte als sein schriftgelehrter Antagonist, der Großrabbi der rive gauche, Herr Benoît Fould, der, während in Syrien auf Anreizung eines französischen Konsuls seine Glaubensbrüder gefoltert und gewürgt wurden, mit der unerschütterlichen Seelenruhe eines Hillel in der französischen Deputiertenkammer einige schöne Reden hielt über die Konversion der Renten und den Diskonto der Bank.

Das Interesse, welches die hiesigen Juden an der Tragödie von Damaskus nahmen, reduziert sich auf sehr geringfügige Manifestationen. Das israelitische Konsistorium, in der lauen Weise aller Körperschaften, versammelte sich und deliberierte; das einzige Resultat dieser Deliberationen war die Meinung, daß man die Aktenstücke des Prozesses zur öffentlichen Kunde bringen müsse. Herr Crémieux, der berühmte Advokat, welcher nicht bloß den Juden, sondern den Unterdrückten aller Konfessionen und aller Doktrinen zu jeder Zeit seine großmütige Beredsamkeit gewidmet, unterzog sich der oben erwähnten Publikation, und mit Ausnahme einer schönen Frau und einiger jungen Gelehrten ist wohl Herr Crémieux der einzige in Paris, der sich der Sache Israels tätig annahm. Mit der größten Aufopferung seiner persönlichen Interessen, mit Verachtung jeder lauernden Hinterlist trat er den gehässigsten Insinuationen rücksichtslos entgegen und erbot sich sogar, nach Ägypten zu reisen, wenn dort der Prozeß der Damaszener Juden vor das Tribunal des Pascha Mehemet Ali gezogen werden sollte. Der ungetreue Berichterstatter in den erwähnten norddeutschen Blättern insinuiert der „Leipziger Allg. Ztg." mit perfider Nebenbemerkung, daß Herr Crémieux die Entgegnung, womit er die falschen Missionsberichte in den hiesigen Zeitungen zu entkräften wußte, als Inserat druckte und die übliche Gebühr dafür entrichtete. Wir wissen aus sicherer Quelle, daß die Journaldirektionen sich bereitwillig erklärten, jene Entgegnung ganz gebührfrei einzurücken, wenn man einige Tage warten wolle, und nur auf Verlangen des schleunigsten Abdrucks berechneten einige Redaktionen die Kosten eines Supplementblattes, die wahrlich nicht von großem Belange, wenn man die Geldkräfte des israelitischen Konsistoriums bedenkt. Die Geldkräfte der Juden sind in der Tat groß, aber die Erfahrung lehrt, daß ihr Geiz noch weit größer ist. Eines der hochgeschätztesten Mitglieder des hiesigen Konsistoriums — man schätzt ihn nämlich auf einige dreißig Millionen Frank — Herr W. de Romilly, gäbe vielleicht keine hundert Frank, wenn man zu ihm käme mit einer Kollekte für die Rettung seines ganzen Stammes! Es ist eine alte, klägliche, aber noch immer nicht abgenutzte Erfindung, daß man demjenigen, der zur Verteidigung der Juden seine Stimme erhebt, die unlautersten Geldmotive zuschreibt; ich bin überzeugt, nie hat Israel Geld gegeben, wenn man ihm nicht gewaltsam die Zähne ausriß wie zur Zeit der Valois. Als ich unlängst die „Histoire des Juifs" von Basnage durchblätterte, mußte ich herzlich lachen über die Naivetät, womit der Autor, welchen seine Gegner anklagten, als habe er Geld von den Juden empfangen, sich gegen solche Beschuldigung verteidigte; ich glaube ihm aufs Wort, wenn er wehmütig hinzusetzt: „Le peuple juif est le peuple le plus ingrat qu'il y ait au monde!" Hier und da freilich gibt es Beispiele, daß die Eitelkeit die verstockten Taschen der Juden zu erschließen verstand, aber dann war ihre Liberalität noch widerwärtiger als ihre Knickerei. Ein ehemaliger preußischer Lieferant, welcher, anspielend auf seinen hebräischen Namen Moses (Moses heißt nämlich auf deutsch „aus dem Wasser gezogen", auf italienisch „del mare"), den dem letzteren entsprechenden klangvolleren Namen eines Baron Delmar angenommen hat, stiftete hier vor einiger Zeit eine Erziehungsanstalt für verarmte junge Adelige, wozu er über anderthalb Millionen Francs aussetzte, eine noble Tat, die ihm im Faubourg Saint-Germain so hoch angerechnet wurde, daß dort selbst die stolzältesten Douairieren und die schnippisch jüngsten Fräulein nicht mehr laut über ihn spötteln. Hat dieser Edelmann aus dem Stamme David auch nur einen Pfennig beigesteuert bei einer Kollekte für die Interessen der Juden? Ich möchte mich dafür verbürgen, daß ein anderer aus dem Wasser gezogener Baron, der im edlen Faubourg den Gentilhomme catholique und großen Schriftsteller spielt, weder mit seinem Gelde noch mit seiner Feder für die Stammesgenossen tätig war. Hier muß ich eine Bemerkung aussprechen, die vielleicht die bitterste. Unter den getauften Juden sind viele, die aus feiger Hypokrisie über Israel noch ärgere Mißreden führen als dessen geborne Feinde. In derselben Weise pflegen gewisse Schriftsteller, um nicht an ihren Ursprung zu erinnern, sich über die Juden sehr schlecht oder gar nicht auszusprechen. Das ist eine bekannte, betrübsam lächerliche Erscheinung. Aber es mag nützlich sein, das Publikum jetzt besonders darauf aufmerksam zu machen, da nicht bloß in den erwähnten norddeutschen Blättern, sondern auch in einer weit bedeutenderen Zeitung die Insinuation zu lesen war, als flösse alles, was zugunsten der Damaszener Juden geschrieben worden, aus jüdischen Quellen, als sei der österreichische Konsul zu Damaskus ein Jude, als seien die übrigen Konsuln dort, mit Ausnahme des französischen, lauter Juden. Wir kennen diese Taktik, wir erlebten sie bereits bei Gelegenheit des Jungen Deutschlands. Nein, sämtliche Konsuln von Damaskus sind Christen, und daß der österreichische Konsul dort nicht einmal jüdischen Ursprungs ist, dafür bürgt uns eben die rücksichtslose, offene Weise, womit er die Juden gegen den französischen Konsul in Schutz nahm; — was der letztere ist, wird die Zeit lehren.

Paris, 3. Juni 1840

Ja, der Berichterstatter der „Leipziger Zeitung“ und der kleineren norddeutschen Blätter hat sich keine direkte Unwahrheit zuschulden kommen lassen, wenn er frohlockend referierte, daß die französische Presse bei dieser Gelegenheit keine sonderliche Sympathie für Israel an den Tag legte. Aber die ehrliche Seele hütete sich wohlweislich, den Grund dieser Erscheinung aufzudecken, der ganz einfach darin besteht, daß der Präsident des Ministerkonseils, Herr Thiers, von Anfang an für den Grafen Ratti-Menton, den französischen Konsul von Damaskus, Partei genommen und den Redakteuren aller Blätter, die jetzt unter seiner Botmäßigkeit stehen, in dieser Angelegenheit seine Ansicht kundgegeben. Es sind gewiß viele honette und sehr honette Leute unter diesen Journalisten, aber sie gehorchen jetzt mit militärischer Disziplin dem Kommando jenes Generalissimus der öffentlichen Meinung, in dessen Vorkabinett sie sich jeden Morgen zum Empfang der Ordre du jour zusammen befinden und gewiß ohne Lachen sich einander nicht ansehen können ... In seinen Morgenaudienzen versichert Herr Thiers mit der Miene der höchsten Überzeugung, es sei eine ausgemachte Sache, daß die Juden Christenblut am Passahfeste söffen, chacun à son goût, alle Zeugenaussagen hätten bestätigt, daß der Rabbiner von Damaskus den Pater Thomas abgeschlachtet und sein Blut getrunken, — das Fleisch sei wahrscheinlich von geringeren Synagogenbeamten verschmaust worden; — da sähen wir einen traurigen Aberglauben, einen religiösen Fanatismus, der noch im Oriente herrschend sei, während die Juden des Okzidentes viel humaner und aufgeklärter geworden und mancher unter ihnen sich durch Vorurteilslosigkeit und einen gebildeten Geschmack auszeichne, z. B. Herr von Rothschild, der zwar nicht zur christlichen Kirche, aber desto eifriger zur christlichen Küche übergegangen und den größten Koch der Christenheit, den Liebling Talleyrands, ehemaligen Bischofs von Autun, in Dienst genommen ...

Vor einigen Tagen hat Herr Benoit Fould auch in der Deputiertenkammer das Betragen des französischen Konsuls von Damaskus zur Sprache gebracht. Ich muß also zunächst den Tadel zurücknehmen, der mir in einem meiner jüngsten Berichte gegen jenen Deputierten entschlüpfte. Ich zweifelte nie an dem Geist, an den Verstandeskräften des Herrn Fould; auch ich halte ihn für eine der größten Kapazitäten der französischen Kammer; aber ich zweifelte an seinem Gemüte. Wie gern lasse ich mich beschämen, wenn ich den Leuten unrecht getan habe und sie durch die Tat meinen Beschuldigungen widersprechen.

Die Interpellation des Herrn Fould zeugte von großer Klugheit und Würde. Nur sehr wenige Blätter haben von seiner Rede Auszüge gegeben; die ministeriellen Blätter haben auch diese unterdrückt und die Thiersschen Entgegnungen desto ausführlicher mitgeteilt. Im „Moniteur" habe ich sie ganz gelesen. Der Ausdruck: „La religion à laquelle j'ai l'honneur d'appartenir" mußte einen Deutschen sehr frappieren. Die Antwort des Herrn Thiers war ein Meisterstück von Perfidie: durch Ausweichen, durch Verschweigen dessen, was er wisse, durch scheinbar ängstliche Zurückhaltung wußte er seine Gegner aufs köstlichste zu verdächtigen. Hörte man ihn reden, so konnte man am Ende wirklich glauben, das Leibgericht der Juden sei Kapuzinerfleisch. — Aber nein, großer Geschichtschreiber und sehr kleiner Theolog, im Morgenland ebensowenig wie im Abendland erlaubt das Alte Testament seinen Bekennern solche schmutzige Atzung, der Abscheu der Juden vor jedem Blutgenuß ist ihnen ganz eigentümlich, er spricht sich aus in den ersten Dogmen ihrer Religion, in allen ihren Sanitätsgesetzen, in ihren Reinigungszeremonien, in ihrer Grundanschauung vom Reinen und Unreinen, in dieser tiefsinnig kosmogonischen Offenbarung über die materielle Reinheit in der Tierwelt, welche gleichsam eine physische Ethik bildet und von Paulus, der sie als eine Fabel verwarf, keineswegs begriffen worden. — Nein, die Nachkömmlinge Israels, des reinen, auserlesenen Priestervolks, sie essen kein Schweinefleisch, auch keine alten Franziskaner, sie trinken kein Blut, ebensowenig wie sie ihren eigenen Urin trinken gleich der heiligen Elisabeth, Urmuhme des Grafen Montalembert.

Paris, 25. Juli 1840

Das alte System der Völkervertilgung wird solchermaßen durch europäischen Einfluß im Orient allmählich verdrängt. Auch die Existenzrechte des Individuums gelangen dort zu höherer Anerkennung, und namentlich werden die Grausamkeiten der Tortur einem mildern Kriminalverfahren weichen. Es ist die Blutgeschichte von Damaskus, welche dieses letztere Resultat hervorbringen wird, und in dieser Beziehung dürfte die Reise des Herrn Crémieux nach Alexandria als eine wichtige Begebenheit eingezeichnet werden in die Annalen der Humanität. Dieser berühmte Rechtsgelehrte, der zu den gefeiertsten Männern Frankreichs gehört, und den ich in diesen Blättern bereits besprach, hat schon seine wahrhaft fromme Wallfahrt angetreten, begleitet von seiner Gattin, die alle Gefahren, womit man ihren Mann bedrohte, teilen wollte. Mögen diese Gefahren, die ihn vielleicht nur abschrecken sollten von seinem edlen Beginnen, ebenso klein sein wie die Leute, die sie bereiten! In der Tat, dieser Advokat der Juden plädiert zugleich die Sache der ganzen Menschheit. Um nichts Geringeres handelt es sich, als auch im Orient das europäische Verfahren beim Kriminalprozeß einzuführen. Der Prozeß gegen die Damaszener Juden begann mit der Folter; er kam nicht zu Ende, weil ein österreichischer Untertan inkulpiert war und der österreichische Konsul gegen das Torquieren desselben einschritt. Jetzt soll nun der Prozeß aufs neue instruiert werden, und zwar ohne obligate Folter, ohne jene Torturinstrumente, die den Beklagten die unsinnigsten Aussagen abmarterten und die Zeugen einschüchterten. Der französische Oberkonsul in Alexandria setzt Himmel und Erde in Bewegung, um diese erneute Instruktion des Prozesses zu hintertreiben; denn das Betragen des französischen Konsuls von Damaskus könnte bei dieser Gelegenheit sehr stark beleuchtet werden, und die Schande seines Repräsentanten dürfte das Ansehen Frankreichs in Syrien erschüttern ... Es handelt sich jetzt wahrscheinlich nicht um die hohe Tugend eines Ratti-Menton oder um die Schlechtigkeit der Damaszener Juden — es gibt vielleicht zwischen beiden keinen großen Unterschied, und wie jener für unsern Haß, so dürften letztere für unsere Vorliebe zu gering sein — aber es handelt sich darum: die Abschaffung der Tortur durch ein eklatantes Beispiel im Orient zu sanktionieren.

Paris, 30. Juli 1840

Ich habe oben der Geschichte von Damaskus erwähnt. Diese findet hier noch immer viel Besprechung, namentlich bildet sie einen stehenden Artikel im „Univers“, dem Organ der ultramontanen Priesterpartei. Eine geraume Zeit hindurch hat dieses Journal alle Tage einen Brief aus dem Orient mitgeteilt. Da nur alle acht Tage das Dampfboot aus der Levante anlangt, so sind wir hier um so mehr an ein Wunder zu glauben geneigt, als wir ohnehin durch die Damaszener Vorgänge in die Mirakelzeit des Mittelalters zurückversetzt sind. Ist es doch schon ein Wunder, daß die aus der Luft gegriffenen Nachrichten des „Univers“ in Frankreich einigen Anklang finden! Ja, es ist nicht zu leugnen, ein großer Teil der Franzosen ist nicht abgeneigt, dem blutigen Unglimpf Glauben zu schenken, und die obskursten Erfindungen der Pfaffenlist stoßen hier auf sehr lauten Widerspruch. Verwundert fragen wir uns: ist das Frankreich, die Heimat der Aufklärung, das Land, wo Voltaire gelacht und Rousseau geweint hat? Sind das die Franzosen, die einst der Göttin der Vernunft in Notre-Dame huldigten, allen Priestertrug abgeschworen und sich als die Nationalfeinde des Fanatismus in der ganzen Welt proklamierten? Wir wollen ihnen nicht unrecht tun: eben weil ein blinder Zorn gegen allen Aberglauben sie noch beseelt, eben weil sie, alte Kinder des 18. Jahrhunderts, allen Religionen die infamsten Untaten zutrauen, hielten sie auch die Bekenner des Judentums fähig, dergleichen begangen zu haben, und ihre leichtsinnigen Ansichten über die Damaszener Vorgänge sind nicht aus Fanatismus gegen die Juden, sondern aus Haß gegen den Fanatismus selbst hervorgegangen.

★

Die Dienstbarkeit liegt in der Natur des Menschen. Laßt uns nicht darüber rechten, welche Gattung des Dienens die edlere sei: der Germane, welcher einer Person diente, ist ebenso achtenswert wie der Römer, welcher dem Boden diente, und die Untertanstreue des einen, wie die Vaterlandsliebe des anderen steht nicht niedriger als der Dienst, welchen man einer übersinnlichen Idee widmet, z. B. der Gottesdienst der Hebräer.

★

Herr von Rothschild ist in der Tat der beste politische Thermometer; ich will nicht sagen Wetterfrosch, weil das Wort nicht hinlänglich respektvoll klänge. Und man muß doch Respekt vor diesem Manne haben, sei es auch nur wegen des Respektes, den er den meisten Leuten einflößt. Ich besuche ihn am liebsten in den Bureaus seines Kontors, wo ich als Philosoph beobachten kann, wie sich das Volk und nicht bloß das Volk Gottes, sondern auch alle anderen Völker vor ihm beugen und bücken. Das ist ein Krümmen und Winden des Rückgrats, wie es selbst dem besten Akrobaten schwer fiele. Ich sah Leute, die, wenn sie dem großen Baron nahten, zusammenzuckten, als berührten sie eine voltaische Säule. Schon vor der Tür seines Kabinetts ergreift viele ein Schauer der Ehrfurcht, wie ihn einst Moses auf dem Horeb empfunden, als er merkte, daß er auf dem heiligen Boden stand. Ganz so wie Moses alsbald seine Schuhe auszog, so würde gewiß mancher Mäkler oder Agent de Change, der das Privatkabinett des Herrn von Rotschild zu betreten wagt, vorher seine Stiefel ausziehen, wenn er nicht fürchtete, daß alsdann seine Füße noch übler riechen und den Herrn Baron dieser Mistduft inkommodieren dürfte. Jenes Privatkabinett ist in der Tat ein merkwürdiger Ort, welcher erhabene Gedanken und Gefühle erregt, wie der Anblick des Weltmeeres oder des gestirnten Himmels: wir sehen hier, wie klein der Mensch und wie groß Gott ist! Denn das Geld ist der Gott unserer Zeit, und Rothschild ist sein Prophet.

★

„Kinder!" — grommelt Atta Troll,
Und er wälzt sich hin und her
Auf dem teppichlosen Lager —
„Kinder, uns gehört die Zukunft!

— — — — — — — — — — —

Einheit! Einheit! und wir siegen
Und es stürzt das Regiment
Schnöden Monopols! Wir stiften
Ein gerechtes Animalreich.

Grundgesetz sei volle Gleichheit
Aller Gotteskreaturen,
Ohne Unterschied des Glaubens
Und des Fells und des Geruches.

— — — — — — — — — — —

Ja, sogar die Juden sollen
Volles Bürgerrecht genießen,
Und gesetzlich gleichgestellt sein
Allen andern Säugetieren.

Nur das Tanzen auf den Märkten
Sei den Juden nicht gestattet;
Dies Amendement, ich mach' es
Im Intresse meiner Kunst.

Denn der Sinn für Stil, für strenge
Plastik der Bewegung, fehlt
Jener Rasse, sie verdürben
Den Geschmack des Publikums."

*

Und das dritte Frauenbild,
Das dein Herz so tief bewegte,
War es eine Teufelinne,
Wie die andern zwo Gestalten?

Ob's ein Teufel oder Engel,
Weiß ich nicht. Genau bei Weibern
Weiß man niemals, wo der Engel
Aufhört und der Teufel anfängt.

Auf dem glutenkranken Antlitz
Lag des Morgenlandes Zauber,
Auch die Kleider mahnten kostbar
An Scheherezadens Märchen.

Sanfte Lippen, wie Grenaten,
Ein gebognes Liliennäschen,
Und die Glieder schlank und kühlig
Wie die Palme der Oase.

Lehnte hoch auf weißem Zelter,
Dessen Goldzaum von zwei Mohren
Ward geleitet, die zu Fuß
An der Fürstin Seite trabten.

Wirklich eine Fürstin war sie,
War Judäas Königin,
Des Herodes schönes Weib,
Die des Täufers Haupt begehrt hat.

Dieser Blutschuld halber ward sie
Auch vermaledeit; als Nachtspuk
Muß sie bis zum jüngsten Tage
Reiten mit der wilden Jagd.

In den Händen trägt sie immer
Jene Schüssel mit dem Haupte
Des Johannes, und sie küßt es;
Ja, sie küßt das Haupt mit Inbrunst.

Denn sie liebte einst Johannem —
In der Bibel steht es nicht,
Doch im Volke lebt die Sage
Von Herodias' blut'ger Liebe —

Anders wär' ja unerklärlich
Das Gelüste jener Dame —
Wird ein Weib das Haupt begehren
Eines Manns, den sie nicht liebt?

War vielleicht ein bißchen böse
Auf den Liebsten, ließ ihn köpfen;

Aber als sie auf der Schüssel
Das geliebte Haupt erblickte,

Weinte sie und ward verrückt,
Und sie starb in Liebeswahnsinn.
(Liebeswahnsinn! Pleonasmus!
Liebe ist ja schon ein Wahnsinn!)

Nächtlich auferstehend trägt sie,
Wie gesagt, das blut'ge Haupt
In der Hand, auf ihrer Jagdfahrt —
Doch mit toller Weiberlaune

Schleudert sie das Haupt zuweilen
Durch die Lüfte, kindisch lachend,
Und sie fängt es sehr behende
Wieder auf, wie einen Spielball.

Als sie mir vorüberritt,
Schaute sie mich an und nickte
So kokett zugleich und schmachtend,
Daß mein tiefstes Herz erbebte.

Dreimal auf und nieder wogend
Fuhr der Zug vorbei, und dreimal
Im Vorüberreiten grüßte
Mich das liebliche Gespenst.

Als der Zug bereits erblichen
Und verklungen das Getümmel,
Loderte mir im Gehirne
Immer fort der holde Gruß.

Und die ganze Nacht hindurch
Wälzte ich die müden Glieder
Auf der Streu — (denn Federbetten
Gab's nicht in Urakas Hütte) —

Und ich sann: was mag bedeuten
Das geheimnisvolle Nicken?
Warum hast du mich so zärtlich
Angesehn, Herodias?

★

Aber du, Herodias,
Sag', wo bist du? — Ach, ich weiß es,
Du bist tot und liegst begraben
Bei der Stadt Jeruscholayim!

Starren Leichenschlaf am Tage
Schläfst du in dem Marmorsarge!
Doch um Mitternacht erweckt dich
Peitschenknall, Hallo und Hussa!

Und du folgst dem wilden Heerzug
Mit Dianen und Abunden,
Mit den heitern Jagdgenossen,
Denen Kreuz und Qual verhaßt ist!

Welche köstliche Gesellschaft!
Könnt' ich nächtlich mit euch jagen
Durch die Wälder! Dir zur Seite
Ritt' ich stets, Herodias!

Denn ich liebe dich am meisten!
Mehr als jene Griechengöttin,
Mehr als jene Fee des Nordens,
Lieb' ich dich, du tote Jüdin!

Ja, ich liebe dich! Ich merk' es
An dem Zittern meiner Seele.
Liebe mich und sei mein Liebchen,
Schönes Weib, Herodias!

Liebe mich und sei mein Liebchen!
Schleudre fort den blut'gen Dummkopf
Samt der Schüssel, und genieße
Schmackhaft bessere Gerichte.

Bin so recht der rechte Ritter,
Den du brauchst — Mich kümmert's wenig,
Daß du tot und gar verdammt bist —
Habe keine Vorurteile —

Hapert's doch mit meiner eignen
Seligkeit, und ob ich selber

Noch dem Leben angehöre,
Daran zweifle ich zuweilen!

Nimm mich an als deinen Ritter,
Deinen Cavalier-servente;
Werde deinen Mantel tragen
Und auch alle deine Launen.

Jede Nacht, an deiner Seite,
Reit' ich mit dem wilden Heere,
Und wir kosen und wir lachen
Über meine tollen Reden.

Werde dir die Zeit verkürzen
In der Nacht — Jedoch am Tage
Schwindet jede Lust, und weinend
Sitz' ich dann auf deinem Grabe.

Ja, am Tage sitz' ich weinend
Auf dem Schutt der Königsgrüfte,
Auf dem Grabe der Geliebten,
Bei der Stadt Jeruscholayim.

Alte Juden, die vorbeigehn,
Glauben dann gewiß, ich traure
Ob dem Untergang des Tempels
Und der Stadt Jeruscholayim.

*

Ach! wo hab' ich solche Nasen
Schon gesehn? War es in Hamburg
Oder Frankfurt, in der Gasse?
Qualvoll dämmernd die Erinnrung!

*

Draußen klopfte es ans Fenster,
Und ich eilte es zu öffnen.
Sieben große Raben waren's,
Die hereingeflogen kamen.

Nahten sich dem Feuer, wärmten
Sich die Krallen, leidenschaftlich

Ihre Fittiche bewegend,
Krächzten auch diverse Flüche.

Sie verwünschten ganz besonders
Jenen Juden Mendizabel,
Der die Klöster aufgehoben,
Ihre lieben alten Nester.

— — — — — — — — —

Endlich kam ein Wiedehopf,
Kurzbeflügelt, stelzenbeinig
Als er mich erblickt, da lacht er:
Kennst nicht mehr den Freund Hut-Hut?

Und ich selber mußte lachen,
Denn es war mein Freund Hut-Hut,
Der vor dritthalb tausend Jahren
Kabinettskurier gewesen

Und von Salomo, dem Weisen,
Mit Depeschen abgeschickt ward
An die holde Balkaisa,
An die Königin von Saba.

Jener glühte für die Schöne,
Die man ihm so schön geschildert,
Diese schwärmte für den Weisen,
Dessen Weisheit weltberühmt war.

Ihren Scharfsinn zu erproben
Schickten sie einander Rätsel,
Und mit solcherlei Depeschen
Lief Hut-Hut durch Sand und Wüste.

Rätselmüde zog die Kön'gin
Endlich nach Jeruscholayim,
Und sie stürzte mit Erröten
In die Arme Salomonis.

Dieser drückte sie ans Herz,
Und er sprach: das größte Rätsel,
Süßes Kind, das ist die Liebe —
Doch wir wollen es nicht lösen!

— — — — — — — — —

Er erzählte mir aufs neue,
Was mir schon Arabiens Dichter
Längst erzählt, wie Salomo
Einst bezwang den Todesengel

Und am Leben blieb — Unsterblich
Lebt er jetzt in Dschinnistan,
Herrschend über die Dämonen,
Als ein unbeschränkter König.

„Auch die Kön'gin Balkaisa" —
Sprach Hut-Hut — „ist noch am Leben,
Kraft des Talismans, den weiland
Ihr der Herzgeliebte schenkte.

Residierend in den fernsten
Mondgebirgen Äthiopiens,
Blieb sie dennoch in Verbindung
Mit dem König Salomo.

Beide haben zwar gealtert
Und sich abgekühlt, doch schreiben
Sie sich oft, und ganz wie eh'mals
Schicken sie einander Rätsel."

★

Wie bei den Malern, so herrscht auch bei den Musikern eine ganz falsche Ansicht über die Behandlung christlicher Stoffe. Jene glauben, das wahrhaft Christliche müsse in subtilen magern Konturen und so abgehärmt und farblos als möglich dargestellt werden; die Zeichnungen von Overbeck sind in dieser Beziehung ihr Ideal. Um dieser Verblendung durch eine Tatsache zu widersprechen, mache ich nur auf die Heiligenbilder der spanischen Schule aufmerksam; hier ist das Volle der Konturen und der Farbe vorherrschend, und es wird doch niemand leugnen, daß diese spanischen Gemälde das ungeschwächteste Christentum atmen und ihre Schöpfer gewiß nicht minder glaubenstrunken waren als die berühmten Meister, die in Rom zum Katholizismus übergegangen sind, um mit unmittelbarer Inbrunst malen zu können. Nicht die äußere Dürre und Blässe ist ein Kennzeichen des wahrhaft Christlichen in der Kunst, sondern eine gewisse innere Überschwenglichkeit, die weder angetauft noch anstudiert werden kann in der Musik wie in der Malerei, und so finde ich auch das „Stabat" von Rossini wahrhaft christlicher als den „Paulus“, das Oratorium von Felix Mendelssohn-Bartholdy, das von den Gegnern Rossinis als ein Muster der Christentümlichkeit gerühmt wird.

Der Himmel bewahre mich, gegen einen so verdienstvollen Meister wie den Verfasser des „Paulus“ hierdurch einen Tadel aussprechen zu wollen, und am allerwenigsten wird es dem Schreiber dieser Blätter in den Sinn kommen, an der Christlichkeit des erwähnten Oratoriums zu mäkeln, weil Felix Mendelssohn-Bartholdy von Geburt ein Jude ist. Aber ich kann doch nicht unterlassen, darauf hinzudeuten, daß in dem Alter, wo Herr Mendelssohn in Berlin das Christentum anfing (er wurde nämlich erst in seinem dreizehnten Jahr getauft), Rossini es bereits verlassen und sich ganz in die Weltlichkeit der Opernmusik gestürzt hatte.

★

DAS NEUE ISRAELITISCHE HOSPITAL ZU HAMBURG

Ein Hospital für arme, kranke Juden,
Für Menschenkinder, welche dreifach elend,
Behaftet mit den bösen drei Gebresten,
Mit Armut, Körperschmerz und Judentume!

Das schlimmste von den dreien ist das letzte,
Das tausendjährige Familienübel,
Die aus dem Niltal mitgeschleppte Plage,
Der altägyptisch ungesunde Glauben.

Unheilbar tiefes Leid! Dagegen helfen
Nicht Dampfbad, Dusche, nicht die Apparate
Der Chirurgie, noch all die Arzeneien,
Die dieses Haus den siechen Gästen bietet.

Wird einst die Zeit, die ew'ge Göttin, tilgen
Das dunkle Weh, das sich vererbt vom Vater
Herunter auf den Sohn, — wird einst der Enkel
Genesen und vernünftig sein und glücklich?

Ich weiß es nicht! Doch mittlerweile wollen
Wir preisen jenes Herz, das klug und liebreich
Zu lindern suchte, was der Lindrung fähig,
Zeitlichen Balsam träufelnd in die Wunden.

Der teure Mann! Er baute hier ein Obdach
Für Leiden, welche heilbar durch die Künste
Des Arztes — oder auch des Todes! — sorgte
Für Polster, Labetrank, Wartung und Pflege —

Ein Mann der Tat, tat er, was eben tunlich:
Für gute Werke gab er hin den Taglohn
Am Abend seines Lebens, menschenfreundlich,
Durch Wohltun sich erholend von der Arbeit.

Er gab mit reicher Hand — doch reichre Spende
Entrollte manchmal seinem Aug', die Träne,
Die kostbar schöne Träne, die er weinte
Ob der unheilbar großen Brüderkrankheit.

★

AN BETTY HEINE

Paris, 21. Febr. 1843

Du fragst mich über den Atta Troll; er mag von einem Emanzipationsjuden ein bißchen Färbung bekommen haben, doch hatte ich nur die Satire auf die menschlichen Liberalismusideen überhaupt im Sinne, unter uns gesagt.

★

Beiläufig bemerke ich ebenfalls, daß genannter Baron Meklenburg, einer unserer eifrigsten Agioteure und Industriellen, keineswegs ein Israelite ist, wie man gewöhnlich glaubt, weil man ihn mit Abraham Meklenburg verwechselt oder weil man ihn immer unter den Starken Israels sieht, unter den Krethi und Plethi der Börse, wo sie sich um ihn versammeln; denn sie lieben ihn sehr. Die Leute sind keine religiösen Fanatiker, wie man sieht, und ihr Unmut gegen den armen Leo ist daher keinen intoleranten Ursachen beizumessen; sie grollen ihm nicht wegen seiner Abtrünnigkeit von der schönen jüdischen Religion, und sie zuckten nur mitleidig die Achsel über die schlechten Religions-Wechsel-Geschäfte des armen Leo, der in dem protestantischen Bethaus der Rue des billettes jetzt das Amt eines Marguillers versieht — das ist gewiß ein bedeutendes Ehrenamt, aber ein Mann wie August Leo wäre mit der Zeit auch in der Synagoge zu großen Würden emporgestiegen, man hätte vielleicht bei Beschneidungsfeierlichkeiten das Kind, dem die Vorhaut abgeschnitten wird, oder das Messerchen, womit solches geschieht, seinen Händen anvertraut, oder man hätte ihm auch bei Lesung der Thora mit den kostspieligsten Tageswürden überhäuft, ja, da er sehr musikalisch ist und gar für Kirchenmusik so viel Sinn besitzt, wäre ihm vielleicht am Neujahrsfeste der jüdischen Kirche das Blasen mit dem Schofar, dem heiligen Horne, zuteil worden. Nein, er ist nicht das Opfer eines religiösen oder moralischen Unwillens starrköpfiger Pharisäer, es sind nicht Fehler des Herzens, welche dem armen Leo zur Last gelegt werden, sondern Rechnungsfehler, und verlorene Millionen verzeiht selbst kein Christ.

★

Die steinernen Häuser schauten mich an,
Als wollten sie mir berichten
Legenden aus altverschollener Zeit,
Der heil'gen Stadt Köllen Geschichten.

Ja, hier hat einst die Klerisei
Ihr frommes Wesen getrieben,
Hier haben die Dunkelmänner geherrscht,
Die Ulrich von Hutten beschrieben.

Der Cancan des Mittelalters ward hier
Getanzt von Nonnen und Mönchen;
Hier schrieb Hochstraaten, der Menzel von Köln,
Die gift'gen Denunziatiönchen.

Die Flamme des Scheiterhaufens hat hier
Bücher und Menschen verschlungen;
Die Glocken wurden geläutet dabei
Und Kyrie Eleison gesungen.

Dummheit und Bosheit buhlten hier
Gleich Hunden auf freier Gasse;
Die Enkelbrut erkennt man noch heut'
An ihrem Judenhasse. —

★

Und als der Morgennebel zerrann,
Da sah ich am Wege ragen
Im Frührotschein das Bildnis des Manns,
Der an das Kreuz geschlagen.

Mit Wehmut erfüllt mich jedesmal
Dein Anblick, mein armer Vetter,
Der du die Welt erlösen gewollt,
Du Narr, du Menschheitsretter!

Sie haben dir übel mitgespielt,
Die Herren vom hohen Rate.
Wer hieß dich auch reden so rücksichtslos
Von der Kirche und vom Staate!

Zu deinem Malheur war die Buchdruckerei
Noch nicht in jenen Tagen
Erfunden; du hättest geschrieben ein Buch
Über die Himmelsfragen.

Der Zensor hätte gestrichen darin,
Was etwa anzüglich auf Erden,
Und liebend bewahrte dich die Zensur
Vor dem Gekreuzigtwerden.

Ach! hättest du nur einen andern Text
Zu deiner Bergpredigt genommen,
Besaßest ja Geist und Talent genug,
Und konntest schonen die Frommen!

Geldwechsler, Bankiers hast du sogar
Mit der Peitsche gejagt aus dem Tempel —
Unglücklicher Schwärmer, jetzt hängst du am Kreuz
Als warnendes Exempel!

★

Er frug nach Moses Mendelssohn,
Nach der Karschin, mit Intresse
Frug er nach der Gräfin Dubarry,
Des fünfzehnten Ludwigs Mätresse.

O Kaiser, rief ich, wie bist du zurück!
Der Moses ist längst gestorben,
Nebst seiner Rebekka, auch Abraham,
Der Sohn, ist gestorben, verdorben.

Der Abraham hat mit Lea erzeugt
Ein Bübchen, Felix heißt er,
Der brachte es weit im Christentum,
Ist schon Kapellenmeister.

★

Die Population des Hamburger Staats
Besteht seit Menschengedenken

Aus Juden und Christen; es pflegen auch
Die letztren nicht viel zu verschenken.

Die Christen sind alle ziemlich gut,
Auch essen sie gut zu Mittag,
Und ihre Wechsel bezahlen sie prompt,
Noch vor dem letzten Respittag.

Die Juden teilen sich wieder ein
In zwei verschiedne Parteien;
Die Alten gehn in die Synagog',
Und in den Tempel die Neuen.

Die Neuen essen Schweinefleisch,
Zeigen sich widersetzig,
Sind Demokraten; die Alten sind
Vielmehr aristokrätzig.

Ich liebe die Alten, ich liebe die Neu'n —
Doch schwör' ich beim ewigen Gotte,
Ich liebe gewisse Fischchen noch mehr,
Man heißt sie geräucherte Sprotte.

*

Doch jene erwiderte: „Schwöre mir
In Vater Abrahams Weise,
Wie er Eliesern schwören ließ,
Als dieser sich gab auf die Reise.

Heb auf das Gewand und lege die Hand
Hier unten an meine Hüften,
Und schwöre mir Verschwiegenheit
In Reden und in Schriften!"

Ein feierlicher Moment! Ich war
Wie angeweht vom Hauche
Der Vorzeit, als ich schwur den Eid,
Nach uraltem Erzväterbrauche.

Ich hob das Gewand der Göttin auf,
Und legte an ihre Hüften
Die Hand, gelobend Verschwiegenheit
In Reden und in Schriften.

*

LUDWIG MARCUS

Denkworte

Was ist der Grund, warum von den Deutschen, die nach Frankreich herübergekommen, so viele in Wahnsinn verfallen? Die meisten hat der Tod aus der Geistesnacht erlöst; andere sind in Irrenanstalten gleichsam lebendig begraben; viele auch, denen ein Funken von Bewußtsein geblieben, suchen ihren Zustand zu verbergen und gebärden sich halbweg vernünftig, um nicht eingesperrt zu werden. Dies sind die Pfiffigen; die Dummen können sich nicht lange verstellen. Die Anzahl derer, die mit mehr oder minder lichten Momenten an dem finstern Übel leiden, ist sehr groß, und man möchte fast behaupten, der Wahnsinn sei die Nationalkrankheit der Deutschen in Frankreich. Wahrscheinlich bringen wir den Keim des Gebrestens mit über den Rhein, und auf dem hitzigen Boden, dem glühenden Asphaltpflaster der hiesigen Gesellschaft, gedeiht rasch zur blühendsten Verrücktheit, was in Deutschland lebenslang nur eine närrische Krüppelpflanze geblieben wäre. Oder zeugt es schon von einem hohen Grade des Wahnwitzes, daß man das Vaterland verließ, um in der Fremde „die harten Treppen" auf und ab zu steigen und das noch härtere Brot des Exils mit seinen Tränen zu feuchten? Man muß jedoch beileibe nicht glauben, als seien es exzentrische Sturm- und Drangnaturen oder gar Freunde des Müßiggangs und der entfesselten Sinnlichkeit, die sich hier in die Abgründe des Irrsinns verlieren — nein, dieses Unglück betraf immer vorzugsweise die honorabelsten Gemüter, die fleißigsten und enthaltsamsten Geschöpfe.

Zu den beklagenswertesten Opfern, die jener Krankheit erlagen, gehört auch unser armer Landsmann Ludwig Marcus. Dieser deutsche Gelehrte, der sich durch Fülle des Wissens ebenso rühmlich auszeichnete wie durch hohe Sittlichkeit, verdient in dieser Beziehung, daß wir sein Andenken durch einige Worte ehren.

Seine Familienverhältnisse und das ganze Detail seiner Lebensumstände sind uns nie genau bekannt gewesen. Soviel ich weiß, ist er geboren zu Dessau im Jahre 1798 von unbemittelten Eltern, die dem gottesfürchtigen Kultus des Judentums anhingen. Er kam Anno 1820 nach Berlin, um Medizin zu studieren, verließ aber bald diese Wissenschaft. Dort zu Berlin sah ich ihn zuerst, und zwar im Kollegium von Hegel, wo er oft neben mir saß und die Worte des Meisters gehörig nachschrieb. Er war damals zweiundzwanzig Jahre alt, doch seine äußere Erscheinung war nichts weniger als jugendlich. Ein kleiner, schmächtiger Leib wie der eines Jungen von acht Jahren und im Antlitz eine Greisenhaftigkeit, die wir gewöhnlich mit einem verbogenen Rückgrat gepaart finden. Eine solche Mißförmlichkeit aber war nicht an ihm zu bemerken, und eben über diesen Mangel wunderte man sich. Diejenigen, welche den verstorbenen Moses Mendelssohn persönlich gekannt, bemerkten mit Erstaunen die Ähnlichkeit, welche die Gesichtszüge des Marcus mit denen jenes berühmten Weltweisen darboten, der sonderbarerweise ebenfalls aus Dessau gebürtig war. Hätten sich die Chronologie und die Tugend nicht allzu bestimmt für den ehrwürdigen Moses verbürgt, so könnten wir auf einen frivolen Gedanken geraten.

Aber dem Geiste nach war Marcus wirklich ein ganz naher Verwandter jenes großen Reformators der deutschen Juden, und in seiner Seele wohnte ebenfalls die größte Uneigennützigkeit, der duldende Stillmut, der bescheidene Rechtsinn, lächelnde Verachtung des Schlechten und eine unbeugsame, eiserne Liebe für die unterdrückten Glaubensgenossen. Das Schicksal derselben war wie bei jenem Moses auch bei Marcus der schmerzlich glühende Mittelpunkt aller seiner Gedanken, das Herz seines Lebens. Schon damals in Berlin war Marcus ein Polyhistor, er stöberte in allen Bereichen des Wissens, er verschlang ganze Bibliotheken, er verwühlte sich in allen Sprachschätzen des Altertums und der Neuzeit, und die Geographie, im generellsten wie im partikularsten Sinne, war am Ende sein Lieblingsstudium geworden: es gab auf diesem Erdball kein Faktum, keine Ruine, kein Idiom, keine Narrheit, keine Blume, die er nicht kannte — aber von allen seinen Geistesexkursionen kam er immer gleichsam nach Hause zurück zu der Leidensgeschichte Israels, zu der Schädelstätte Jerusalems und zu dem kleinen Väterdialekt Palästinas, um dessentwillen er vielleicht die semitischen Sprachen mit größerer Vorliebe als die andern betrieb. Dieser Zug war wohl der hervorstechend wichtigste im Charakter des Ludwig Marcus, und er gibt ihm seine Bedeutung und sein Verdienst; denn nicht bloß das Tun, nicht bloß die Tatsache der hinterlassenen Leistung gibt uns ein Recht auf ehrende Anerkennung nach dem Tode, sondern auch das Streben selbst und gar besonders das unglückliche Streben, das gescheiterte, fruchtlose, aber großmütige Wollen.

Andere werden vielleicht das erstaunliche Wissen, das der Verstorbene in seinem Gedächtnis aufgestapelt hatte, ganz besonders rühmen und preisen; für uns hat dasselbe keinen sonderlichen Wert. Wir konnten überhaupt diesem Wissen, ehrlich gestanden, niemals Geschmack abgewinnen. Alles, was Marcus wußte, wußte er nicht lebendig organisch, sondern als tote Geschichtlichkeit, die ganze Natur versteinerte sich ihm, und er kannte im Grunde nur Fossilien und Mumien. Dazu gesellte sich eine Ohnmacht der künstlerischen Gestaltung, und wenn er etwas schrieb, war es ein Mitleid anzusehen, wie er sich vergebens abmühte, für das Darzustellende die notdürftigste Form zu finden. Ungenießbar, unverdaulich, abstrus waren daher die Artikel und gar die Bücher, die er geschrieben.

Außer einigen linguistischen, astronomischen und botanischen Schriften hat Marcus eine Geschichte der Vandalen in Afrika und in Verbindung mit dem Professor Duisberg eine nordafrikanische Geographie herausgegeben. Er hinterläßt in Manuskript ein ungeheuer großes Werk über Abessinien, welches seine eigentliche Lebensarbeit zu sein scheint, da er sich schon zu Berlin mit Abessinien beschäftigt hatte. Nach diesem Lande zogen ihn wohl zunächst die Untersuchungen über die Falaschas, einen jüdischen Stamm, der lange in den abessinischen Gebirgen seine Unabhängigkeit bewahrt hat. Ja, obgleich sein Wissen sich über alle Weltgegenden verbreitete, so wußte Marcus doch am besten Bescheid hinter den Mondgebirgen Äthiopiens, an den verborgenen Quellen des Nils, und seine größte Freude war, den Bruce oder gar den Hasselquist auf Irrtümern zu ertappen. Ich machte ihn einst glücklich, als ich ihn bat, mir aus arabischen und talmudischen Schriften alles zu kompilieren, was auf die Königin von Saba Bezug hat. Dieser Arbeit, die sich vielleicht noch unter meinen Papieren befindet, verdanke ich es, daß ich noch zu heutiger Stunde weiß, weshalb die Könige von Abessinien sich rühmen, aus dem Stamme David entsprossen zu sein: sie leiten diese Abstammung von dem Besuch her, den ihre Ältermutter, die besagte Königin von Saba, dem weisen Salomon zu Jerusalem abgestattet. Wie ich aus besagter Kompilation ersah, ist diese Dame gewiß ebenso schön gewesen wie die Helena von Sparta. Jedenfalls hat sie ein ähnliches Schicksal nach dem Tode, da es verliebte Rabbinen gibt, die sie durch kabbalistische Zauberkunst aus dem Grabe zu beschwören wissen; nur sind sie manchmal übel dran mit der beschworenen Schönen, die den großen Fehler hat, daß sie, wo sie sich einmal hingesetzt, gar zu lange sitzen bleibt. Man kann sie nicht los werden.

Ich habe bereits angedeutet, daß irgendein Interesse der jüdischen Geschichte immer letzter Grund und Antrieb war bei den gelehrten Arbeiten des seligen Marcus: inwieweit dergleichen auch bei den abessinischen Studien der Fall war, und wie auch diese ihn ganz frühzeitig in Anspruch genommen, ergibt sich unabweisbar aus einem Artikel, den er schon damals zu Berlin in der „Zeitschrift für Kultur und Wissenschaft des Judentums“ abdrucken ließ. Er behandelte nämlich die Beschneidung bei den Abessinierinnen. Wie herzlich lachte der verstorbene Gans, als er mir in jenem Aufsatze die Stelle zeigte, wo der Verfasser den Wunsch aussprach, es möchte jemand diesen Gegenstand bearbeiten, der demselben besser gewachsen sei.

Die äußere Erscheinung des kleinen Mannes, die nicht selten zum Lachen reizte, verhinderte ihn jedoch keineswegs, zu den ehrenwertesten Mitgliedern jener Gesellschaft zu zählen, welche die oben erwähnte Zeitschrift herausgab, und eben unter dem Namen „Verein für Kultur und Wissenschaft des Judentums“ eine hochfliegend große, aber unausführbare Idee verfolgte. Geistbegabte und tiefherzige Männer versuchten hier die Rettung einer längst verlorenen Sache, und es gelang ihnen höchstens, auf den Walstätten der Vergangenheit die Gebeine der älteren Kämpfer aufzufinden. Die ganze Ausbeute jenes Vereins besteht in einigen historischen Arbeiten, in Geschichtsforschungen, worunter namentlich die Abhandlungen des Dr. Zunz über die spanischen Juden im Mittelalter zu den Merkwürdigkeiten der höhern Kritik gezählt werden müssen.

Wie dürfte ich von jenem Vereine reden, ohne dieses vortrefflichen Zunz zu erwähnen, der in einer schwankenden Übergangsperiode immer die unerschütterlichste Unwandelbarkeit offenbarte und trotz seinem Scharfsinn, seiner Skepsis, seiner Gelehrsamkeit dennoch treu blieb dem selbstgegebenen Worte, der großmütigen Grille seiner Seele. Mann der Rede und der Tat, hat er geschaffen und gewirkt, wo andere träumten und mutlos hinsanken.

Ich kann nicht umhin, auch hier meinen lieben Bendavid zu erwähnen, der mit Geist und Charakterstärke eine großartig urbane Bildung vereinigte und, obgleich schon hochbejahrt, an den jugendlichsten Irrgedanken des Vereins teilnahm. Er war ein Weiser nach antikem Zuschnitt, umflossen vom Sonnenlicht griechischer Heiterkeit, ein Standbild der wahrsten Tugend und pflichtgehärtet wie der Marmor des kategorischen Imperativs seines Meisters Immanuel Kant. Bendavid war zeit seines Lebens der eifrigste Anhänger der Kantischen Philosophie, für diese litt er in seiner Jugend die größten Verfolgungen, und dennoch wollte er sich nie trennen von der alten Gemeinde des mosaischen Bekenntnisses, er wollte nie die äußere Glaubenskokarde ändern. Schon der Schein einer solchen Verleugnung erfüllte ihn mit Widerwillen und Ekel. Lazarus Bendavid war, wie gesagt, ein eingefleischter Kantianer, und ich habe damit auch die Schranken seines Geistes angedeutet. Wenn wir von Hegelscher Philosophie sprachen, schüttelte er sein kahles Haupt und sagte, das sei Aberglaube. Er schrieb ziemlich gut, sprach aber viel besser. Für die Zeitschrift des Vereins lieferte er einen merkwürdigen Aufsatz über den Messiasglauben bei den Juden, worin er mit kritischem Scharfsinn zu beweisen suchte, daß der Glaube an einen Messias durchaus nicht zu den Fundamentalartikeln der jüdischen Religion gehöre und nur als zufälliges Beiwerk zu betrachten sei.

Das tätigste Mitglied des Vereins, die eigentliche Seele desselben, war M. Moser, der vor einigen Jahren starb, aber schon im jugendlichsten Alter nicht bloß die gründlichsten Kenntnisse besaß, sondern auch durchglüht war von dem großen Mitleid für die Menschheit, von der Sehnsucht, das Wissen zu verwirklichen in heilsamer Tat. Er war unermüdlich in philanthropischen Bestrebungen, er war sehr praktisch und hat in scheinloser Stille an allen Liebeswerken gearbeitet. Das große Publikum hat von seinem Tun und Schaffen nichts erfahren, er focht und blutete inkognito, sein Name ist ganz unbekannt geblieben und steht nicht eingezeichnet in dem Adreßkalender der Selbstaufopferung. Unsere Zeit ist nicht so ärmlich, wie man glaubt; sie hat erstaunlich vieler solcher anonymen Märtyrer hervorgebracht.

Der Nekrolog des verstorbenen Marcus leitete mich unwillkürlich zu dem Nekrolog des Vereins, zu dessen ehrenwertesten Mitgliedern er gehörte und als dessen Präsident der schon erwähnte, jetzt ebenfalls verstorbene Eduard Gans sich geltend machte. Dieser hochbegabte Mann kann am wenigsten in bezug auf bescheidene Selbstaufopferung, auf anonymes Märtyrertum gerühmt werden. Ja, wenn auch seine Seele sich rasch und weit erschloß für alle Heilsfragen der Menschheit, so ließ er doch selbst im Rausche der Begeisterung niemals die Personalinteressen außer acht. Eine witzige Dame, zu welcher Gans oft des Abends zum Tee kam, machte die richtige Bemerkung, daß er während der eifrigsten Diskussion und trotz seiner großen Zerstreutheit dennoch, nach dem Teller der Butterbröte hinlangend, immer diejenigen Butterbröte ergreife, welche nicht mit gewöhnlichem Käse, sondern mit frischem Lachs bedeckt waren.

Die Verdienste des verstorbenen Gans um deutsche Wissenschaft sind allgemein bekannt. Er war einer der rührigsten Apostel der Hegelschen Philosophie, und in der Rechtsgelahrtheit kämpfte er zermalmend gegen jene Lakaien des altrömischen Rechts, welche, ohne Ahnung von dem Geiste, der in der alten Gesetzgebung einst lebte, nur damit beschäftigt sind, die hinterlassene Garderobe derselben auszustäuben, von Motten zu säubern oder gar zu modernem Gebrauche zurechtzuflicken. Gans fuchtelte solchen Servilismus selbst in seiner elegantesten Livree. Wie wimmert unter seinen Fußtritten die arme Seele des Herrn von Savigny! Mehr noch durch Wort als durch Schrift förderte Gans die Entwicklung des deutschen Freiheitssinnes, er entfesselte die gebundensten Gedanken und riß der Lüge die Larve ab. Er war ein beweglicher Feuergeist, dessen Witzfunken vortrefflich zündeten oder wenigstens herrlich leuchteten. Aber den trübsinnigen Ausspruch des Dichters (im zweiten Teile des „Faust"):

„Alt ist das Wort, doch bleibet hoch und wahr der Sinn,
Daß Scham und Schönheit nie zusammen, Hand in Hand,
Den Weg verfolgen über der Erde grünen Pfad.
Tief eingewurzelt wohnt in beiden alter Haß,
Daß, wo sie immer auch des Weges sich
Begegnen, jede der Gegnerin den Rücken kehrt." —

dieses fatale Wort müssen wir auch auf das Verhältnis der Genialität zur Tugend anwenden, diese beiden leben ebenfalls in beständigem Hader und kehren sich manchmal verdrießlich den Rücken. Mit Bekümmernis muß ich hier erwähnen, daß Gans in bezug auf den erwähnten Verein für Kultur und Wissenschaft des Judentums nichts weniger als tugendhaft handelte und sich die unverzeihlichste Felonie zuschulden kommen ließ. Sein Abfall war um so widerwärtiger, da er die Rolle eines Agitators gespielt und bestimmte Präsidialpflichten übernommen hatte. Es ist hergebrachte Pflicht, daß der Kapitän immer der letzte sei, der das Schiff verläßt, wenn dasselbe scheitert — Gans aber rettete sich selbst zuerst. Wahrlich, in moralischer Beziehung hat der kleine Marcus den großen Gans überragt, und er könnte hier ebenfalls beklagen, daß Gans seiner Aufgabe nicht besser gewachsen war.

Wir haben die Teilnahme des Marcus an dem Verein für Kultur und Wissenschaft des Judentums als einen Umstand bezeichnet, der uns wichtiger und denkwürdiger erschien als all sein stupendes Wissen und seine sämtlichen gelehrten Arbeiten. Ihm selber mag ebenfalls die Zeit, wo er den Bestrebungen und Illusionen jenes Vereins sich hingab, als die sonnigste Blütenstunde seines kümmerlichen Lebens erschienen sein. Deshalb mußte hier jenes Vereins ganz besonders Erwähnung geschehen, und eine nähere Erörterung seines Gedankens wäre wohl nicht überflüssig. Aber der Raum und die Zeit und ihre Hüter gestatten in diesen Blättern keine solche ausgeführte Darstellung, da letztere nicht bloß die religiösen und bürgerlichen Verhältnisse der Juden, sondern auch die aller deistischen Sekten auf diesem Erdball umfassen müßte. Nur soviel will ich hier aussprechen, daß der esoterische Zweck jenes Vereins nichts anderes war als eine Vermittlung des historischen Judentums mit der modernen Wissenschaft, von welcher man annahm, daß sie im Laufe der Zeit zur Weltherrschaft gelangen würde. Unter ähnlichen Umständen, zur Zeit des Philo, als die griechische Philosophie allen alten Dogmen den Krieg erklärte, ward in Alexandrien ähnliches versucht mit mehr oder minderem Mißgeschick. Von schismatischer Aufklärerei war hier nicht die Rede und noch weniger von jener Emanzipation, die in unseren Tagen manchmal so ekelhaft geistlos durchgeträtscht wird, daß man das Interesse dafür verlieren könnte. Namentlich haben es die israelitischen Freunde dieser Frage verstanden, sie in eine wässerig graue Wolke von Langweiligkeit zu hüllen, die ihr schädlicher ist als das blödsinnige Gift der Gegner. Da gibt es gemütliche Pharisäer, die noch besonders damit prahlen, daß sie kein Talent zum Schreiben besitzen und dem Apollo zum Trotz für Jehova die Feder ergriffen haben. Mögen die deutschen Regierungen doch recht bald ein ästhetisches Erbarmen mit dem Publikum haben und jenen Salbadereien ein Ende machen durch Beschleunigung der Emanzipation, die doch früh oder spät bewilligt werden muß.

Ja, die Emanzipation wird früh oder spät bewilligt werden müssen, aus Gerechtigkeitsgefühl, aus Klugheit, aus Notwendigkeit. Die Antipathie gegen die Juden hat bei den oberen Klassen keine religiöse Wurzel mehr, und bei den unteren Klassen transformiert sie sich täglich mehr und mehr in den sozialen Groll gegen die überwuchernde Macht des Kapitals, gegen die Ausbeutung der Armen durch die Reichen. Der Judenhaß hat jetzt einen andern Namen, sogar beim Pöbel. Was aber die Regierungen betrifft, so sind sie endlich zur hochweisen Ansicht gelangt, daß der Staat ein organischer Körper ist, und daß derselbe nicht zu einer vollkommenen Gesundheit gelangen kann, solange ein einziges seiner Glieder, und sei es auch nur der kleine Zeh, an einem Gebreste leidet. Ja, der Staat mag noch so keck sein Haupt tragen und mit breiter Brust allen Stürmen trotzen, das Herz in der Brust und sogar das stolze Haupt wird dennoch den Schmerz mitempfinden müssen, wenn der kleine Zeh an den Hühneraugen leidet — die Judenbeschränkungen sind solche Hühneraugen an den deutschen Staatsfüßen.

Und bedächten gar die Regierungen, wie entsetzlich der Grundpfeiler aller positiven Religionen, die Idee des Deismus selbst, von neuen Doktrinen bedroht ist, wie die Fehde zwischen dem Wissen und dem Glauben überhaupt nicht mehr ein zahmes Scharmützel, sondern bald eine wilde Todesschlacht sein wird — bedächten die Regierungen diese verhüllten Nöte, sie müßten froh sein, daß es noch Juden auf der Welt gibt, daß die Schweizergarde des Deismus, wie der Dichter sie genannt hat, noch auf den Beinen steht, daß es noch ein Volk Gottes gibt. Statt sie von ihrem Glauben durch gesetzliche Beschränkungen abtrünnig zu machen, sollte man sie noch durch Prämien darin zu stärken suchen, man sollte ihnen auf Staatskosten ihre Synagogen bauen, damit sie nur hineingehen und das Volk draußen sich einbilden mag, es werde in der Welt noch etwas geglaubt. Hütet euch, die Taufe unter den Juden zu befördern. Das ist eitel Wasser und trocknet leicht. Befördert vielmehr die Beschneidung, das ist der Glauben eingeschnitten ins Fleisch; in den Geist läßt er sich nicht mehr einschneiden. Befördert die Zeremonie der Denkriemen, womit der Glaube festgebunden wird auf den Arm; der Staat sollte den Juden gratis das Leder dazu liefern sowie auch das Mehl zu Matzekuchen, woran das gläubige Israel schon drei Jahrtausende knuspert. Fördert, beschleunigt die Emanzipation, damit sie nicht zu spät komme und überhaupt noch Juden in der Welt antrifft, die den Glauben ihrer Väter dem Heil ihrer Kinder vorziehen. Es gibt ein Sprichwort: „Während der Weise sich besinnt, besinnt sich auch der Narr.“

Die vorstehenden Betrachtungen knüpfen sich natürlich an die Person, die ich hier zu besprechen hatte, und die, wie ich schon bemerkt, weniger durch individuelle Bedeutung, als vielmehr durch historische und moralische Bezüge unser Interesse in Anspruch nimmt. Ich kann auch aus eigener Anschauung nur Geringfügiges berichten über das äußere Leben unseres Marcus, den ich zu Berlin bald aus den Augen verlor. Wie ich hörte, war er nach Frankreich gewandert, da er trotz seines außerordentlichen Wissens und seiner hohen Sittlichkeit dennoch in den Überbleibseln mittelalterlicher Gesetze ein Hindernis der Beförderung im Vaterlande fand. Seine Eltern waren gestorben, und aus Großmut hatte er zum besten seiner hilfsbedürftigeren Geschwister auf die Verlassenschaft verzichtet. Etwa fünfzehn Jahre vergingen, und ich hatte lange nichts mehr gehört, weder von Ludwig Marcus noch von der Königin von Saba, weder von Hasselquist noch von den beschnittenen Abessinierinnen, da trat mir eines Tages der kleine Mann hier zu Paris wieder entgegen, und er erzählte mir, daß er unterdessen Professor in Dijon gewesen, jetzt aber einer ministeriellen Unbill wegen die Professur aufgegeben habe und hier bleiben wolle, um die Hilfsquellen der Bibliothek für sein großes Werk zu benutzen. Wie ich von andern hörte, war ein bißchen Eigensinn im Spiel, und das Ministerium hatte ihm sogar vorgeschlagen, wie in Frankreich gebräuchlich, seine Stelle durch einen wohlfeiler besoldeten Suppleanten zu besetzen und ihm selber den größten Teil seines Gehalts zu überlassen. Dagegen sträubte sich die große Seele des Kleinen, er wollte nicht fremde Arbeit ausbeuten, und er ließ seinem Nachfolger die ganze Besoldung. Seine Uneigennützigkeit ist hier um so merkwürdiger, da er damals blutarm in rührender Dürftigkeit sein Leben fristete. Es ging ihm sogar sehr schlecht, und ohne die Engelhilfe einer schönen Frau wäre er gewiß im darbenden Elende verkommen. Ja, es war eine sehr schöne und große Dame von Paris, eine der glänzendsten Erscheinungen des hiesigen Weltlebens, die, als sie von dem wunderlichen Kauz hörte, in die Dunkelheit seines kümmerlichen Lebens hinabstieg und mit anmutiger Zartsinnigkeit ihn dahin zu bringen wußte, einen bedeutenden Jahrgehalt von ihr anzunehmen. Ich glaube, seinen Stolz zähmte hier ganz besonders die Aussicht, daß seine Gönnerin, die Gattin des reichsten Bankiers dieses Erdballs, späterhin sein großes Werk auf ihre Kosten drucken lassen werde. Einer Dame, dachte er, die wegen ihres Geistes und ihrer Bildung so viel gerühmt wird, müsse doch sehr viel daran gelegen sein, daß endlich eine gründliche Geschichte von Abessinien geschrieben werde, und er fand es ganz natürlich, daß sie dem Autor durch einen Jahrgehalt seine große Mühe und Arbeit zu vergüten suchte.

Die Zeit, während welcher ich den guten Marcus nicht gesehen, etwa fünfzehn Jahre, hatte auf sein Äußeres nicht verschönernd gewirkt. Seine Erscheinung, die früher ans Possierliche streifte, war jetzt eine entschiedene Karikatur geworden, aber eine angenehme, liebliche, ich möchte fast sagen erquickende Karikatur. Ein spaßhaft wehmütiges Ansehen gab ihm sein von Leiden durchfurchtes Greisengesicht, worin die kleinen pechschwarzen Äuglein vergnüglich lebhaft glänzten, und gar sein abenteuerlicher fabelhafter Haarwuchs! Die Haare nämlich, welche früher pechschwarz und anliegend gewesen, waren jetzt ergraut und umgaben in krauser aufgesträubter Fülle das schon außerdem unverhältnismäßig große Haupt. Er glich so ziemlich jenen breitköpfigen Figuren mit dünnem Leibchen und kurzen Beinchen, die wir auf den Glasscheiben eines chinesischen Schattenspiels sehen. Besonders wenn mir die zwerghafte Gestalt in Gesellschaft seines Kollaborators, des ungeheuer großen und stattlichen Professors Duisberg, auf den Boulevards begegnete, jauchzte mir der Humor in der Brust. Einem meiner Bekannten, der mich frug, wer der Kleine wäre, sagte ich, es sei der König von Abessinien, und dieser Name ist ihm bis an sein Ende geblieben. Hast du mir deshalb gezürnt, teurer, guter Marcus? Für deine schöne Seele hätte der Schöpfer wirklich eine bessere Enveloppe erschaffen können. Der liebe Gott ist aber zu sehr beschäftigt; manchmal, wenn er eben im Begriff ist, der edlen Perle eine prächtig ziselierte Goldfassung zu verleihen, wird er plötzlich gestört, und er wickelt das Juwel geschwind in das erste beste Stück Fließpapier oder Läppchen — anders kann ich mir die Sache nicht erklären.

Ungefähr fünf Jahre lebte Marcus im weisesten Seelenfrieden zu Paris; es ging ihm gut, ja sogar einer seiner Lieblingswünsche war in Erfüllung gegangen: er besaß eine kleine Wohnung mit eigenen Möbeln, und zwar in der Nähe der Bibliothek! Ein Verwandter, ein Schwestersohn, besucht ihn hier eines Abends und kann sich nicht genug darüber wundern, daß der Oheim sich plötzlich auf die Erde setzt und mit wilder, trotziger Stimme die scheußlichsten Gassenlieder zu singen beginnt. Er, der nie gesungen und in Wort und Ton immer die Keuschheit selber war! Aber die Sache ward noch grauenhaft befremdlicher, als der Oheim zornig emporsprang, das Fenster aufstieß und erst seine Uhr zur Straße hinabschmiß, dann seine Manuskripte, Tintenfaß, Federn, seine Geldbörse. Als der Neffe sah, daß der Oheim das Geld zum Fenster hinauswarf, konnte er nicht länger an seinem Wahnsinn zweifeln. Der Unglückliche ward in die Heilanstalt des Dr. Pinnel zu Chaillot gebracht, wo er nach vierzehn Tagen unter schauderhaften Leiden den Geist aufgab. Er starb am 15. Julius und ward am 17. auf dem Kirchhof Montmartre begraben. Ich habe leider seinen Tod zu spät erfahren, als daß ich ihm die letzte Ehre erweisen konnte. Indem ich heute diese Blätter seinem Andenken widme, wollte ich das Versäumte nachholen und gleichsam im Geiste an seinem Leichenbegängnis teilnehmen.

Jetzt aber öffnet mir noch einmal den Sarg, damit ich nach altem Brauch den Toten um Verzeihung bitte für den Fall, daß ich ihn etwa im Leben beleidigt. — Wie ruhig der kleine Marcus jetzt aussieht! Er scheint darüber zu lächeln, daß ich seine gelehrten Arbeiten nicht besser gewürdigt habe. Daran mag ihm wenig gelegen sein, denn hier bin ich ja doch kein so kompetenter Richter wie etwa sein Freund S. Munk, der Orientalist, der mit einer umfassenden Biographie des Verstorbenen und mit der Herausgabe seiner hinterlassenen Werke beschäftigt sein soll.

★

Der Ritter Spontini stand wie eine Bildsäule mit verschlungenen Armen fast eine Stunde lang vor einer großen Mumie, deren prächtige Goldlarve einen König ankündigt, der kein geringerer sein soll als jener Amenophes, unter dessen Regierung die Kinder Israel das Land Ägypten verlassen haben. Aber Spontini brach am Ende sein Schweigen und sprach folgendermaßen zu seiner erlauchten Mitmumie: „Unseliger Pharao! du bist an meinem Unglück schuld. Ließest du die Kinder Israel nicht aus dem Lande Ägypten fortziehen, oder hättest du sie sämtlich im Nil ersäufen lassen, so wäre ich nicht durch Meyerbeer und Mendelssohn aus Berlin verdrängt worden, und ich dirigierte dort noch immer die Große Oper und die Hofkonzerte. Unseliger Pharao, schwacher Krokodilenkönig, durch deine halben Maßregeln geschah es, daß ich jetzt ein zugrunde gerichteter Mann bin und — Moses und Halévy und Mendelssohn und Meyerbeer haben gesiegt!"

★

AN GIACOMO MEYERBEER

Paris, 10. Juni 1844

Gaddy ist zwar kein Jude, hat aber dennoch eine große Scheu vor der Presse, er fürchtet nämlich körperliches Rischeß, er ist nämlich bucklicht.

★

AN FERDINAND LASSALLE

Paris, 11. Febr. 1846

In Bezug Felix Mendelssohns füge ich mich gern Ihrem Wunsche, und es soll keine böse Silbe mehr gegen ihn gedruckt werden. — Ich habe Malice auf ihn wegen seines Christelns, ich kann diesem durch Vermögensumstände unabhängigen Menschen nicht verzeihen, den Pietisten mit seinem großen, ungeheuren Talente zu dienen. — Je mehr ich von der Bedeutung des letzteren durchdrungen, desto erboster werd' ich ob des schnöden Mißbrauchs. Wenn ich das Glück hätte, ein Enkel von Moses Mendelssohn zu sein, so würde ich wahrlich mein Talent nicht dazu hergeben, die Pisse des Lämmleins in Musik zu setzen.

★

Daß Hr. Achilles Fould zu Tarbes gewählt worden und in der nächsten Deputiertenkammer wieder die hohen Pyrenäen repräsentieren wird, haben die Zeitungen zur Genüge berichtet... Seine Erhebung zur Deputation macht mir ein wahrhaftes Vergnügen, aus dem ganz einfachen Grunde, weil dadurch das Prinzip der bürgerlichen Gleichstellung der Israeliten in seiner letzten Konsequenz sanktioniert wird. Es ist freilich, sowohl durch das Gesetz wie durch die öffentliche Meinung, hier in Frankreich längst der Grundsatz anerkannt worden, daß den Juden, die sich durch Talent oder Hochsinn auszeichnen, alle Staatsämter ohne Ausnahme zugänglich sein müssen. Wie tolerant dieses auch klingt, so finde ich hier doch noch den säuerlichen Beigeschmack des verjährten Vorurteils. Ja, solange die Juden nicht auch ohne Talent und ohne Hochsinn zu jenen Ämtern zugelassen werden, so gut wie Tausende von Christen, die weder denken noch fühlen, sondern nur rechnen können, solange ist noch immer das Vorurteil nicht radikal entwurzelt, und es herrscht noch immer der alte Druck! Die mittelalterliche Intoleranz schwindet aber bis auf die letzte Schattenspur, sobald die Juden auch ohne sonstiges Verdienst bloß durch ihr Geld zur Deputation, dem höchsten Ehrenamte Frankreichs, gelangen können ebensogut wie ihre christlichen Brüder, und in dieser Beziehung ist die Ernennung des Hrn. Achilles Fould ein definitiver Sieg des Prinzips der bürgerlichen Gleichheit.

Noch zwei andere Bekenner des mosaischen Glaubens, deren Namen einen ebenso guten Geldklang hat, sind diesen Sommer zu Deputierten gewählt worden. Inwieweit fördern auch diese das demokratische Gleichheitsprinzip? Es sind ebenfalls zwei millionenbesitzende Bankiers, und in meinen historischen Untersuchungen über den Nationalreichtum der Juden von Abraham bis heute werde ich auch Gelegenheit finden von Herrn Benoit Fould und Herrn von Eichthal zu reden. Honni soit qui mal y pense. Ich bemerke im voraus, um Mißdeutungen zu entgehen, daß das Ergebnis meiner Forschungen über den Nationalreichtum der Juden für diese sehr rühmlich ist und ihnen zur größten Ehre gereicht. Israel verdankt nämlich seinen Reichtum einzig und allein jenem erhabenen Gottesglauben, dem es seit Jahrtausenden ergeben blieb. Die Juden verehrten ein höchstes Wesen, das unsichtbar im Himmel waltet, während die Heiden, unfähig einer Erhebung zum Reingeistigen, sich allerlei goldene und silberne Götter machten, die sie auf Erden anbeteten. Hätten diese blinden Heiden all das Gold und Silber, das sie zu solchem schnöden Götzendienst vergeudeten, in bares Geld umgewandelt und auf Interessen gelegt, so wären sie ebenfalls so reich geworden wie die Juden, die ihr Gold und Silber vorteilhafter zu plazieren wußten, vielleicht in assyrisch-babylonischen Staatsanleihen, in Nebukadnezarschen Obligationen, in ägyptischen Kanalaktien, in fünfprozentigen Sidoniern und anderen klassischen Papieren, die der Herr gesegnet hat, wie er auch die modernen zu segnen pflegt.

★

KALTE HERZEN

Als ich dich zum ersten Male
In der Welt von Pappe sah,
Spieltest du in Gold und Seide
Shylocks Tochter: Jessika.

Klar und kalt war deine Stimme,
Kalt und klar war deine Stirne
Und du glichst, o Donna Clara,
Einer schönen Gletscherfirne.

Und der Jud' verlor die Tochter,
Und der Christ nahm dich zum Weibe;
Armer Shylock, ärmrer Lorenz!
Und mir fror das Herz im Leibe.

Als ich dich zum andren Male
In vertrauter Nähe sah,
War ich dir der Don Lorenzo
Und du warst mir Jessika.

Und du schienst berauscht von Liebe,
Und ich war berauscht von Weine,
Küßte trunken deine Augen,
Diese kalten Edelsteine.

Plötzlich ward mir ehstandslüstern;
Hatte ich den Kopf verloren?
Oder war in deiner Nähe
Der Verstand mir nur erfroren?

Nach Sibirien, nach Sibirien!
Führte mich die Hochzeitsreise,
Einer Steppe glich das Ehbett,
Kalt und starr und grau von Eise.

In der Steppe lag ich einsam
Und mir froren alle Glieder,
Leise wimmern hört ich meine
Halberstarrten Liebeslieder.

Und ich darf ein schneeig Kissen
An das heiße Herz mir drücken.
Amor klappern alle Zähne,
Jessika kehrt mir den Rücken. —

★

ERLAUSCHTES

„O kluger Jekef, wieviel hat dir
Der lange Christ gekostet,
Der Gatte deines Töchterleins?
Sie war schon ein bißchen verrostet.

Du zahltest sechzigtausend Mark?
Du zahltest vielleicht auch siebzig?
Ist nicht zuviel für Christenfleisch —
Dein Töchterlein war so schnippsig.

Ich bin ein Schlemihl! Wohl doppelt soviel
Hat man mir abgenommen,
Und hab' für all mein schönes Geld
Nur Schund, nur Schofel bekommen."

Der kluge Jekef lächelt so klug,
Und spricht wie Nathan der Weise:
„Du gibst zu viel und zu rasch, mein Freund,
Und du verdirbst uns die Preise.

Du hast nur dein Geschäft im Kopf,
Denkst nur an Eisenbahne;
Doch ich bin ein Müßiggänger, ich geh'
Spazieren und brüte Plane.

Wir überschätzen die Christen zu sehr,
Ihr Wert hat abgenommen;
Ich glaube, für hunderttausend Mark
Kannst du einen Papst bekommen.

Ich hab für mein zweites Töchterlein
Jetzt einen Bräut'gam in petto,
Der ist Senator und mißt sechs Fuß,
Hat keine Kusinen im Ghetto.

Nur vierzigtausend Mark Kurant
Geb' ich für diesen Christen;
Die Hälfte der Summe zahl' ich komptant,
Den Rest verzinst in Fristen.

Mein Sohn wird Bürgermeister einst,
Trotz seinem hohen Rücken;
Ich setz' es durch — der Wandrahm soll
Sich vor meinem Samen bücken.

Mein Schwager, der große Spitzbub', hat
Mir gestern zugeschworen:
Du kluger Jekef, es geht an dir
Ein Talleyrand verloren."

Das waren die Worte, die mir einst,
Als ich spazierengegangen
Zu Hamburg auf dem Jungfernstieg,
Ans Ohr vorüber klangen.

★

Wem geb' ich meine Religion,
Den Glauben an Vater, Geist und Sohn?
Der Kaiser von China, der Rabbi von Posen,
Sie sollen beide darum losen.

★

AN MAXIMILIAN HEINE

Paris, 3. Dez. 1848

In meinen schlaflosen Marternächten verfasse ich sehr schöne Gebete, die ich aber doch nicht niederschreiben lasse [und die alle an einen sehr bestimmten Gott, den Gott unserer Väter, gerichtet sind].

★

AUS DER MATRATZENGRUFT
1849–1856

Ich bin kein göttlicher Bipede mehr; ich bin nicht mehr der „freieste Deutsche nach Goethe", wie mich Ruge in gesündern Tagen genannt hat; ich bin nicht mehr der große Heide Nr. II, den man mit dem weinlaubumkränzten Dionysus verglich, während man meinem Kollegen Nr. I den Titel eines großherzoglich weimarschen Jupiters erteilte; ich bin kein lebensfreudiger, etwas wohlbeleibter Hellene mehr, der auf trübsinnige Nazarener herablächelte — ich bin jetzt nur ein armer todkranker Jude, ein abgezehrtes Bild des Jammers, ein unglücklicher Mensch!

★

AN MAXIMILIAN HEINE

Paris, 3. Mai 1849

Denn daß es einen Himmel gibt, liebster Max, das ist jetzt ganz gewiß, seit ich diesen so sehr nötig habe bei meinen Erdenschmerzen. — Leb wohl, mein teurer Bruder, der Gott unserer Väter erhalte Dich. Unsere Väter waren wackere Leute: sie demütigten sich vor Gott und waren deshalb so störrisch und trotzig den Menschen, den irdischen Mächten gegenüber; ich dagegen, ich bot dem Himmel frech die Stirne und war demütig und kriechend vor den Menschen — und deswegen liege ich jetzt am Boden wie ein zertretener Wurm. Ruhm und Ehre dem Gott in der Höhe!

★

AN BETTY HEINE

Paris, 19. Aug. 1849

Du liebe Mutter warst immer eine brave gottesfürchtige Frau, von wahrhaftiger Frömmigkeit, und auch um Deinetwillen wird der liebe Gott uns immer beistehen.

★

AN MAXIMILIAN HEINE

Paris, 9. Jan. 1850

Meine religiöse Stimmung ist noch immer dieselbe, und ich befinde mich recht gut dabei. Man hat mir soviel Böses getan, daß ich jetzt nimmermehr imstande bin, zu vergelten, und so habe ich dem lieben Gott die ganze Liquidation meines Lebens übergeben. Daß Dr. Halle verrückt ist und wie ein Hahn kräht, wirst Du wissen. Wie witzig ist Gott!

★

AN HEINRICH LAUBE

Paris, 25. Jan. 1850

Was man von meiner jetzigen Gläubigkeit und Frömmelei herumerzählt, ist mit vielem Unsinn und noch mehr Böswilligkeit vermischt. Es hat sich in meiner religiösen Gefühlsweise gar keine so große Veränderung zugetragen, und das einzige innere Ereignis, wovon ich Dir mit Bestimmtheit und mit Selbstbewußtsein etwas melden kann, besteht darin, daß auch in meinen religiösen Ansichten und Gedanken eine Februar-Revolution eingetreten ist, wo ich an der Stelle eines früheren Prinzips, das mich doch früherhin ziemlich indifferent ließ, ein neues Prinzip aufstellte, dem ich ebenfalls nicht allzu fanatisch anhänge und wodurch mein Gemütszustand nicht plötzlich umgewandelt werden konnte; ich habe nämlich, um Dir die Sache mit einem Worte zu verdeutlichen, den Hegelschen Gott oder vielmehr die Hegelsche Gottlosigkeit aufgegeben und an dessen Stelle das Dogma von einem wirklichen, persönlichen Gotte, der außerhalb der Natur und des Menschengemütes ist, wieder hervorgezogen. Dieses Dogma, das sich ebensogut durchführen läßt wie unsere Hegelsche Synthese, haben am tiefsinnigsten, laut den Zeugnissen der neoplatonischen Fragmente, schon die alten Magier dargestellt, und später in den mosaischen Urkunden tritt es mit einer Wahrheitsbegeisterung und einer Beredtsamkeit hervor, welche wahrlich nicht bei unseren neuen Dialektikern zu finden ist. Hegel ist bei mir sehr heruntergekommen, und der alte Moses steht in floribus. — Hätte ich aber doch neben dem Moses auch seine Propheten!

★

AN HEINRICH LAUBE

7. Febr. 1850

Kennst Du jenes schauerliche, peinigende Gefühl, welches ich *die Verzweiflung des Leibes* nennen möchte? Daran laboriere ich eben heute. Gottlob, daß ich jetzt wieder einen Gott habe, da kann ich mir doch im Übermaß des Schmerzes einige fluchende Gotteslästerungen erlauben; dem Atheisten ist solche Labung nicht vergönnt.

★

AN HEYMANN LASSALLE

Paris, 30. April 1850

Von Ihrem Sohne habe ich keine Nachricht und bin sehr begierig, etwas von ihm zu erfahren. Ich möchte sein Gesicht sehen, wenn ihm zu Ohren kommt, daß ich alle atheistische Philosophie satt, wieder zu dem demütigen Gottesglauben des gemeinen Mannes zurückgekehrt bin. Es ist in der Tat wahr, was das Gerücht, obgleich mit Übertreibung, von mir verbreitet hat.

★

Sie küßten mich mit ihren falschen Lippen,
Sie haben mir kredenzt den Saft der Reben,
Sie haben mich dabei mit Gift vergeben —
Das taten mir die Magen und die Sippen.

Es schmilzt das Fleisch von meinen armen Rippen,
Ich kann mich nicht vom Siechbett mehr erheben,
Arglistig stahlen sie mein junges Leben —
Das taten mir die Magen und die Sippen.

Ich bin ein Christ — wie es im Kirchenbuche
Bescheinigt steht — deshalb, bevor ich sterbe,
Will ich euch fromm und brüderlich verzeihen.

Es wird mir sauer — ach! mit einem Fluche
Möcht' ich weit lieber euch vermaledeien:
Daß euch der Herr verdamme und verderbe!

★

GEDÄCHTNISFEIER

Keine Messe wird man singen,
Keinen Kadosch wird man sagen,
Nichts gesagt und nichts gesungen
Wird an meinen Sterbetagen.

Doch vielleicht an solchem Tage,
Wenn das Wetter schön und milde,
Geht spazieren auf Montmartre
Mit Paulinen Frau Mathilde.

Mit dem Kranz von Immortellen
Kommt sie mir das Grab zu schmücken,
Und sie seufzet: Pauvre homme!
Feuchte Wehmut in den Blicken.

Leider wohn' ich viel zu hoch,
Und ich habe meiner Süßen
Keinen Stuhl hier anzubieten;
Ach! sie schwankt mit müden Füßen.

Süßes, dickes Kind, du darfst
Nicht zu Fuß nach Hause gehen;
An dem Barriere-Gitter
Siehst du die Fiaker stehen.

*

„Nicht gedacht soll seiner werden!"
Aus dem Mund der armen alten
Esther Wolf hört' ich die Worte,
Die ich treu im Sinn behalten.

Ausgelöscht sein aus der Menschen
Angedenken hier auf Erden,
Ist die Blume der Verwünschung —
Nicht gedacht soll seiner werden!

Herz, mein Herz, ström aus die Fluten
Deiner Klagen und Beschwerden,
Doch von ihm sei nie die Rede —
Nicht gedacht soll seiner werden!

Nicht gedacht soll seiner werden,
Nicht im Liede, nicht im Buche —
Dunkler Hund, im dunkeln Grabe,
Du verfaulst mit meinem Fluche!

Selbst am Auferstehungstage,
Wenn, geweckt von den Fanfaren
Der Posaunen, schlotternd wallen
Zum Gericht die Totenscharen,

Und alldort der Engel abliest
Vor den göttlichen Behörden
Alle Namen der Geladnen —
Nicht gedacht soll seiner werden!

★

AN HEYMANN LASSALLE

Anfangs Mai 1850

Mockieren Sie sich nicht über meine religiöse Erleuchtung; wenn man soviel klaren Verstand hat wie Sie, so kann man freilich die Religion entbehren.

★

AN JULIUS CAMPE

Paris, 1. Juni 1850

Ich bin kein Frömmler geworden, aber ich will darum doch nicht mit dem lieben Gott spielen, wie gegen die Menschen, will ich auch gegen Gott ehrlich verfahren, und alles, was aus der frühern blasphematorischen Periode noch vorhanden war, die schönsten Giftblumen hab' ich mit entschlossener Hand ausgerissen und bei meiner physischen Blindheit vielleicht zugleich manches unschuldige Nachbargewächs in den Kamin geworfen. Wenn das in den Flammen knisterte, ward mir, ich gestehe es, gar wunderlich zumute; ich wußte nicht recht mehr, ob ich ein Heros oder ein Wahnsinniger sei, und neben mir hörte ich die ironisch tröstende Stimme eines Mephistopheles, welche mir zuflüsterte: der liebe Gott wird dir alles weit besser honorieren als Campe, und du brauchst jetzt nicht mit dem Druck dich abzuquälen oder noch gar vor dem Drucke mit Campe zu handeln wie um ein Paar alte Hosen. Ach liebster Campe, ich wünsche manchmal, Sie glaubten an Gott, und wär es auch nur auf einen Tag; es würde Ihnen dann aufs Gewissen fallen, mit welchem Undank Sie mich behandeln zu einer Zeit, wo ein so grauenhaftes und unerhörtes Unglück auf mir lastet. ——— Erschrecken Sie nicht über das Wort „das Zeitliche segnen", es ist nicht pietistisch gemeint; ich will damit nicht sagen, daß ich das Zeitliche mit dem Himmlischen vertausche, denn wie nahe ich auch der Gottheit gekommen, so steht mir doch der Himmel noch ziemlich fern; glauben Sie nicht den umlaufenden Gerüchten, als sei ich ein frommes Lämmlein geworden. Die religiöse Umwälzung, die in mir sich ereignete, ist eine bloß geistige, mehr ein Akt meines Denkens als des seligen Empfindelns, und das Krankenbett hat durchaus wenig Anteil daran, wie ich mir fest bewußt bin. Es sind große, erhabne, schauerliche Gedanken über mich gekommen, aber es waren Gedanken, Blitze des Lichtes und nicht die Phosphordünste der Glaubenspisse.

★

AN BETTY HEINE

Paris, 3. August 1850

Meine Köchin ist ein Genie, und unter dem Namen „deutsche Nudel“ fabriziert sie ein Gericht, welches ganz eigentlich der jüdische Schalet ist, und den ich mit Vergnügen esse. Das ist die größte Neuigkeit, die ich Dir mitzuteilen habe.

★

VERLORENE WÜNSCHE

Von der Gleichheit der Gemütsart
Wechselseitig angezogen
Waren wir einander immer
Mehr als uns bewußt gewogen.

Beide ehrlich und bescheiden,
Konnten wir uns leicht verstehen;
Worte waren überflüssig,
Brauchten uns nur anzusehen.

O wie sehnlich wünscht' ich immer,
Daß ich bei dir bleiben könnte
Als der tapfre Waffenbruder
Eines dolce far niente.

Ja, mein liebster Wunsch war immer,
Daß ich immer bei dir bliebe!
Alles was dir wohlgefiele,
Alles tät ich dir zuliebe.

Würde essen, was dir schmeckte,
Und die Schüssel gleich entfernen,
Die dir nicht behagt. Ich würde
Auch Zigarren rauchen lernen.

Manche polnische Geschichte,
Die dein Lachen immer weckte,
Wollt' ich wieder dir erzählen
In Judäas Dialekte.

Ja, ich wollte zu dir kommen,
Nicht mehr in der Fremde schwärmen — —
An dem Herde deines Glückes
Wollt' ich meine Kniee wärmen. — —

Goldene Wünsche! Seifenblasen!
Sie zerrinnen wie mein Leben —
Ach, ich liege jetzt am Boden,
Kann mich nimmermehr erheben.

Und Ade! sie sind zerronnen,
Goldne Wünsche, süßes Hoffen!
Ach, zu tödlich war der Faustschlag,
Der mich just ins Herz getroffen.

*

HOFFART

O Gräfin Gudel von Gudelfeld,
Dir huldigt die Menschheit, denn du hast Geld!
Du wirst mit vieren kutschieren,
Man wird dich bei Hof präsentieren.
Es trägt dich die goldne Karosse
Zum kerzenschimmernden Schlosse;
Es rauschet deine Schleppe
Hinauf die Marmortreppe;
Dort oben, in bunten Reihen,
Da stehen die Diener und schreien:
Madame la comtesse de Gudelfeld.

Stolz, in der Hand den Fächer,
Wandelst du durch die Gemächer.
Belastet mit Diamanten
Und Perlen und Brüsseler Kanten,
Dein weißer Busen schwellet
Und freudig überquellet.
Das ist ein Lächeln und Nicken
Und Knicksen und tiefes Bücken!
Die Herzogin von Pavia
Die nennt dich: cara mia.
Die Junker und die Schranzen,

Die wollen mit dir tanzen;
Und der Krone witziger Erbe
Ruft laut im Saal: Süperbe
Schwingt sie den Steiß, die Gudelfeld!

Doch, Ärmste, hast du einst kein Geld,
Dreht dir den Rücken die ganze Welt.
Es werden die Lakaien
Auf deine Schleppe speien.
Statt Bückling und Scherwenzen
Gibt's nur Impertinenzen.
Die cara mia bekreuzt sich.
Und der Kronprinz ruft und schneuzt sich:
Nach Knoblauch riecht die Gudelfeld.

★

DAS GOLDENE KALB

Doppelflöten, Hörner, Geigen
Spielen auf zum Götzenreigen,
Und es tanzen Jakobs Töchter
Um das goldne Kalb herum —
Brum — brum — brum —
Paukenschläge und Gelächter!

Hochgeschürzt bis zu den Lenden
Und sich fassend an den Händen,
Jungfraun edelster Geschlechter
Kreisen wie ein Wirbelwind
Um das Rind —
Paukenschläge und Gelächter!

Aaron selbst wird fortgezogen
Von des Tanzes Wahnsinnwogen,
Und er selbst, der Glaubenswächter,
Tanzt im Hohenpriesterrock,
Wie ein Bock —
Paukenschläge und Gelächter!

★

KÖNIG DAVID

Lächelnd scheidet der Despot,
Denn er weiß, nach seinem Tod
Wechselt Willkür nur die Hände,
Und die Knechtschaft hat kein Ende.

Armes Volk! wie Pferd' und Farrn
Bleibt es angeschirrt am Karrn,
Und der Nacken wird gebrochen,
Der sicht nicht bequemt den Jochen.

Sterbend spricht zu Salomo
König David: Apropos,
Daß ich Joab dir empfehle,
Einen meiner Generäle.

Dieser tapfre General
Ist seit Jahren mir fatal,
Doch ich wagte den Verhaßten
Niemals ernstlich anzutasten.

Du, mein Sohn, bist fromm und klug,
Gottesfürchtig, stark genug,
Und es wird dir leicht gelingen,
Jenen Joab umzubringen.

★

SALOMO

Verstummt sind Pauken, Posaunen und Zinken.
An Salomos Lager Wache halten
Die schwertgegürteten Engelgestalten,
Sechstausend zur Rechten, sechstausend zur Linken.

Sie schützen den König vor träumendem Leide,
Und zieht er finster die Brauen zusammen,
Da fahren sogleich die stählernen Flammen,
Zwölftausend Schwerter, hervor aus der Scheide.

Doch wieder zurück in die Scheide fallen
Die Schwerter der Engel. Das nächtliche Grauen
Verschwindet, es glätten sich wieder die Brauen
Des Schläfers, und seine Lippen lallen:

O Sulamith! das Reich ist mein Erbe,
Die Lande sind mir untertänig,
Bin über Juda und Israel König —
Doch liebst du mich nicht, so welk' ich und sterbe.

★

NÄCHTLICHE FAHRT

Es wogte das Meer, aus dem dunklen Gewölke
Der Halbmond lugte scheu.
Und als wir stiegen in den Kahn,
Wir waren unsrer drei.

Es plätschert' im Wasser des Ruderschlags
Verdrossenes Einerlei;
Weißschäumende Wellen rauschten heran,
Bespritzten uns alle drei.

Sie stand im Kahn so blaß, so schlank,
Und unbeweglich dabei,
Als wär' sie ein welsches Marmorbild,
Dianens Konterfei.

Der Mond verbirgt sich ganz. Es pfeift
Der Nachtwind kalt vorbei;
Hoch über unsern Häuptern ertönt
Plötzlich ein gellender Schrei.

Die weiße, gespenstische Möwe war's,
Und ob dem bösen Schrei,
Der schauerlich klang wie Warnungsruf,
Erschraken wir alle drei.

Bin ich im Fieber? Ist das ein Spuk
Der nächtlichen Phantasei?
Äfft mich ein Traum? Es träumet mir
Grausame Narretei.

Grausame Narretei! Mir träumt,
Daß ich ein Heiland sei,
Und daß ich trüge das große Kreuz
Geduldig und getreu.

Die arme Schönheit ist schwer bedrängt,
Ich aber mache sie frei
Von Schmach und Sünde, von Qual und Not,
Von der Welt Unfläterei.

Du arme Schönheit, schaudre nicht
Wohl ob der bittern Arznei;
Ich selber kredenze dir den Tod,
Bricht auch mein Herz entzwei.

O Narretei, grausamer Traum,
Wahnsinn und Raserei!
Es gähnt die Nacht, es kreischt das Meer,
O Gott! o steh mir bei!

O steh mir bei, barmherziger Gott!
Barmherziger Gott Schaddey!
Da schollert's hinab ins Meer — O Weh —
Schaddey! Schaddey! Adonay! —

Die Sonne ging auf, wir fuhren ans Land,
Da blühte und glühte der Mai!
Und als wir stiegen aus dem Kahn,
Da waren wir unsrer zwei.

★

DER APOLLOGOTT

1.

Das Kloster ist hoch auf Felsen gebaut,
Der Rhein vorüberrauschet;
Wohl durch das Gitterfenster schaut
Die junge Nonne und lauschet.

Da fährt ein Schifflein, märchenhaft
Vom Abendrot beglänzet;

Es ist bewimpelt von buntem Taft,
Von Lorbeern und Blumen bekränzet.

Ein schöner blondgelockter Fant
Steht in des Schiffes Mitte;
Sein goldgesticktes Purpurgewand
Ist von antikem Schnitte.

Zu seinen Füßen liegen da
Neun marmorschöne Weiber;
Die hochgeschürzte Tunika
Umschließt die schlanken Leiber.

Der Goldgelockte lieblich singt
Und spielt dazu die Leier;
Ins Herz der armen Nonne dringt
Das Lied und brennt wie Feuer.

Sie schlägt ein Kreuz, und noch einmal
Schlägt sie ein Kreuz, die Nonne;
Nicht scheucht das Kreuz die süße Qual,
Nicht bannt es die bittre Wonne.

2.

Ich bin der Gott der Musika,
Verehrt in allen Landen;
Mein Tempel hat in Grácia
Auf Mont-Parnaß gestanden.

Auf Mont-Parnaß in Grácia,
Da hab' ich oft gesessen
Am holden Quell Kastalia,
Im Schatten der Zypressen.

Vokalisierend saßen da
Um mich herum die Töchter,
Das sang und klang la-la, la-la!
Geplauder und Gelächter.

Mitunter rief tra-ra, tra-ra!
Ein Waldhorn aus dem Holze;
Dort jagte Artemisia,
Mein Schwesterlein, die Stolze.

Ich weiß es nicht, wie mir geschah:
Ich brauchte nur zu nippen
Vom Wasser der Kastalia,
Da tönten meine Lippen.

Ich sang — und wie von selbst beinah'
Die Leier klang, berauschend;
Mir war, als ob ich Daphne sah,
Aus Lorbeerbüschen lauschend.

Ich sang — und wie Ambrosia
Wohlrüche sich ergossen,
Es war von einer Gloria
Die ganze Welt umflossen.

Wohl tausend Jahr aus Grăcia
Bin ich verbannt, vertrieben —
Doch ist mein Herz in Grăcia,
In Grăcia geblieben.

3.

In der Tracht der Beguinen,
In dem Mantel mit der Kappe
Von der gröbsten schwarzen Serge,
Ist vermummt die junge Nonne.

Hastig längs des Rheines Ufern
Schreitet sie hinab die Landstraß',
Die nach Holland führt, und hastig
Fragt sie jeden, der vorbeikommt:

„Habt Ihr nicht gesehn Apollo?
Einen roten Mantel trägt er,
Lieblich singt er, spielt die Leier,
Und er ist mein holder Abgott."

Keiner will ihr Rede stehen,
Mancher dreht ihr stumm den Rücken,
Mancher glotzt sie an und lächelt,
Mancher seufzet: Armes Kind!

Doch des Wegs herangetrottelt
Kommt ein schlottrig alter Mensch,

Fingert in der Luft, wie rechnend,
Näselnd singt er vor sich hin.

Einen schlappen Quersack trägt er,
Auch ein klein dreieckig Hütchen;
Und mit schmunzelnd klugen Äuglein
Hört er an den Spruch der Nonne:

„Habt Ihr nicht gesehn Apollo?
Einen roten Mantel trägt er,
Lieblich singt er, spielt die Leier,
Und er ist mein holder Abgott."

Jener aber gab zur Antwort
Während er sein Köpfchen wiegte
Hin und her, und gar possierlich
Zupfte an dem spitzen Bärtchen:

Ob ich ihn gesehen habe?
Ja, ich habe ihn gesehen
Oft genug zu Amsterdam,
In der deutschen Synagoge.

Denn er war Vorsänger dorten,
Und da hieß er Rabbi Faibisch,
Was auf Hochdeutsch heißt Apollo —
Doch mein Abgott ist er nicht.

Roter Mantel? Auch den roten
Mantel kenn' ich. Echter Scharlach,
Kostet acht Florin die Elle,
Und ist noch nicht ganz bezahlt.

Seinen Vater Moses Jitscher
Kenn' ich gut. Vorhautabschneider
Ist er bei den Portugiesen.
Er beschnitt auch Souveräne.

Seine Mutter ist Kusine
Meines Schwagers, und sie handelt
Auf der Gracht mit sauern Gurken
Und mit abgelegten Hosen.

Haben kein Pläsir am Sohne.
Dieser spielt sehr gut die Leier,
Aber leider noch viel besser
Spielt er oft Tarock und L'hombre.

Auch ein Freigeist ist er, aß
Schweinefleisch, verlor sein Amt,
Und er zog herum im Lande
Mit geschminkten Komödianten.

In den Buden, auf den Märkten,
Spielte er den Pickelhering,
Holofernes, König David,
Diesen mit dem besten Beifall.

Denn des Königs eigne Lieder
Sang er in des Königs eigner
Muttersprache, tremulierend
In des Nigens alter Weise.

Aus dem Amsterdamer Spielhuis
Zog er jüngst etwelche Dirnen,
Und mit diesen Musen zieht er
Jetzt herum als ein Apollo.

Eine dicke ist darunter,
Die vorzüglich quiekt und grünzelt;
Ob dem großen Lorbeerkopfputz
Nennt man sie die grüne Sau.

★

Einer nur, ein einz'ger Held,
Gab uns mehr und gab uns Beßres
Als Kolumbus, das ist jener,
Der uns einen Gott gegeben.

Sein Herr Vater, der hieß Amram,
Seine Mutter hieß Jochebeth,
Und er selber, Moses heißt er,
Und er ist mein bester Heros.

★

HALLELUJA

Am Himmel Sonn' und Mond und Stern,
Sie zeugen von der Macht des Herrn;
Und schaut des Frommen Aug' nach oben,
Den Schöpfer wird er preisen, loben.

Ich brauche nicht so hoch zu gaffen,
Auf Erden schon find' ich genung
Kunstwerke, welche Gott erschaffen,
Die würdig der Bewunderung.

Ja, lieben Leute, erdenwärts
Senkt sich bescheidentlich mein Blick,
Und findet hier das Meisterstück
Der Schöpfung: unser Menschenherz.

Wie herrlich auch der Sonne Pracht,
Wie lieblich auch in stiller Nacht
Das Mondenlicht, der Sterne Glanz,
Wie strahlend der Kometenschwanz —

Die Himmelslichter allesamt,
Sie sind mir eitel Pfennigskerzen,
Vergleich' ich sie mit jenem Herzen,
Das in der Brust des Menschen flammt.

Das ist die Welt in Miniatur,
Hier gibt es Berge, Wald und Flur,
Einöden auch mit wilden Bestjen,
Die oft das arme Herz beläst'gen.

Hier stürzen Bäche, rauschen Flüsse,
Hier gähnen Gründe, Felsabschüsse,
Viel bunte Gärten, grüne Rasen,
Wo Lämmlein oder Esel grasen. —

Hier gibt's Fontänen, welche springen,
Derweilen arme Nachtigallen,
Um schönen Rosen zu gefallen,
Sich an den Hals die Schwindsucht singen.

Auch an Abwechslung fehlt es nicht;
Heut' ist das Wetter warm und licht,
Doch morgen schon ist's herbstlich kalt,
Und nebelgrau die Flur, der Wald.

Die Blumen, sie entlauben sich,
Die Winde stürmen fürchterlich,
Und endlich flockt herab der Schnee,
Zu Eis erstarren Fluß und See.

Jetzt aber gibt es Winterspiele,
Vermummt erscheinen die Gefühle,
Ergeben sich dem Mummenschanz
Und dem berauschten Maskentanz. —

Freilich, inmitten dieser Freuden
Beschleicht sie oft geheimes Leiden,
Trotz Mummenschanz und Tanzmusik,
Sie seufzen nach verlornem Glück. —

Da plötzlich kracht's. — Erschrecke nicht!
Es ist das Eis, das jetzo bricht;
Die Rinde schmilzt, die frostig glatte,
Die unser Herz umschlossen hatte.

Entweichen muß, was kalt und trübe;
Es kehrt zurück — o Herrlichkeit! —
Der Lenz, die schöne Jahreszeit,
Geweckt vom Zauberstab der Liebe! —

Groß ist des Herren Gloria,
Hier unten groß, wie in der Höh',
Ich singe ihm ein Kyrie
Eleison und Halleluja.

Er schuf so schön, er schuf so süß
Das Menschenherze, und er blies
Hinein des eignen Odems Geist,
Des Odems, welcher Liebe heißt.

Fort mit der Lyra Griechenlands,
Fort mit dem liederlichen Tanz

Der Musen, fort! In frömmern Weisen
Will ich den Herrn der Schöpfung preisen.

Fort mit der Heiden Musika!
Davids frommer Harfenklang
Begleite meinen Lobgesang!
Mein Psalm ertönt: Halleluja!

★

HEBRÄISCHE MELODIEN

O laß nicht ohne Lebensgenuß
Dein Leben verfließen!
Und bist du sicher vor dem Schuß,
So laß sie nur schießen.

Fliegt dir das Glück vorbei einmal,
So faß es am Zipfel.
Auch rat' ich dir, baue dein Hüttchen im Tal
Und nicht auf dem Gipfel.

PRINZESSIN SABBAT

In Arabiens Märchenbuche
Sehen wir verwünschte Prinzen,
Die zuzeiten ihre schöne
Urgestalt zurückgewinnen:

Das behaarte Ungeheuer
Ist ein Königsohn geworden;
Schmuckreich glänzend angekleidet,
Auch verliebt die Flöte blasend.

Doch die Zauberfrist zerrinnt,
Und wir schauen plötzlich wieder
Seine königliche Hoheit
In ein Ungetüm verzottelt.

Einen Prinzen solchen Schicksals
Singt mein Lied. Er ist geheißen
Israel. Ihn hat verwandelt
Hexenspruch in einen Hund.

Hund mit hündischen Gedanken,
Kötert er die ganze Woche
Durch des Lebens Kot und Kehricht,
Gassenbuben zum Gespötte.

Aber jeden Freitag Abend,
In der Dämmrungstunde, plötzlich
Weicht der Zauber, und der Hund
Wird aufs neu' ein menschlich Wesen.

Mensch mit menschlichen Gefühlen,
Mit erhobnem Haupt und Herzen,
Festlich, reinlich schier gekleidet,
Tritt er in des Vaters Halle.

„Sei gegrüßt, geliebte Halle
Meines königlichen Vaters!
Zelte Jakobs, eure heil'gen
Eingangspfosten küßt mein Mund!"

Durch das Haus geheimnisvoll
Zieht ein Wispern und ein Weben,
Und der unsichtbare Hausherr
Atmet schaurig in der Stille.

Stille! Nur der Seneschall
(Vulgo Synagogendiener)
Springt geschäftig auf und nieder,
Um die Lampen anzuzünden.

Trostverheißend goldne Lichter,
Wie sie glänzen, wie sie glimmern!
Stolz aufflackern auch die Kerzen
Auf der Brüstung des Almemors.

Vor dem Schreine, der die Thora
Aufbewahret, und verhängt ist
Mit der kostbar seidnen Decke,
Die von Edelsteinen funkelt —

Dort an seinem Betpultständer
Steht schon der Gemeindesänger;
Schmuckes Männchen, das sein schwarzes
Mäntelchen kokett geachselt.

Um die weiße Hand zu zeigen,
Haspelt er am Halse, seltsam

An die Schläf' den Zeigefinger,
An die Kehl' den Daumen drückend.

Trällert vor sich hin ganz leise,
Bis er endlich laut aufjubelnd
Seine Stimm' erhebt und singt:
Lecho Daudi Likras Kalle!

Lecho Daudi Likras Kalle —
Komm, Geliebter, deiner harret
Schon die Braut, die dir entschleiert
Ihr verschämtes Angesicht!

Dieses hübsche Hochzeitkarmen
Ist gedichtet von dem großen,
Hochberühmten Minnesinger
Don Jehuda ben Halevy.

In dem Liede wird gefeiert
Die Vermählung Israels
Mit der Frau Prinzessin Sabbat,
Die man nennt die stille Fürstin.

Perl' und Blume aller Schönheit
Ist die Fürstin. Schöner war
Nicht die Königin von Saba,
Salomonis Busenfreundin,

Die, ein Blaustrumpf Äthiopiens,
Durch Esprit brillieren wollte,
Und mit ihren klugen Rätseln
Auf die Länge fatigant ward.

Die Prinzessin Sabbat, welche
Ja die personifizierte
Ruhe ist, verabscheut alle
Geisteskämpfe und Debatten.

Gleich fatal ist ihr die trampelnd
Deklamierende Passion,
Jenes Pathos, das mit flatternd
Aufgelöstem Haar einherstürmt.

Sittsam birgt die stille Fürstin
In der Haube ihre Zöpfe;
Blickt so sanft wie die Gazelle,
Blüht so schlank wie eine Addas.

Sie erlaubt dem Liebsten alles,
Ausgenommen Tabakrauchen —
„Liebster! Rauchen ist verboten,
Weil es heute Sabbat ist.

Dafür aber heute mittag
Soll dir dampfen, zum Ersatz,
Ein Gericht, das wahrhaft göttlich —
Heute sollst du Schalet essen!"

Schalet, schöner Götterfunken,
Tochter aus Elysium!
Also klänge Schillers Hochlied,
Hätt' er Schalet je gekostet.

Schalet ist die Himmelspeise,
Die der liebe Herrgott selber
Einst den Moses kochen lehrte
Auf dem Berge Sinai,

Wo der Allerhöchste gleichfalls
All' die guten Glaubenslehren
Und die heil'gen zehn Gebote
Wetterleuchtend offenbarte.

Schalet ist des wahren Gottes
Koscheres Ambrosia,
Wonnebrot des Paradieses,
Und mit solcher Kost verglichen

Ist nur eitel Teufelsdreck
Das Ambrosia der falschen
Heidengötter Griechenlands,
Die verkappte Teufel waren.

Speist der Prinz von solcher Speise,
Glänzt sein Auge wie verkläret,

Und er knöpfet auf die Weste,
Und er spricht mit sel'gem Lächeln:

„Hör' ich nicht den Jordan rauschen?
Sind das nicht die Brüßelbrunnen
In dem Palmental von Beth-El,
Wo gelagert die Kamele?

Hör' ich nicht die Herdenglöckchen?
Sind das nicht die fetten Hämmel,
Die vom Gileathgebirge
Abendlich der Hirt herabtreibt?"

Doch der schöne Tag verflittert;
Wie mit langen Schattenbeinen
Kommt geschritten der Verwünschung
Böse Stund' — Es seufzt der Prinz.

Ist ihm doch, als griffen eiskalt
Hexenfinger in sein Herze.
Schon durchrieseln ihn die Schauer
Hündischer Metamorphose.

Die Prinzessin reicht dem Prinzen
Ihre güldne Nardenbüchse.
Langsam riecht er — Will sich laben
Noch einmal an Wohlgerüchen.

Es kredenzet die Prinzessin
Auch den Abschiedstrunk dem Prinzen —
Hastig trinkt er, und im Becher
Bleiben wen'ge Tropfen nur.

Er besprengt damit den Tisch,
Nimmt alsdann ein kleines Wachslicht,
Und er tunkt es in die Nässe,
Daß es knistert und erlischt.

JEHUDA BEN HALEVY

1.

„Lechzend klebe mir die Zunge
An dem Gaumen, und es welke
Meine rechte Hand, vergäß' ich
Jemals dein, Jerusalem —"

Wort und Weise, unaufhörlich
Schwirren sie mir heut' im Kopfe,
Und mir ist als hört' ich Stimmen,
Psalmodierend, Männerstimmen —

Manchmal kommen auch zum Vorschein
Bärte, schattig lange Bärte —
Traumgestalten, wer von euch
Ist Jehuda ben Halevy?

Doch sie huschen rasch vorüber;
Die Gespenster scheuen furchtsam
Der Lebend'gen plumpen Zuspruch —
Aber ihn hab' ich erkannt —

Ich erkannt' ihn an der bleichen
Und gedankenstolzen Stirne,
An der Augen süßer Starrheit —
Sahn mich an so schmerzlich forschend —

Doch zumeist erkannt' ich ihn
An dem rätselhaften Lächeln
Jener schön gereimten Lippen,
Die man nur bei Dichtern findet.

Jahre kommen und verfließen.
Seit Jehuda ben Halevy
Ward geboren, sind verflossen
Siebenhundertfunfzig Jahre —

Hat zuerst das Licht erblickt
Zu Toledo in Kastilien,
Und es hat der goldne Tajo
Ihm sein Wiegenlied gelullet.

Für Entwicklung seines Geistes
Sorgte früh der strenge Vater,
Der den Unterricht begann
Mit dem Gottesbuch, der Thora.

Diese las er mit dem Sohne
In dem Urtext, dessen schöne,
Hieroglyphisch pittoreske,
Altchaldäische Quadratschrift

Herstammt aus dem Kindesalter
Unsrer Welt, und auch deswegen
Jedem kindlichen Gemüte
So vertraut entgegenlacht.

Diesen echten alten Text
Rezitierte auch der Knabe
In der uralt hergebrachten
Singsangweise, Tropp geheißen —

Und er gurgelte gar lieblich
Jene fetten Gutturalen,
Und er schlug dabei den Triller,
Den Schalscheleth, wie ein Vogel.

Auch den Targum Onkelos,
Der geschrieben ist in jenem
Plattjudäischen Idiom,
Das wir Aramäisch nennen

Und zur Sprache der Propheten
Sich verhalten mag etwa
Wie das Schwäbische zum Deutschen —
Dieses Gelbveiglein-Hebräisch

Lernte gleichfalls früh der Knabe,
Und es kam ihm solche Kenntnis
Bald darauf sehr gut zu statten
Bei dem Studium des Talmuds.

Ja, frühzeitig hat der Vater
Ihn geleitet zu dem Talmud,

Und da hat er ihm erschlossen
Die Halacha, diese große

Fechterschule, wo die besten
Dialektischen Athleten
Babylons und Pumpedithas
Ihre Kämpferspiele trieben.

Lernen konnte hier der Knabe
Alle Künste der Polemik;
Seine Meisterschaft bezeugte
Späterhin das Buch Cosari.

Doch der Himmel gießt herunter
Zwei verschiedne Sorten Lichtes:
Grelles Tageslicht der Sonne
Und das mildre Mondlicht — Also,

Also leuchtet auch der Talmud
Zwiefach, und man teilt ihn ein
In Halacha und Hagada.
Erstre nannt' ich eine Fechtschul' —

Letztre aber, die Hagada,
Will ich einen Garten nennen,
Einen Garten, hochphantastisch
Und vergleichbar jenem andern,

Welcher ebenfalls dem Boden
Babylons entsprossen weiland —
Garten der Semiramis,
Achtes Wunderwerk der Welt.

Königin Semiramis,
Die als Kind erzogen worden
Von den Vögeln, und gar manche
Vögeltümlichkeit bewahrte,

Wollte nicht auf platter Erde
Promenieren wie wir andern
Säugetiere, und sie pflanzte
Einen Garten in die Luft —

Hoch auf kolossalen Säulen
Prangten Palmen und Zypressen,
Goldorangen, Blumenbeete,
Marmorbilder, auch Springbrunnen,

Alles klug und fest verbunden
Durch unzähl'ge Hängebrücken,
Die wie Schlingepflanzen aussahn
Und worauf sich Vögel wiegten —

Große, bunte, ernste Vögel,
Tiefe Denker, die nicht singen,
Während sie umflattert kleines
Zeisigvolk, das lustig trillert —

Alle atmen ein, beseligt,
Einen reinen Balsamduft,
Welcher unvermischt mit schnödem
Erdendunst und Mißgeruche.

Die Hagada ist ein Garten
Solcher Luftkindgrillenart,
Und der junge Talmudschüler,
Wenn sein Herze war bestäubet

Und betäubet vom Gezänke
Der Halacha, vom Dispute
Über das fatale Ei,
Das ein Huhn gelegt am Festtag,

Oder über eine Frage
Gleicher Importanz — der Knabe
Floh alsdann sich zu erfrischen
In die blühende Hagada,

Wo die schönen alten Sagen,
Engelmärchen und Legenden,
Stille Märtyrerhistorien,
Festgesänge, Weisheitsprüche,

Auch Hyperbeln, gar possierlich,
Alles aber glaubenskräftig,

Glaubensglühend — O, das glänzte,
Quoll und sproß so überschwenglich —

Und des Knaben edles Herze
Ward ergriffen von der wilden,
Abenteuerlichen Süße,
Von der wundersamen Schmerzlust

Und den fabelhaften Schauern
Jener seligen Geheimwelt,
Jener großen Offenbarung,
Die wir nennen Poesie.

Auch die Kunst der Poesie,
Heitres Wissen, holdes Können,
Welches wir die Dichtkunst heißen,
Tat sich auf dem Sinn des Knaben.

Und Jehuda ben Halevy
Ward nicht bloß ein Schriftgelehrter,
Sondern auch der Dichtkunst Meister,
Sondern auch ein großer Dichter.

Ja, er ward ein großer Dichter,
Stern und Fackel seiner Zeit,
Seines Volkes Licht und Leuchte,
Eine wunderbare, große

Feuersäule des Gesanges,
Die der Schmerzenskarawane
Israels vorangezogen
In der Wüste des Exils.

Rein und wahrhaft, sonder Makel
War sein Lied, wie seine Seele —
Als der Schöpfer sie erschaffen,
Diese Seele, selbstzufrieden

Küßte er die schöne Seele,
Und des Kusses holder Nachklang
Bebt in jedem Lied des Dichters,
Das geweiht durch diese Gnade.

Wie im Leben, so im Dichten
Ist das höchste Gut die Gnade —
Wer sie hat, der kann nicht sünd'gen
Nicht in Versen, noch in Prosa.

Solchen Dichter von der Gnade
Gottes nennen wir Genie:
Unverantwortlicher König
Des Gedankenreiches ist er.

Nur dem Gotte steht er Rede,
Nicht dem Volke — In der Kunst,
Wie im Leben kann das Volk
Töten uns, doch niemals richten. —

2.

Bei den Wassern Babels saßen
Wir und weinten, unsre Harfen
Lehnten an den Trauerweiden —
Kennst du noch das alte Lied?

Kennst du noch die alte Weise,
Die im Anfang so elegisch
Greint und sumset, wie ein Kessel,
Welcher auf dem Herde kocht?

Lange schon, jahrtausendlange
Kocht's in mir. Ein dunkles Wehe!
Und die Zeit leckt meine Wunde,
Wie der Hund die Schwären Hiobs.

Dank dir, Hund, für deinen Speichel —
Doch das kann nur kühlend lindern —
Heilen kann mich nur der Tod,
Aber, ach, ich bin unsterblich!

Jahre kommen und vergehen —
In dem Webstuhl läuft geschäftig
Schnurrend hin und her die Spule —
Was er webt, das weiß kein Weber.

Jahre kommen und vergehen,
Menschentränen träufeln, rinnen
Auf die Erde, und die Erde
Saugt sie ein mit stiller Gier —

Tolle Sud! Der Deckel springt —
Heil dem Manne, dessen Hand
Deine junge Brut ergreifet
Und zerschmettert an der Felswand.

Gott sei Dank! die Sud verdampfet
In dem Kessel, der allmählich
Ganz verstummt. Es weicht mein Spleen,
Mein westöstlich dunkler Spleen —

Auch mein Flügelrößlein wiehert
Wieder heiter, scheint den bösen
Nachtalb von sich abzuschütteln,
Und die klugen Augen fragen:

Reiten wir zurück nach Spanien
Zu dem kleinen Talmudisten,
Der ein großer Dichter worden,
Zu Jehuda ben Halevy?

Ja, er ward ein großer Dichter,
Absoluter Traumweltsherrscher
Mit der Geisterkönigskrone,
Ein Poet von Gottes Gnade,

Der in heiligen Sirventen,
Madrigalen und Terzinen,
Kanzonetten und Ghaselen
Ausgegossen alle Flammen

Seiner gottgeküßten Seele!
Wahrlich ebenbürtig war
Dieser Troubadour den besten
Lautenschlägern der Provence,

Poitous und der Guienne,
Roussillons und aller andern

Süßen Pomeranzenlande
Der galanten Christenheit.

Der galanten Christenheit
Süße Pomeranzenlande!
Wie sie duften, glänzen, klingen
In dem Zwielicht der Erinnrung!

Schöne Nachtigallenwelt!
Wo man statt des wahren Gottes
Nur den falschen Gott der Liebe
Und der Musen angebeten.

Clerici mit Rosenkränzen
Auf der Glatze, sangen Psalmen
In der heitern Sprache d'oc;
Und die Laien, edle Ritter,

Stolz auf hohen Rossen trabend,
Spintisierten Vers und Reime
Zur Verherrlichung der Dame,
Der ihr Herze fröhlich diente.

Ohne Dame keine Minne,
Und es war dem Minnesänger
Unentbehrlich eine Dame,
Wie dem Butterbrot die Butter.

Auch der Held, den wir besingen,
Auch Jehuda ben Halevy
Hatte seine Herzensdame;
Doch sie war besondrer Art.

Sie war keine Laura, deren
Augen, sterbliche Gestirne,
In dem Dome am Karfreitag
Den berühmten Brand gestiftet —

Sie war keine Chatelaine,
Die im Blütenschmuck der Jugend
Bei Turnieren präsidierte
Und den Lorbeerkranz erteilte —

Keine Kußrechtskasuistin
War sie, keine Doktrinärrin,
Die im Spruchkollegium
Eines Minnehofs dozierte —

Jene, die der Rabbi liebte,
War ein traurig armes Liebchen,
Der Zerstörung Jammerbildnis,
Und sie hieß Jerusalem.

Schon in frühen Kindestagen
War sie seine ganze Liebe;
Sein Gemüte machte beben
Schon das Wort Jerusalem.

Purpurflamme auf der Wange
Stand der Knabe, und er horchte,
Wenn ein Pilger nach Toledo
Kam aus fernem Morgenlande

Und erzählte: wie verödet
Und verunreint jetzt die Stätte,
Wo am Boden noch die Lichtspur
Von dem Fuße der Propheten —

Wo die Luft noch balsamieret
Von dem ew'gen Odem Gottes —
O des Jammeranblicks! rief
Einst ein Pilger, dessen Bart

Silberweiß hinabfloß, während
Sich das Barthaar an der Spitze
Wieder schwärzte und es aussah,
Als ob sich der Bart verjünge —

Ein gar wunderlicher Pilger
Mocht' es sein, die Augen lugten
Wie aus tausendjähr'gem Trübsinn
Und er seufzt': „Jerusalem!

Sie, die volkreich heil'ge Stadt
Ist zur Wüstenei geworden,

Wo Waldteufel, Werwolf, Schakal
Ihr verruchtes Wesen treiben —

Schlangen, Nachtgevögel nisten
Im verwitterten Gemäuer;
Aus des Fensters luft'gem Bogen
Schaut der Fuchs mit Wohlbehagen.

Hier und da taucht auf zuweilen
Ein zerlumpter Knecht der Wüste,
Der sein höckriges Kamel
In dem hohen Grase weidet.

Auf der edlen Höhe Zions,
Wo die goldne Feste ragte,
Deren Herrlichkeiten zeugten
Von der Pracht des großen Königs:

Dort, von Unkraut überwuchert,
Liegen nur noch graue Trümmer,
Die uns ansehn schmerzhaft traurig,
Daß man glauben muß, sie weinten.

Und es heißt, sie weinten wirklich
Einmal in dem Jahr, an jenem
Neunten Tag des Monats Ab —
Und mit tränend eignen Augen

Schaute ich die dicken Tropfen
Aus den großen Steinen sickern,
Und ich hörte weheklagen
Die gebrochnen Tempelsäulen." — —

Solche fromme Pilgersagen
Weckten in der jungen Brust
Des Jehuda ben Halevy
Sehnsucht nach Jerusalem.

Dichtersehnsucht! ahnend, träumend
Und fatal war sie, wie jene,
Die auf seinem Schloß zu Blaye
Einst empfand der edle Vidam,

Messer Geoffroi Rudello,
Als die Ritter, die zurück
Aus dem Morgenlande kehrten,
Laut beim Becherklang beteuert:

Ausbund aller Huld und Züchten,
Perl' und Blume aller Frauen,
Sei die schöne Melisande,
Markgräfin von Tripolis.

Jeder weiß, für diese Dame
Schwärmte jetzt der Troubadour;
Er besang sie, und es wurde
Ihm zu eng im Schlosse Blaye.

Und es trieb ihn fort. Zu Cette
Schiffte er sich ein, erkrankte
Aber auf dem Meer, und sterbend
Kam er an zu Tripolis.

Hier erblickt' er Melisanden
Endlich auch mit Leibesaugen,
Die jedoch des Todes Schatten
In derselben Stunde deckten.

Seinen letzten Liebessang
Singend, starb er zu den Füßen
Seiner Dame Melisande,
Markgräfin von Tripolis.

Wunderbare Ähnlichkeit
In dem Schicksal beider Dichter!
Nur daß jener erst im Alter
Seine große Wallfahrt antrat.

Auch Jehuda ben Halevy
Starb zu Füßen seiner Liebsten,
Und sein sterbend Haupt, es ruhte
Auf den Knien Jerusalems.

3.

Nach der Schlacht bei Arabella
Hat der große Alexander
Land und Leute des Darius,
Hof und Harem, Pferde, Weiber,

Elefanten und Dariken,
Kron' und Szepter, goldnen Plunder,
Eingesteckt in seine weiten
Macedonschen Pluderhosen.

In dem Zelt des großen Königs,
Der entflohn, um nicht höchstselbst
Gleichfalls eingesteckt zu werden,
Fand der junge Held ein Kästchen,

Eine kleine güldne Truhe,
Mit Miniaturbildwerken
Und mit inkrustierten Steinen
Und Kameen reich geschmückt —

Dieses Kästchen, selbst ein Kleinod
Unschätzbaren Wertes, diente
Zur Bewahrung von Kleinodien,
Des Monarchen Leibjuwelen.

Letztre schenkte Alexander
An die Tapfern seines Heeres,
Darob lächelnd, daß sich Männer
Kindisch freun an bunten Steinchen.

Eine kostbar schönste Gemme
Schickte er der lieben Mutter;
War der Siegelring des Cyrus,
Wurde jetzt zu einer Brosche.

Seinem alten Weltarschpauker
Aristoteles, dem sandt' er
Einen Onyx für sein großes
Naturalienkabinett.

In dem Kästchen waren Perlen,
Eine wunderbare Schnur,

Die der Königin Atossa
Einst geschenkt der falsche Smerdis —

Doch die Perlen waren echt —
Und der heitre Sieger gab sie
Einer schönen Tänzerin
Aus Korinth, mit Namen Thais.

Diese trug sie in den Haaren,
Die bacchantisch aufgelöst,
In der Brandnacht, als sie tanzte
Zu Persepolis und frech

In die Königsburg geschleudert
Ihre Fackel, daß laut prasselnd
Bald die Flammenlohe aufschlug,
Wie ein Feuerwerk zum Feste.

Nach dem Tod der schönen Thais,
Die an einer babylonschen
Krankheit starb zu Babylon,
Wurden ihre Perlen dort

Auf dem Börsensaal vergantert.
Sie erstand ein Pfaff' aus Memphis,
Der sie nach Ägypten brachte,
Wo sie später auf dem Putztisch

Der Kleopatra erschienen,
Die die schönste Perl' zerstampft
Und mit Wein vermischt verschluckte,
Um Antonius zu foppen.

Mit dem letzten Omayaden
Kam die Perlenschnur nach Spanien,
Und sie schlängelte am Turban
Des Kalifen zu Corduva.

Abderam der Dritte trug sie
Als Brustschleife beim Turnier,
Wo er dreißig goldne Ringe
Und das Herz Zuleimas stach.

Nach dem Fall der Mohrenherrschaft
Gingen zu den Christen über
Auch die Perlen, und gerieten
In den Kronschatz von Kastilien.

Die katholschen Majestäten
Span'scher Königinnen schmückten
Sich damit bei Hoffestspielen,
Stiergefechten, Prozessionen

So wie auch Autodafees,
Wo sie auf Balkonen sitzend
Sich erquickten am Geruche
Von gebratnen alten Juden.

Späterhin gab Mendizabel,
Satansenkel, diese Perlen
In Versatz, um der Finanzen
Defizit damit zu decken.

An dem Hof der Tuilerien
Kam die Schnur zuletzt zum Vorschein,
Und sie schimmerte am Halse
Der Baronin Salomon.

So erging's den schönen Perlen.
Minder abenteuerlich
Ging's dem Kästchen, dies behielt
Alexander für sich selber.

Er verschloß darin die Lieder
Des ambrosischen Homeros,
Seines Lieblings, und zu Häupten
Seines Bettes in der Nacht

Stand das Kästchen — schlief der König,
Stiegen draus hervor der Helden
Lichte Bilder, und sie schlichen
Gaukelnd sich in seine Träume.

Andre Zeiten, andre Vögel —
Ich, ich liebte weiland gleichfalls

Die Gesänge von den Taten
Des Peliden, des Odysseus.

Damals war so sonnengoldig
Und so purpurn mir zumute,
Meine Stirn umkränzte Weinlaub,
Und es tönten die Fanfaren —

Still davon — gebrochen liegt
Jetzt mein stolzer Siegeswagen,
Und die Panther, die ihn zogen,
Sind verreckt, so wie die Weiber,

Die mit Pauk' und Zimbelklängen
Mich umtanzten, und ich selbst
Wälze mich am Boden elend,
Krüppelelend — still davon —

Still davon — es ist die Rede
Von dem Kästchen des Darius,
Und ich dacht' in meinem Sinne:
Käm' ich in Besitz des Kästchens,

Und mich zwänge nicht Finanznot,
Gleich dasselbe zu versilbern,
So verschlösse ich darin
Die Gedichte unsres Rabbi —

Des Jehuda ben Halevy
Festgesänge, Klagelieder,
Die Ghaselen, Reisebilder
Seiner Wallfahrt — alles ließ ich

Von dem besten Zophar schreiben
Auf der reinsten Pergamenthaut,
Und ich legte diese Handschrift
In das kleine goldne Kästchen.

Dieses stellt' ich auf den Tisch
Neben meinem Bett, und kämen
Dann die Freunde und erstaunten
Ob der Pracht der kleinen Truhe,

Ob den seltnen Basrelieffen,
Die so winzig, doch vollendet
Sind zugleich, und ob den großen
Inkrustierten Edelsteinen —

Lächelnd würd' ich ihnen sagen:
Das ist nur die rohe Schale,
Die den bessern Schatz verschließet —
Hier in diesem Kästchen liegen

Diamanten, deren Lichter
Abglanz, Widerschein des Himmels,
Herzblutglühende Rubinen,
Fleckenlose Turkoasen,

Auch Smaragde der Verheißung,
Perlen, reiner noch als jene,
Die der Königin Atossa
Einst geschenkt der falsche Smerdis,

Und die späterhin geschmücket
Alle Notabilitäten
Dieser mondumkreisten Erde,
Thais und Kleopatra,

Isispriester, Mohrenfürsten,
Auch Hispaniens Königinnen.
Und zuletzt die hochverehrte
Frau Baronin Salomon —

Diese weltberühmten Perlen,
Sie sind nur der bleiche Schleim
Eines armen Austertiers,
Das im Meergrund blöde kränkelt:

Doch die Perlen hier im Kästchen
Sind entquollen einer schönen
Menschenseele, die noch tiefer,
Abgrundtiefer als das Weltmeer —

Denn es sind die Tränenperlen
Des Jehuda ben Halevy,

Die er ob dem Untergang
Von Jerusalem geweinet —

Perlentränen, die verbunden
Durch des Reimes goldnen Faden,
Aus der Dichtkunst güldnen Schmiede
Als ein Lied hervorgegangen.

Dieses Perlentränenlied
Ist die vielberühmte Klage,
Die gesungen wird in allen
Weltzerstreuten Zelten Jakobs

An dem neunten Tag des Monats,
Der geheißen Ab, dem Jahrstag
Von Jerusalems Zerstörung
Durch den Titus Vespasianus.

Ja, das ist das Zionslied,
Das Jehuda ben Halevy
Sterbend auf den heil'gen Trümmern
Von Jerusalem gesungen —

Barfuß und im Büßerkittel
Saß er dorten auf dem Bruchstück
Einer umgestürzten Säule; —
Bis zur Brust herunterfiel

Wie ein greiser Wald sein Haupthaar,
Abenteuerlich beschattend
Das bekümmert bleiche Antlitz
Mit den geisterhaften Augen —

Also saß er und er sang,
Wie ein Seher aus der Vorzeit
Anzuschaun — dem Grab entstiegen
Schien Jeremias, der Alte —

Das Gevögel der Ruinen
Zähmte schier der wilde Schmerzlaut
Des Gesanges, und die Geier
Nahten horchend, fast mitleidig —

Doch ein frecher Sarazene
Kam desselben Wegs geritten,
Hoch zu Roß, im Bug sich wiegend
Und die blanke Lanze schwingend —

In die Brust des armen Sängers
Stieß er diesen Todesspeer,
Und er jagte rasch von dannen,
Wie ein Schattenbild beflügelt.

Ruhig floß das Blut des Rabbi,
Ruhig seinen Sang zu Ende
Sang er, und sein sterbeletzter
Seufzer war Jerusalem! — —

Eine alte Sage meldet,
Jener Sarazene sei
Gar kein böser Mensch gewesen,
Sondern ein verkappter Engel,

Der vom Himmel ward gesendet,
Gottes Liebling zu entrücken
Dieser Erde, und zu fördern
Ohne Qual ins Reich der Sel'gen.

Droben, heißt es, harrte seiner
Ein Empfang der schmeichelhaft
Ganz besonders für den Dichter,
Eine himmlische Sürprise.

Festlich kam das Chor der Engel
Ihm entgegen mit Musik,
Und als Hymne grüßten ihn
Seine eignen Verse, jenes

Synagogen-Hochzeitskarmen,
Jene Sabbat-Hymenäen,
Mit den jauchzend wohlbekannten
Melodieen — welche Töne!

Englein bliesen auf Hoboen,
Englein spielten Violine,

Andre strichen auch die Bratsche
Oder schlugen Pauk' und Zimbel.

Und das sang und klang so lieblich,
Und so lieblich in den weiten
Himmelsräumen widerhallt es:
Lecho Daudi Likras Kalle.

4.

Meine Frau ist nicht zufrieden
Mit dem vorigen Kapitel,
Ganz besonders in bezug
Auf das Kästchen des Darius.

Fast mit Bitterkeit bemerkt sie:
Daß ein Ehemann, der wahrhaft
Religiöse sei, das Kästchen
Gleich zu Gelde machen würde,

Und damit für seine arme
Legitime Ehegattin
Einen Kaschemir zu kaufen,
Dessen sie so sehr bedürfe.

Der Jehuda ben Halevy,
Meinte sie, der sei hinlänglich
Ehrenvoll bewahrt in einem
Schönen Futteral von Pappe

Mit chinesisch eleganten
Arabesken, wie die hübschen
Bonbonnieren von Marquis
Im Passage-Panorama.

Sonderbar! — setzt sie hinzu —
Daß ich niemals nennen hörte
Diesen großen Dichternamen,
Den Jehuda ben Halevy.

Liebstes Kind, gab ich zur Antwort,
Solche holde Ignoranz,

Sie bekundet die Lakunen
Der französischen Erziehung,

Der Pariser Pensionate,
Wo die Mädchen, diese künft'gen
Mütter eines freien Volkes,
Ihren Unterricht genießen —

Alte Mumien, ausgestopfte
Pharaonen von Ägypten,
Merowinger Schattenkön'ge,
Ungepuderte Perücken,

Auch die Zopfmonarchen Chinas,
Porzellanpagodenkaiser —
Alle lernen sie auswendig,
Kluge Mädchen, aber Himmel —

Fragt man sie nach großen Namen
Aus dem großen Goldzeitalter
Der arabisch-althispanisch
Jüdischen Poetenschule,

Fragt man nach dem Dreigestirn,
Nach Jehuda ben Halevy,
Nach dem Salomon Gabirol
Und dem Moses Iben Esra —

Fragt man nach dergleichen Namen,
Dann mit großen Augen schaun
Uns die Kleinen an — alsdann
Stehn am Berge die Ochsinnen.

Raten möcht' ich dir, Geliebte,
Nachzuholen das Versäumte
Und Hebräisch zu erlernen —
Laß Theater und Konzerte,

Widme ein'ge Jahre solchem
Studium, du kannst alsdann
Im Originale lesen
Iben Esra und Gabirol

Und versteht sich den Halevy,
Das Triumvirat der Dichtkunst,
Das dem Saitenspiel Davidis
Einst entlockt die schönsten Laute.

Alcharisi — der, ich wette,
Dir nicht minder unbekannt ist,
Ob er gleich, französ'scher Witzbold,
Den Hariri überwitzelt

Im Gebiete der Makame,
Und ein Voltairianer war
Schon sechshundert Jahr vor Voltaire —
Jener Alcharisi sagte:

„Durch Gedanken glänzt Gabirol
Und gefällt zumeist dem Denker,
Iben Esra glänzt durch Kunst
Und behagt weit mehr dem Künstler —

Aber beider Eigenschaften
Hat Jehuda ben Halevy
Und er ist ein großer Dichter
Und ein Liebling aller Menschen."

Iben Esra war ein Freund
Und ich glaube auch ein Vetter
Des Jehuda ben Halevy,
Der in seinem Wanderbuche

Schmerzlich klagt, wie er vergebens
In Granada aufgesucht hat
Seinen Freund, und nur den Bruder
Dorten fand, den Medikus,

Rabbi Meyer, auch ein Dichter
Und der Vater jener Schönen,
Die mit hoffnungsloser Flamme
Iben Esras Herz entzunden —

Um das Mühmchen zu vergessen,
Griff er nach dem Wanderstabe,

Wie so mancher der Kollegen;
Lebte unstet, heimatlos.

Pilgernd nach Jerusalem,
Überfielen ihn Tataren,
Die an einen Gaul gebunden
Ihn nach ihren Steppen schleppten.

Mußte Dienste dort verrichten,
Die nicht würdig eines Rabbi
Und noch wen'ger eines Dichters,
Mußte nämlich Kühe melken.

Einstens, als er unterm Bauche
Einer Kuh gekauert saß,
Ihre Euter hastig fingernd,
Daß die Milch floß in den Zuber —

Eine Position, unwürdig
Eines Rabbis, eines Dichters —
Da befiel ihn tiefe Wehmut
Und er fing zu singen an,

Und er sang so schön und lieblich,
Daß der Chan, der Fürst der Horde,
Der vorbeiging, ward gerühret
Und die Freiheit gab dem Sklaven.

Auch Geschenke gab er ihm,
Einen Fuchspelz, eine lange
Sarazenenmandoline
Und das Zehrgeld für die Heimkehr.

Dichterschicksal! böser Unstern,
Der die Söhne des Apollo
Tödlich nergelt, und sogar
Ihren Vater nicht verschont hat,

Als er hinter Daphnen laufend
Statt des weißen Nymphenleibes
Nur den Lorbeerbaum erfaßte,
Er, der göttliche Schlemihl!

Ja, der hohe Delphier ist
Ein Schlemihl, und gar der Lorbeer,
Der so stolz die Stirne krönet,
Ist ein Zeichen des Schlemihltums.

Was das Wort Schlemihl bedeutet,
Wissen wir. Hat doch Chamisso
Ihm das Bürgerrecht in Deutschland
Längst verschafft, dem Worte nämlich.

Aber unbekannt geblieben,
Wie des heil'gen Niles Quellen,
Ist sein Ursprung; hab' darüber
Nachgegrübelt manche Nacht.

Zu Berlin vor vielen Jahren
Wandt' ich mich deshalb an unsern
Freund Chamisso, suchte Auskunft
Beim Dekane der Schlemihle.

Doch er konnt' mich nicht befried'gen
Und verwies mich drob an Hitzig,
Der ihm den Familiennamen
Seines schattenlosen Peters

Einst verraten. Alsbald nahm ich
Eine Droschke und ich rollte
Zu dem Kriminalrat Hitzig,
Welcher ehmals Itzig hieß —

Als er noch ein Itzig war,
Träumte ihm, er säh' geschrieben
An dem Himmel seinen Namen
Und davor den Buchstab H.

„Was bedeutet dieses H?"
Frug er sich — „etwa Herr Itzig
Oder Heil'ger Itzig? Heil'ger
Ist ein schöner Titel — aber

In Berlin nicht passend" — Endlich
Grübelnsmüd' nannt' er sich Hitzig,

Und nur die Getreuen wußten,
In dem Hitzig steckt ein Heil'ger.

Heil'ger Hitzig! sprach ich also,
Als ich zu ihm kam, Sie sollen
Mir die Etymologie
Von dem Wort Schlemihl erklären.

Viel Umschweife nahm der Heil'ge,
Konnte sich nicht recht erinnern,
Eine Ausflucht nach der andern,
Immer christlich — bis mir endlich

Endlich alle Knöpfe rissen
An der Hose der Geduld,
Und ich anfing so zu fluchen,
So gottlästerlich zu fluchen,

Daß der fromme Pietist,
Leichenblaß und beineschlotternd,
Unverzüglich mir willfahrte
Und mir folgendes erzählte:

„In der Bibel ist zu lesen,
Als zur Zeit der Wüstenwandrung
Israel sich oft erlustigt
Mit den Töchtern Kanaans,

Da geschah es, daß der Pinhas
Sahe, wie der edle Simri
Buhlschaft trieb mit einem Weibsbild
Aus dem Stamm der Kananiter,

Und alsbald ergriff er zornig
Seinen Speer und hat den Simri
Auf der Stelle totgestochen —
Also heißt es in der Bibel.

Aber mündlich überliefert
Hat im Volke sich die Sage,
Daß es nicht der Simri war,
Den des Pinhas Speer getroffen,

Sondern daß der Blinderzürnte,
Statt des Sünders, unversehens
Einen ganz Unschuld'gen traf,
Den Schlemihl ben Zuri Schadday." —

Dieser nun, Schlemihl I.,
Ist der Ahnherr des Geschlechtes
Derer von Schlemihl. Wir stammen
Von Schlemihl ben Zuri Schadday.

Freilich keine Heldentaten
Meldet man von ihm, wir kennen
Nur den Namen und wir wissen,
Daß er ein Schlemihl gewesen.

Doch geschätzet wird ein Stammbaum
Nicht ob seinen guten Früchten,
Sondern nur ob seinem Alter —
Drei Jahrtausend' zählt der unsre!

Jahre kommen und vergehen —
Drei Jahrtausende verflossen,
Seit gestorben unser Ahnherr,
Herr Schlemihl ben Zuri Schadday.

Längst ist auch der Pinhas tot —
Doch sein Speer hat sich erhalten,
Und wir hören ihn beständig
Über unsre Häupter schwirren.

Und die besten Herzen trifft er —
Wie Jehuda ben Halevy,
Traf er Moses Iben Esra
Und er traf auch den Gabirol —

Den Gabirol, diesen treuen
Gottgeweihten Minnesänger,
Diese fromme Nachtigall,
Deren Rose Gott gewesen —

Diese Nachtigall, die zärtlich
Ihre Liebeslieder sang

In der Dunkelheit der gotisch
Mittelalterlichen Nacht!

Unerschrocken, unbekümmert
Ob den Fratzen und Gespenstern,
Ob dem Wust von Tod und Wahnsinn,
Die gespukt in jener Nacht —

Sie, die Nachtigall, sie dachte
Nur an ihren göttlich Liebsten,
Dem sie ihre Liebe schluchzte,
Den ihr Lobgesang verherrlicht! —

Dreißig Lenze sah Gabirol
Hier auf Erden, aber Fama
Ausposaunte seines Namens
Herrlichkeit durch alle Lande.

Zu Corduba, wo er wohnte,
War ein Mohr sein nächster Nachbar,
Welcher gleichfalls Verse machte
Und des Dichters Ruhm beneidet'.

Hörte er den Dichter singen,
Schwoll dem Mohren gleich die Galle,
Und der Lieder Süße wurde
Bittrer Wermut für den Neidhart.

Er verlockte den Verhaßten
Nächtlich in sein Haus, erschlug ihn
Dorten und vergrub den Leichnam
Hinterm Hause in dem Garten.

Aber siehe! aus dem Boden,
Wo die Leiche eingescharrt war,
Wuchs hervor ein Feigenbaum
Von der wunderbarsten Schönheit.

Seine Frucht war seltsam länglich
Und von seltsam würz'ger Süße;
Wer davon genoß, versank
In ein träumerisch Entzücken.

In dem Volke ging darüber
Viel Gerede und Gemunkel,
Das am End' zu den erlauchten
Ohren des Kalifen kam.

Dieser prüfte eigenzüngig
Jenes Feigenphänomen,
Und ernannte eine strenge
Untersuchungskommission.

Man verfuhr summarisch. Sechzig
Bambushiebe auf die Sohlen
Gab man gleich dem Herrn des Baumes,
Welcher eingestand die Untat.

Darauf riß man auch den Baum
Mit den Wurzeln aus dem Boden,
Und zum Vorschein kam die Leiche
Des erschlagenen Gabirol.

Diese ward mit Pomp bestattet
Und betrauert von den Brüdern;
An demselben Tage hängte
Man den Mohren zu Corduba.

DISPUTATION

In der Aula zu Toledo
Klingen schmetternd die Fanfaren;
Zu dem geistlichen Turnei
Wallt das Volk in bunten Scharen.

Das ist nicht ein weltlich Stechen,
Keine Eisenwaffe blitzet —
Eine Lanze ist das Wort,
Das scholastisch scharf gespitzet.

Nicht galante Paladins
Fechten hier, nicht Damendiener —
Dieses Kampfes Ritter sind
Kapuziner und Rabbiner.

Statt des Helmes tragen sie
Schabbesdeckel und Kapuzen;
Skapulier und Arbekanfeß
Sind der Harnisch, drob sie trutzen.

Welches ist der wahre Gott?
Ist es der Hebräer starrer
Großer Eingott, dessen Kämpe
Rabbi Juda, der Navarrer?

Oder ist es der dreifalt'ge
Liebegott der Christianer,
Dessen Kämpe Frater Jose,
Gardian der Franziskaner?

Durch die Macht der Argumente,
Durch der Logik Kettenschlüsse
Und Zitate von Autoren,
Die man anerkennen müsse,

Will ein jeder Kämpe seinen
Gegner ad absurdum führen
Und die wahre Göttlichkeit
Seines Gottes demonstrieren.

Festgestellt ist: daß derjen'ge,
Der im Streit ward überwunden,
Seines Gegners Religion
Anzunehmen sei verbunden,

Daß der Jude sich der Taufe
Heil'gem Sakramente füge,
Und im Gegenteil der Christ
Der Beschneidung unterliege.

Jedem von den beiden Kämpen
Beigesellt sind elf Genossen,
Die zu teilen sein Geschick
Sind in Freud' und Leid entschlossen.

Glaubenssicher sind die Mönche
Von des Gardians Geleitschaft,

Halten schon Weihwasserkübel
Für die Taufe in Bereitschaft,

Schwingen schon die Sprengelbesen
Und die blanken Räucherfässer —
Ihre Gegner unterdessen
Wetzen die Beschneidungsmesser.

Beide Rotten stehn schlagfertig
Vor den Schranken in dem Saale,
Und das Volk mit Ungeduld
Harret drängend der Signale.

Unterm güldnen Baldachin
Und umrauscht vom Hofgesinde
Sitzt der König und die Kön'gin;
Diese gleichet einem Kinde.

Ein französisch stumpfes Näschen,
Schalkheit kichert in den Mienen,
Doch bezaubernd sind des Mundes
Immer lächelnde Rubinen.

Schöne, flatterhafte Blume —
Daß sich ihrer Gott erbarme —
Von dem heitern Seine-Ufer
Wurde sie verpflanzt, die arme,

Hierher in den steifen Boden
Der hispanischen Grandezza;
Weiland hieß sie Blanch' de Bourbon,
Donna Blanka heißt sie jetzo.

Pedro wird genannt der König
Mit dem Zusatz der Grausame;
Aber heute, milden Sinnes,
Ist er besser als sein Name.

Unterhält sich gut gelaunt
Mit des Hofes Edelleuten;
Auch den Juden und den Mohren
Sagt er viele Artigkeiten.

Diese Ritter ohne Vorhaut
Sind des Königs Lieblingsschranzen,
Sie befehl'gen seine Heere,
Sie verwalten die Finanzen.

Aber plötzlich Paukenschläge,
Und es melden die Trompeten,
Daß begonnen hat der Maulkampf,
Der Disput der zwei Athleten.

Der Gardian der Franziskaner
Bricht hervor mit frommem Grimme;
Polternd roh und widrig greinend
Ist abwechselnd seine Stimme.

In des Vaters und des Sohnes
Und des Heil'gen Geistes Namen
Exorzieret er den Rabbi,
Jakobs maledeiten Samen.

Denn bei solchen Kontroversen
Sind oft Teufelchen verborgen
In dem Juden, die mit Scharfsinn,
Witz und Gründen ihn versorgen.

Nun die Teufel ausgetrieben
Durch die Macht des Exorzismus,
Kommt der Mönch auch zur Dogmatik,
Kugelt ab den Katechismus.

Er erzählt, daß in der Gottheit
Drei Personen sind enthalten,
Die jedoch zu einer einz'gen,
Wenn es passend, sich gestalten —

Ein Mysterium, das nur
Von demjen'gen wird verstanden,
Der entsprungen ist dem Kerker
Der Vernunft und ihren Banden.

Er erzählt: wie Gott der Herr
Ward zu Bethlehem geboren

Von der Jungfrau, welche niemals
Ihre Jungferschaft verloren;

Wie der Herr der Welt gelegen
In der Krippe, und ein Kühlein
Und ein Öchslein bei ihm stunden,
Schier andächtig, zwei Rindviehlein.

Er erzählte: wie der Herr
Vor den Schergen des Herodes
Nach Ägypten floh, und später
Litt die herbe Pein des Todes

Unter Pontio Pilato,
Der das Urteil unterschrieben,
Von den harten Pharisäern,
Von den Juden angetrieben.

Er erzählte: wie der Herr,
Der entstiegen seinem Grabe,
Schon am dritten Tag, gen Himmel
Seinen Flug genommen habe;

Wie er aber, wenn es Zeit ist,
Wiederkehren auf die Erde
Und zu Josaphat die Toten
Und Lebend'gen richten werde.

„Zittert, Juden!" rief der Mönch,
„Vor dem Gott, den ihr mit Hieben
Und mit Dornen habt gemartert,
Den ihr in den Tod getrieben.

Seine Mörder, Volk der Rachsucht,
Juden, das seid ihr gewesen —
Immer meuchelt ihr den Heiland,
Welcher kommt, euch zu erlösen.

Judenvolk, du bist ein Aas,
Worin hausen die Dämonen;
Eure Leiber sind Kasernen
Für des Teufels Legionen.

Thomas von Aquino sagt es,
Den man nennt den großen Ochsen
Der Gelehrsamkeit, er ist
Licht und Lust der Orthodoxen.

Judenvolk, ihr seid Hyänen,
Wölfe, Schakals, die in Gräbern
Wühlen, um der Toten Leichnam'
Blutfraßgierig aufzustöbern.

Juden, Juden, ihr seid Säue,
Paviane, Nashorntiere,
Die man nennt Rhinozerosse,
Krokodile und Vampire.

Ihr seid Raben, Eulen, Uhus,
Fledermäuse, Wiedehöpfe,
Leichenhühner, Basilisken,
Galgenvögel, Nachtgeschöpfe.

Ihr seid Vipern und Blindschleichen,
Klapperschlangen, gift'ge Kröten,
Ottern, Nattern — Christus wird
Eu'r verfluchtes Haupt zertreten.

Oder wollt ihr Maledeiten
Eure armen Seelen retten?
Aus der Bosheit Synagoge
Flüchtet nach den frommen Stätten,

Nach der Liebe lichtem Dome,
Wo im benedeiten Becken
Euch der Quell der Gnade sprudelt —
Drin sollt ihr die Köpfe stecken —

Wascht dort ab den alten Adam
Und die Laster, die ihn schwärzen;
Des verjährten Grolles Schimmel,
Wascht ihn ab von euren Herzen!

Hört ihr nicht des Heilands Stimme?
Euren neuen Namen rief er —

Lauset euch an Christi Brust
Von der Sünde Ungeziefer!

Unser Gott, der ist die Liebe,
Und er gleichet einem Lamme;
Um zu sühnen unsre Schuld
Starb er an des Kreuzes Stamme.

Unser Gott, der ist die Liebe,
Jesus Christus ist sein Namen;
Seine Duldsamkeit und Demut
Suchen wir stets nachzuahmen.

Deshalb sind wir auch so sanft,
So leutselig, ruhig, milde,
Hadern niemals, nach des Lammes,
Des Versöhners, Musterbilde.

Einst im Himmel werden wir
Ganz verklärt zu frommen Englein,
Und wir wandeln dort gottselig,
In den Händen Lilienstenglein.

Statt der groben Kutten tragen
Wir die reinlichsten Gewänder
Von Muss'lin, Brokat und Seide,
Goldne Troddeln, bunte Bänder.

Keine Glatze mehr! Goldlocken
Flattern dort um unsre Köpfe;
Allerliebste Jungfraun flechten
Uns das Haar in hübsche Zöpfe.

Weinpokale wird es droben
Von viel weiterm Umfang geben,
Als die Becher sind hier unten,
Worin schäumt der Saft der Reben.

Doch im Gegenteil viel enger
Als ein Weibermund hienieden,
Wird das Frauenmündchen sein,
Das dort oben uns beschieden.

Trinkend, küssend, lachend wollen
Wir die Ewigkeit verbringen,
Und verzückt Halleluja,
Kyrie Eleison singen."

Also schloß der Christ. Die Mönchlein
Glaubten schon, Erleuchtung träte
In die Herzen, und sie schleppten
Flink herbei das Taufgeräte.

Doch die wasserscheuen Juden
Schütteln sich und grinsen schnöde.
Rabbi Juda, der Navarrer,
Hub jetzt an die Gegenrede:

„Um für deine Saat zu düngen
Meines Geistes dürren Acker,
Mit Mistkarren voll Schimpfwörter
Hast du mich beschmissen wacker.

So folgt jeder der Methode,
Dran er nun einmal gewöhnet,
Und anstatt dich drob zu schelten,
Sag' ich Dank dir, wohlversöhnet.

Die Dreieinigkeitsdoktrin
Kann für unsre Leut' nicht passen,
Die mit Regula de tri
Sich von Jugend auf befassen.

Daß in deinem Gotte drei,
Drei Personen sind enthalten,
Ist bescheiden noch, sechstausend
Götter gab es bei den Alten.

Unbekannt ist mir der Gott,
Den ihr Christum pflegt zu nennen;
Seine Jungfer Mutter gleichfalls
Hab' ich nicht die Ehr' zu kennen.

Ich bedaure, daß er einst,
Vor etwa zwölfhundert Jahren,

Ein'ge Unannehmlichkeiten
Zu Jerusalem erfahren.

Ob die Juden ihn getötet,
Das ist schwer jetzt zu erkunden,
Da ja das Corpus delicti
Schon am dritten Tag verschwunden.

Daß er ein Verwandter sei
Unsres Gottes, ist nicht minder
Zweifelhaft; so viel wir wissen
Hat der letztre keine Kinder.

Unser Gott ist nicht gestorben
Als ein armes Lämmerschwänzchen
Für die Menschheit, ist kein süßes
Philantröpfchen, Faselhänschen.

Unser Gott ist nicht die Liebe;
Schnäbeln ist nicht seine Sache,
Denn er ist ein Donnergott
Und er ist ein Gott der Rache.

Seines Zornes Blitze treffen
Unerbittlich jeden Sünder,
Und des Vaters Schulden büßen
Oft die späten Enkelkinder.

Unser Gott, der ist lebendig
Und in seiner Himmelshalle
Existieret er drauf los
Durch die Ewigkeiten alle.

Unser Gott, und der ist auch
Ein gesunder Gott, kein Mythos
Bleich und dünne wie Oblaten
Oder Schatten am Cocytos.

Unser Gott ist stark. In Händen
Trägt er Sonne, Mond, Gestirne;
Throne brechen, Völker schwinden,
Wenn er runzelt seine Stirne.

Und er ist ein großer Gott.
David singt: Ermessen ließe
Sich die Größe nicht, die Erde
Sei der Schemel seiner Füße.

Unser Gott liebt die Musik,
Saitenspiel und Festgesänge;
Doch wie Ferkelgrunzen sind
Ihm zuwider Glockenklänge.

Leviathan heißt der Fisch,
Welcher haust im Meeresgrunde;
Mit ihm spielet Gott der Herr
Alle Tage eine Stunde —

Ausgenommen an dem neunten
Tag des Monats Ab, wo nämlich
Eingeäschert ward sein Tempel;
An dem Tag ist er zu grämlich.

Des Leviathans Länge ist
Hundert Meilen, hat Floßfedern
Groß wie König Ok von Basan,
Und sein Schwanz ist wie ein Zedern.

Doch sein Fleisch ist delikat,
Delikater als Schildkröten,
Und am Tag der Auferstehung
Wird der Herr zu Tische beten

Alle frommen Auserwählten,
Die Gerechten und die Weisen —
Unsres Herrgotts Lieblingsfisch
Werden sie alsdann verspeisen,

Teils mit weißer Knoblauchbrühe,
Teils auch braun in Wein gesotten,
Mit Gewürzen und Rosinen,
Ungefähr wie Matelotten.

In der weißen Knoblauchbrühe
Schwimmen kleine Schäbchen Rettich —

So bereitet, Frater Jose,
Mundet dir das Fischlein, wett' ich!

Auch die braune ist so lecker,
Nämlich die Rosinensauce,
Sie wird himmlisch wohl behagen
Deinem Bäuchlein, Frater Jose.

Was Gott kocht, ist gut gekocht!
Mönchlein, nimm jetzt meinen Rat an,
Opfre hin die alte Vorhaut
Und erquick dich am Leviathan."

Also lockend sprach der Rabbi,
Lockend, ködernd, heimlich schmunzelnd,
Und die Juden schwangen schon
Ihre Messer wonnegrunzelnd,

Um als Sieger zu skalpieren
Die verfallenen Vorhäute,
Wahre spolia opima
In dem wunderlichen Streite.

Doch die Mönche hielten fest
An dem väterlichen Glauben
Und an ihrer Vorhaut, ließen
Sich derselben nicht berauben.

Nach dem Juden sprach aufs neue
Der katholische Bekehrer;
Wieder schimpft er, jedes Wort
Ist ein Nachttopf, und kein leerer.

Darauf repliziert der Rabbi
Mit zurückgehaltnem Eifer;
Wie sein Herz auch überkocht,
Doch verschluckt er seinen Geifer.

Er beruft sich auf die Mischna,
Kommentare und Traktate;
Bringt auch aus dem Tausves-Jontof
Viel beweisende Zitate

Aber welche Blasphemie
Mußt' er von dem Mönche hören!
Dieser sprach: der Tausves-Jontof
Möge sich zum Teufel scheren.

„Da hört alles auf, o Gott!"
Kreischt der Rabbi jetzt entsetzlich;
Und es reißt ihm die Geduld,
Rappelköpfig wird er plötzlich.

„Gilt nichts mehr der Tausves-Jontof,
Was soll gelten? Zeter! Zeter!
Räche, Herr, die Missetat,
Strafe, Herr, den Übeltäter!

Denn der Tausves-Jontof, Gott,
Das bist du! Und an dem frechen
Tausvesjontof-Leugner mußt du
Deines Namens Ehre rächen.

Laß den Abgrund ihn verschlingen,
Wie des Korah böse Rotte,
Die sich wider dich empört
Durch Emeute und Komplotte.

Donnre deinen besten Donner!
Strafe, o mein Gott, den Frevel —
Hattest du doch zu Sodoma
Und Gomorrha Pech und Schwefel!

Treffe, Herr, die Kapuziner,
Wie du Pharaon getroffen,
Der uns nachgesetzt, als wir
Wohlbepackt davon geloffen.

Hunderttausend Ritter folgten
Diesem König von Mizrayim,
Stahlbepanzert, blanke Schwerter
In den schrecklichen Jadayim.

Gott! da hast du ausgestreckt
Deine Jad, und samt dem Heere

Ward ertränkt, wie junge Katzen,
Pharao im Roten Meere.

Treffe, Herr, die Kapuziner,
Zeige den infamen Schuften,
Daß die Blitze deines Zorns
Nicht verrauchten und verpufften.

Deines Sieges Ruhm und Preis
Will ich singen dann und sagen,
Und dabei, wie Mirjam tat,
Tanzen und die Pauke schlagen.“

In die Rede grimmig fiel
Jetzt der Mönch dem Zornentflammten:
„Mag dich selbst der Herr verderben,
Dich Verfluchten und Verdammten!

Trotzen kann ich deinen Teufeln,
Deinem schmutz'gen Fliegengotte,
Luzifer und Belzebube,
Belial und Astarothe.

Trotzen kann ich deinen Geistern,
Deinen dunkeln Höllenpossen,
Denn in mir ist Jesus Christus,
Habe seinen Leib genossen.

Christus ist mein Leibgericht,
Schmeckt viel besser als Leviathan
Mit der weißen Knoblauchsauce,
Die vielleicht gekocht der Satan.

Ach! anstatt zu disputieren,
Lieber möcht' ich schmoren, braten
Auf dem wärmsten Scheiterhaufen
Dich und deine Kameraden.“

Also tost in Schimpf und Ernst
Das Turnei für Gott und Glauben,
Doch die Kämpen ganz vergeblich
Kreischen, schelten, wüten, schnauben.

Schon zwölf Stunden währt der Kampf,
Dem kein End' ist abzuschauen;
Müde wird das Publikum
Und es schwitzen stark die Frauen.

Auch der Hof wird ungeduldig,
Manche Zofe gähnt ein wenig.
Zu der schönen Königin
Wendet fragend sich der König:

„Sagt mir, was ist Eure Meinung?
Wer hat recht von diesen beiden?
Wollt Ihr für den Rabbi Euch
Oder für den Mönch entscheiden?"

Donna Blanka schaut ihn an,
Und wie sinnend ihre Hände
Mit verschränkten Fingern drückt sie
An die Stirn und spricht am Ende:

„Welcher recht hat, weiß ich nicht —
Doch es will mich schier bedünken,
Daß der Rabbi und der Mönch,
Daß sie alle beide stinken."

*

Ja, ich bin zurückgekehrt zu Gott, wie der verlorene Sohn, nachdem ich lange Zeit bei den Hegelianern die Schweine gehütet. War es die Misere, die mich zurücktrieb? Vielleicht ein minder miserabler Grund. Das himmlische Heimweh überfiel mich und trieb mich fort durch Wälder und Schluchten, über die schwindligsten Bergpfade der Dialektik. Auf meinem Wege fand ich den Gott der Pantheisten, aber ich konnte ihn nicht gebrauchen. Dies arme träumerische Wesen ist mit der Welt verwebt und verwachsen, gleichsam in ihr eingekerkert, und gähnt dich an, willenlos und ohnmächtig. Um einen Willen zu haben, muß man eine Person sein, und um ihn zu manifestieren, muß man die Ellbogen frei haben. Wenn man nun einen Gott begehrt, der zu helfen vermag — und das ist doch die Hauptsache —, so muß man auch seine Persönlichkeit, seine Außerweltlichkeit und seine heiligen Attribute, die Allgüte, die Allweisheit, die Allgerechtigkeit usw., annehmen. Die Unsterblichkeit der Seele, unsre Fortdauer nach dem Tode, wird uns alsdann gleichsam mit in den Kauf gegeben wie der schöne Markknochen, den der Fleischer, wenn er mit seinen Kunden zufrieden ist, ihnen unentgeltlich in den Korb schiebt. Ein solcher schöner Markknochen wird in der französischen Küchensprache la réjouissance genannt, und man kocht damit ganz vorzügliche Kraftbrühen, die für einen armen schmachtenden Kranken sehr stärkend und labend sind. Daß ich eine solche réjouissance nicht ablehnte und sie mir vielmehr mit Behagen zu Gemüte führte, wird jeder fühlende Mensch billigen. — — — — — — — — — — — — —

In Deutschland tauchte die Ansicht auf, daß man wählen müsse zwischen der Religion und der Philosophie, zwischen dem geoffenbarten Dogma des Glaubens und der letzten Konsequenz des Denkens, zwischen dem absoluten Bibelgott und dem Atheismus.

Je entschiedener die Gemüter, desto leichter werden sie das Opfer solcher Dilemmen. Was mich betrifft, so kann ich mich in der Politik keines sonderlichen Fortschritts rühmen; ich verharrte bei denselben demokratischen Prinzipien, denen meine früheste Jugend huldigte und für die ich seitdem immer flammender erglühte. In der Theologie hingegen muß ich mich des Rückschreitens beschuldigen, indem ich, was ich bereits oben gestanden, zu dem alten Aberglauben, zu einem persönlichen Gotte, zurückkehrte. Das läßt sich nun einmal nicht vertuschen, wie es mancher aufgeklärte und wohlmeinende Freund versuchte. Ausdrücklich widersprechen muß ich jedoch dem Gerüchte, als hätten mich meine Rückschritte bis zur Schwelle irgendeiner Kirche oder gar in ihren Schoß geführt. Nein, meine religiösen Überzeugungen und

Ansichten sind frei geblieben von jeder Kirchlichkeit; kein Glockenklang hat mich verlockt, keine Altarkerze hat mich geblendet. Ich habe mit keiner Symbolik gespielt und meiner Vernunft nicht ganz entsagt. Ich habe nichts abgeschworen, nicht einmal meine alten Heidengötter, von denen ich mich zwar abgewendet, aber scheidend in Liebe und Freundschaft. Es war im Mai 1848, an dem Tage, wo ich zum letzten Male ausging, als ich Abschied nahm von den holden Idolen, die ich angebetet in den Zeiten meines Glücks. Nur mit Mühe schleppte ich mich bis zum Louvre, und ich brach fast zusammen, als ich in den erhabenen Saal trat, wo die hochgebenedeite Göttin der Schönheit, Unsere liebe Frau von Milo, auf ihrem Postamente steht. Zu ihren Füßen lag ich lange und ich weinte so heftig, daß sich dessen ein Stein erbarmen mußte. Auch schaute die Göttin mitleidig auf mich herab, doch zugleich so trostlos als wollte sie sagen: siehst du denn nicht, daß ich keine Arme habe und also nicht helfen kann?

★

AN SAINT-RENÉ-TAILLANDIER

Paris, 3. novembre 1851

Mes ancêtres ont appartenu à la religion juive; je ne me suis jamais enorgueilli de cette origine, moi qui me sentais déjà assez humilié quand on me prenait pour une créature simplement humaine, pendant que Hégel m'avait fait croire que j'étais un Dieu!

★

AN BARON JAMES ROTHSCHILD

Paris, 15. Januar 1852

Die älteren Juden, welche sehr gefühlvolle Menschen waren, hegten den Glauben, daß man in Gegenwart eines Kindes nicht etwas Gutes essen dürfe, ohne demselben einen Bissen davon mitzuteilen, aus Furcht, das Kind würde dadurch einen Blutstropfen verlieren, oder wie sie sich ausdrückten, aus Zaar lechajim, was noch mehr sagen will als das Wort Rachmones.

Ihr edles Herz, Herr Baron, scheint auch diesem großmütigen Aberglauben treu geblieben zu sein und jedesmal, wenn das Glück Sie in Ihren kolossalen Geschäften ganz besonders begünstigte, haben nicht bloß Ihre nächsten Hausfreunde, sondern auch der Dichter, das große Kind, etwas zu schlucken bekommen.

★

Nein, es ist nicht wahr, daß die Vernunftkritik, welche die Beweistümer für das Dasein Gottes, wie wir dieselben seit Anselm von Canterbury kennen, zernichtet hat, auch dem Dasein Gottes selber ein Ende gemacht habe. Der Deismus lebt, lebt sein lebendigstes Leben, er ist nicht tot, und am allerwenigsten hat ihn die neueste deutsche Philosophie getötet. Diese spinnwebige Berliner Dialektik kann keinen Hund aus dem Ofenloch locken, sie kann keine Katze töten, wieviel weniger einen Gott. Ich habe es am eignen Leibe erprobt, wie wenig gefährlich ihr Umbringen ist; sie bringt immer um, und die Leute bleiben dabei am Leben. Der Türhüter der Hegelschen Schule, der grimme Ruge, behauptete einst steif und fest, oder vielmehr fest und steif, daß er mich mit seinem Portierstock in den „Hallischen Jahrbüchern" totgeschlagen habe, und doch zur selben Zeit ging ich umher auf den Boulevards von Paris, frisch und gesund und unsterblicher als je. Der arme, brave Ruge! Er selber konnte sich später nicht des ehrlichsten Lachens enthalten, als ich ihm hier in Paris das Geständnis machte, daß ich die fürchterlichen Totschlagblätter, die „Hallischen Jahrbücher", nie zu Gesicht bekommen hatte, und sowohl meine vollen roten Backen als auch der gute Appetit, womit ich Austern schluckte, überzeugten ihn, wie wenig mir der Name einer Leiche gebührte. In der Tat, ich war damals noch gesund und feist, ich stand im Zenit meines Fettes und war so übermütig wie der König Nebukadnezar vor seinem Sturze.

Ach! Einige Jahre später ist eine leibliche und geistige Veränderung eingetreten. Wie oft seitdem denke ich an die Geschichte dieses babylonischen Königs, der sich selbst für den lieben Gott hielt, aber von der Höhe seines Dünkels erbärmlich herabstürzte, wie ein Tier am Boden kroch und Gras aß (es wird wohl Salat gewesen sein). In dem prachtvoll grandiosen Buch Daniel steht diese Legende, die ich nicht bloß dem guten Ruge, sondern auch meinem noch viel verstockteren Freunde Marx, ja auch den Herren Feuerbach, Daumer, Bruno Bauer, Hengstenberg, und wie sie sonst heißen mögen, diese gottlosen Selbstgötter, zur erbaulichen Beherzigung empfehle. Es stehen überhaupt noch viel schöne und merkwürdige Erzählungen in der Bibel, die ihrer Beachtung wert wären, z. B. gleich im Anfang die Geschichte von dem verbotenen Baume im Paradiese und von der Schlange, der kleinen Privatdozentin, die schon sechstausend Jahre vor Hegels Geburt die ganze Hegelsche Philosophie vortrug. Dieser Blaustrumpf ohne Füße zeigt sehr scharfsinnig, wie das Absolute in der Identität von Sein und Wissen besteht, wie der Mensch zum Gotte werde durch die Erkenntnis, oder, was dasselbe ist, wie Gott im Menschen zum Bewußtsein seiner selbst gelange — diese Formel ist nicht so klar wie die ursprünglichen Worte: „Wenn ihr vom

Baume der Erkenntnis genossen, werdet ihr wie Gott sein!" Frau Eva verstand von der ganzen Demonstration nur das eine, daß die Frucht verboten sei, und weil sie verboten, aß sie davon, die gute Frau. Aber kaum hatte sie von dem lockenden Apfel gegessen, so verlor sie ihre Unschuld, ihre naive Unmittelbarkeit, sie fand, daß sie viel zu nackend sei für eine Person von ihrem Stande, die Stammmutter so vieler künftigen Kaiser und Könige, und sie verlangte ein Kleid. Freilich nur ein Kleid von Feigenblättern, weil damals noch keine Lyoner Seidenfabrikanten geboren waren und weil es auch im Paradiese noch keine Putzmacherinnen und Modehändlerinnen gab — o Paradies! Sonderbar, sowie das Weib zum denkenden Selbstbewußtsein kommt, ist ihr erster Gedanke ein neues Kleid! Auch diese biblische Geschichte, zumal die Rede der Schlange, kommt mir nicht aus dem Sinn, und ich möchte sie als Motto diesem Buche voransetzen, in derselben Weise, wie man oft vor fürstlichen Gärten eine Tafel sieht mit der warnenden Aufschrift: „Hier liegen Fußangeln und Selbstschüsse".

Ich habe mich bereits in meinem jüngsten Buche, im „Romanzero", über die Umwandlung ausgesprochen, welche in bezug auf göttliche Dinge in meinem Geiste stattgefunden. Es sind seitdem mit christlicher Zudringlichkeit sehr viele Anfragen an mich ergangen, auf welchem Wege die bessere Erleuchtung über mich gekommen. Fromme Seelen scheinen darnach zu lechzen, daß ich ihnen irgendein Mirakel aufbinde, und sie möchten gerne wissen, ob ich nicht wie Saulus ein Licht erblickte auf dem Wege nach Damaskus, oder ob ich nicht wie Barlam, der Sohn Boers, einen stätigen Esel geritten, der plötzlich den Mund auftat und zu sprechen begann wie ein Mensch? Nein, ihr gläubigen Gemüter, ich reiste niemals nach Damaskus, ich weiß nichts von Damaskus, als daß jüngst die dortigen Juden beschuldigt worden, sie fräßen alte Kapuziner, und der Name der Stadt wäre mir vielleicht ganz unbekannt, hätte ich nicht das Hohelied gelesen, wo der König Salomo die Nase seiner Geliebten mit einem Turm vergleicht, der gen Damaskus schaut. Auch sah ich nie einen Esel, nämlich keinen vierfüßigen, der wie ein Mensch gesprochen hätte, während ich Menschen genug traf, die jedesmal, wenn sie den Mund auftaten, wie Esel sprachen. In der Tat, weder eine Vision, noch eine seraphitische Verzückung, noch eine Stimme vom Himmel, auch kein merkwürdiger Traum oder sonst ein Wunderspuk brachte mich auf den Weg des Heils, und ich verdanke meine Erleuchtung ganz einfach der Lektüre eines Buches — eines Buches? Ja, und es ist ein altes, schlichtes Buch, bescheiden wie die Natur, auch natürlich wie diese; ein Buch, das werkeltägig und anspruchslos aussieht wie die Sonne, die uns wärmt, wie das Brot, das uns nährt; ein Buch, das so traulich, so segnend gütig uns anblickt wie eine alte Großmutter, die auch täglich in dem Buche liest, mit den lieben, bebenden Lippen und mit der Brille auf der Nase — und dieses Buch heißt auch ganz kurzweg das Buch, die Bibel. Mit Fug nennt man diese auch die Heilige Schrift; wer seinen Gott verloren hat, der kann ihn in diesem Buche wiederfinden, und wer ihn nie gekannt, dem weht hier entgegen der Odem des göttlichen Wortes. Die Juden, welche sich auf Kostbarkeiten verstehen, wußten sehr gut, was sie taten, als sie bei dem Brande des zweiten Tempels die goldenen und silbernen Opfergeschirre, die Leuchter und Lampen, sogar den hohenpriesterlichen Brustlatz mit den großen Edelsteinen im Stich ließen und nur die Bibel retteten. Diese war der wahre Tempelschatz, und derselbe ward gottlob nicht ein Raub der Flammen oder des Titus Vespasianus, des Bösewichts, der ein so schlechtes Ende genommen, wie die Rabbiner erzählen. Ein jüdischer Priester, der zweihundert Jahr vor dem Brand des zweiten Tempels, während der Glanzperiode des Ptolemäers Philadelphus, zu Jerusalem lebte und Josua ben Sira's ben-Eliezer hieß, hat in einer Gnomensammlung, „Meschalim", in bezug auf die Bibel den Gedanken seiner Zeit ausgesprochen, und ich will seine schönen Worte hier mitteilen. Sie sind sakerdotal feierlich und doch zugleich so erquickend frisch, als wären sie erst gestern einer lebenden Menschenbrust entquollen, und sie lauten wie folgt:

„Dies alles ist eben das Buch des Bundes, mit dem höchsten Gott gemacht, nämlich das Gesetz, welches Moses dem Hause Jakob zum Schatz befohlen hat. Daraus die Weisheit geflossen ist, wie das Wasser Pison, wenn es groß ist: und wie das Wasser Tigris, wenn es übergehet in Lenzen. Daraus der Verstand geflossen ist, wie der Euphrates, wenn er groß ist, und wie der Jordan in der Ernte. Aus demselben ist hervorbrochen die Zucht, wie das Licht und wie das Wasser Nilus im Herbst. Er ist nie gewesen, der es ausgelernt hätte: und wird nimmermehr werden, der es ausgründen möchte. Denn sein Sinn ist reicher, weder kein Meer: und sein Wort tiefer, denn kein Abgrund."

★

AN BETTY HEINE

Paris, 7. Mai 1853

Ein Artikel von mir in einer französischen Revue hat ungeheueres beispielloses Glück gemacht; aber zu meinem größten Ärger muß ich erfahren, daß diese schöne Arbeit von einem miserablen deutschen Buchhändler in einer miserablen, deutschen Übersetzung zu Berlin herausgegeben worden ... Ich bin überzeugt, der Lump, der die Übersetzung machte, ist ein aufgeklärter Handelsjude aus der Schule eines Salomon oder Kley, wie ich aus mancher Sprachwendung, noch mehr aber aus den Fragmenten aus Zeitungsblättern herausgerochen, die er in seinem Machwerk als Beigabe druckte, und worin er allerlei verstümmelte Gesundheitsnachrichten über mich mitteilte und sich gar das Ansehn eines wohlwollenden Freundes geben möchte. Ich habe, liebe Mutter, Deiner Abneigung gegen die Juden nie beitreten wollen, aber sie haben mir das Leben verflucht sauer gemacht, und unser Herr und Heiland mußte wirklich ein Gott sein, um solchen Pharisäern ihre Verfolgungssucht vergeben zu können. Gottlob, ich sehe keine in meiner Nähe. Der Monsieur Wihl hatte die Güte, sich selbst herauszuschmeißen, und ein noch schmutzigerer und schlechterer und gefährlicherer Lump, der Literat Weill, kömmt mir gottlob auch nicht mehr über die Schwelle. Es sind eine Menge dieses Gelichters in Paris, die herumlaufen und räsonnieren, oder auch korrespondieren und die ich Gott sei Dank nicht sehe.

★

Ich darf hier ebenfalls eine andre Illustration dieser Gattung, einen merkwürdigen Akoluthen der Schlegel, nicht mit Stillschweigen übergehen. Dieses ist ein deutscher Baron, welcher, von den Schlegeln besonders rekommandiert, die germanische Wissenschaft in Paris repräsentieren sollte. Er war gebürtig aus Altona, wo er einer der angesehensten israelitischen Familien angehörte. Sein Stammbaum, welcher bis zu Abraham, dem Sohne Thaers und Ahnherrn Davids, des Königs über Juda und Israel, hinaufreichte, berechtigte ihn hinlänglich, sich einen Edelmann zu nennen, und da er wie der Synagoge auch späterhin dem Protestantismus entsagte und, letztern förmlich abschwörend, sich in den Schoß der römisch-katholischen, alleinseligmachenden Kirche begeben hatte, durfte er auch mit gutem Fug auf den Titel eines katholischen Barons Anspruch machen.

★

Die Wiedererweckung meines religiösen Gefühls verdanke ich jenem heiligen Buche, und dasselbe ward für mich ebensosehr eine Quelle des Heils als ein Gegenstand der frömmigsten Bewunderung. Sonderbar! Nachdem ich mein ganzes Leben hindurch mich auf allen Tanzböden der Philosophie herumgetrieben, allen Orgien des Geistes mich hingegeben, mit allen möglichen Systemen gebuhlt, ohne befriedigt worden zu sein, wie Messaline nach einer liederlichen Nacht — jetzt befinde ich mich plötzlich auf demselben Standpunkt, worauf auch der Onkel Tom steht, auf dem der Bibel, und ich knie neben dem schwarzen Betbruder nieder in derselben Andacht —

Welche Demütigung! Mit all meiner Wissenschaft habe ich es nicht weiter gebracht als der arme unwissende Neger, der kaum buchstabieren gelernt! Der arme Tom scheint freilich in dem heiligen Buche noch tiefere Dinge zu sehen als ich, dem besonders die letzte Partie noch nicht ganz klar geworden. Tom versteht sie vielleicht besser, weil mehr Prügel darin vorkommen, nämlich jene unaufhörlichen Peitschenhiebe, die mich manchmal bei der Lektüre der Evangelien und der Apostelgeschichte sehr unästhetisch anwiderten. So ein armer Negersklave liest zugleich mit dem Rücken und begreift daher viel besser als wir. Dagegen glaube ich mir schmeicheln zu dürfen, daß mir der Charakter des Moses in der ersten Abteilung des heiligen Buches einleuchtender aufgegangen sei. Diese große Figur hat mir nicht wenig imponiert. Welche Riesengestalt! Ich kann mir nicht vorstellen, daß Ok, König von Basan, größer gewesen sei. Wie klein erscheint der Sinai, wenn der Moses darauf steht! Dieser Berg ist nur das Postament, worauf die Füße des Mannes stehen, dessen Haupt in den Himmel hineinragt, wo er mit Gott spricht — Gott verzeih mir die Sünde, manchmal wollte es mich bedünken, als sei dieser mosaische Gott nur der zurückgestrahlte Lichtglanz des Moses selbst, dem er so ähnlich sieht, ähnlich in Zorn und in Liebe — Es wäre eine große Sünde, es wäre Anthropomorphismus, wenn man eine solche Identität des Gottes und seines Propheten annähme — aber die Ähnlichkeit ist frappant.

Ich hatte Moses früher nicht sonderlich geliebt, wahrscheinlich weil der hellenische Geist in mir vorwaltend war und ich dem Gesetzgeber der Juden seinen Haß gegen alle Bildlichkeit, gegen die Plastik, nicht verzeihte. Ich sah nicht, daß Moses trotz seiner Befeindung der Kunst dennoch selber ein großer Künstler war und den wahren Künstlergeist besaß. Nur war dieser Künstlergeist bei ihm wie bei seinen ägyptischen Landsleuten nur auf das Kolossale und Unverwüstliche gerichtet. Aber nicht wie die Ägypter formierte er seine Kunstwerke aus Backstein und Granit, sondern er baute Menschenpyramiden, er meißelte Menschenobelisken, er nahm einen armen Hirtenstamm und schuf daraus ein Volk, das ebenfalls den Jahrhunderten trotzen sollte, ein großes, ewiges, heiliges Volk, ein Volk Gottes, das allen andern Völkern als Muster, ja der ganzen Menschheit als Prototyp dienen konnte: er schuf Israel! Mit größerem

Rechte als der römische Dichter darf jener Künstler, der Sohn Amrams und der Hebamme Jochebet, sich rühmen, ein Monument errichtet zu haben, das alle Bildungen aus Erz überdauern wird!

Wie über den Werkmeister, hab' ich auch über das Werk, die Juden, nie mit hinlänglicher Ehrfurcht gesprochen, und zwar gewiß wieder meines hellenischen Naturells wegen, dem der judäische Ascetismus zuwider war. Meine Vorliebe für Hellas hat seitdem abgenommen. Ich sehe jetzt, die Griechen waren nur schöne Jünglinge, die Juden aber waren immer Männer, gewaltige, unbeugsame Männer, nicht bloß ehemals, sondern bis auf den heutigen Tag, trotz achtzehn Jahrhunderten der Verfolgung und des Elends. Ich habe sie seitdem besser würdigen gelernt, und wenn nicht jeder Geburtsstolz bei dem Kämpen der Revolution und ihrer demokratischen Prinzipien ein närrischer Widerspruch wäre, so könnte der Schreiber dieser Blätter stolz darauf sein, daß seine Ahnen dem edlen Hause Israel angehörten, daß er ein Abkömmling jener Märtyrer, die der Welt einen Gott und eine Moral gegeben und auf allen Schlachtfeldern des Gedankens gekämpft und gelitten haben.

Die Geschichte des Mittelalters und selbst der modernen Zeit hat selten in ihre Tagesberichte die Namen solcher Ritter des heiligen Geistes eingezeichnet, denn sie fochten gewöhnlich mit verschlossenem Visier. Ebensowenig die Taten der Juden wie ihr eigentliches Wesen sind der Welt bekannt. Man glaubt sie zu kennen, weil man ihre Bärte gesehen, aber mehr kam nie von ihnen zum Vorschein, und wie im Mittelalter sind sie auch noch in der modernen Zeit ein wandelndes Geheimnis. Es mag enthüllt werden an dem Tage, wovon der Prophet geweissagt, daß es alsdann nur noch einen Hirten und eine Herde geben wird und der Gerechte, der für das Heil der Menschheit geduldet, seine glorreiche Anerkennung empfängt.

Man sieht, ich, der ich ehemals den Homer zu zitieren pflegte, ich zitiere jetzt die Bibel wie der Onkel Tom. In der Tat, ich verdanke ihr viel. Sie hat, wie ich oben gesagt, das religiöse Gefühl wieder in mir erweckt; und diese Wiedergeburt des religiösen Gefühls genügte dem Dichter, der vielleicht weit leichter als andere Sterbliche der positiven Glaubensdogmen entbehren kann. Er hat die Gnade, und seinem Geist erschließt sich die Symbolik des Himmels und der Erde; er bedarf dazu keines Kirchenschlüssels. Die törichtsten und widersprechendsten Gerüchte sind in dieser Beziehung über mich in Umlauf gekommen. Sehr fromme, aber nicht sehr gescheute Männer des protestantischen Deutschlands haben mich dringend befragt, ob ich dem lutherisch-evangelischen

Bekenntnisse, zu welchem ich mich bisher nur in lauer, offizieller Weise bekannte, jetzt, wo ich krank und gläubig geworden, mit größerer Sympathie als zuvor zugetan sei? Nein, ihr lieben Freunde, es ist in dieser Beziehung keine Änderung mit mir vorgegangen, und wenn ich überhaupt dem evangelischen Glauben angehörig bleibe, so geschieht es, weil er mich auch jetzt durchaus nicht geniert, wie er mich früher nie allzusehr genierte. Freilich, ich gestehe es aufrichtig, als ich mich in Preußen und zumal in Berlin befand, hätte ich, wie manche meiner Freunde, mich gern von jedem kirchlichen Bande bestimmt losgesagt, wenn nicht die dortigen Behörden jedem, der sich zu keiner von den staatlich privilegierten positiven Religionen bekannte, den Aufenthalt in Preußen und zumal in Berlin verweigerten. Wie Henri IV. einst lachend sagte: „Paris vaut bien une messe", so konnte ich mit Fug sagen: „Berlin vaut bien un prêche", und ich konnte mir nach wie vor das sehr aufgeklärte und von jedem Aberglauben filtrierte Christentum gefallen lassen, das man damals sogar ohne Gottheit Christi, wie Schildkrötensuppe ohne Schildkröte, in den Berliner Kirchen haben konnte. Zu jener Zeit war ich selbst noch ein Gott, und keine der positiven Religionen hatte mehr Wert für mich als die andere; ich konnte aus Courtoisie ihre Uniformen tragen, wie z. B. der russische Kaiser sich in einen preußischen Gardeoffizier verkleidet, wenn er dem König von Preußen die Ehre erzeigt, einer Revue in Potsdam beizuwohnen.

Jetzt, wo durch das Wiedererwachen des religiösen Gefühls sowie auch durch meine körperlichen Leiden mancherlei Veränderung in mir vorgegangen — entspricht jetzt die lutherische Glaubensuniform einigermaßen meinem innersten Gedanken? Inwieweit ist das offizielle Bekenntnis zur Wahrheit geworden? Solcher Frage will ich durch keine direkte Beantwortung begegnen, sie soll mir nur eine Gelegenheit bieten, die Verdienste zu beleuchten, die sich der Protestantismus nach meiner jetzigen Einsicht um das Heil der Welt erworben; und man mag danach ermessen, inwiefern ihm eine größere Sympathie von meiner Seite gewonnen ward.

Früherhin, wo die Philosophie ein überwiegendes Interesse für mich hatte, wußte ich den Protestantismus nur wegen der Verdienste zu schätzen, die er sich durch die Eroberung der Denkfreiheit erworben, die doch der Boden ist, auf welchem sich später Leibniz, Kant und Hegel bewegen konnten — Luther, der gewaltige Mann mit der Axt, mußte diesen Kriegern vorangehen und ihnen den Weg bahnen. In dieser Beziehung habe ich auch die Reformation als den Anfang der deutschen Philosophie gewürdigt und meine kampflustige Parteinahme für den Protestantismus justifiziert. Jetzt, in meinen spätern und reifern Tagen, wo das religiöse Gefühl wieder überwältigend in mir aufwogt und der gescheiterte Metaphysiker sich an die Bibel festklammert: jetzt würdige ich den Protestantismus ganz absonderlich ob der Verdienste, die er sich durch die Auffindung und Verbreitung des heiligen Buches erworben. Ich sage die Auffindung, denn die Juden, die dasselbe aus dem großen Brande des zweiten Tempels gerettet und es im Exile gleichsam wie ein portatives Vaterland mit sich herumschleppten das ganze Mittelalter hindurch, sie hielten diesen Schatz sorgsam verborgen in ihrem Ghetto, wo die deutschen Gelehrten, Vorgänger und Beginner der Reformation, hinschlichen, um Hebräisch zu lernen, um den Schlüssel zu der Truhe zu gewinnen, welche den Schatz barg. Ein solcher Gelehrter war der fürtreffliche Reuchlinus, und die Feinde desselben, die Hochstraaten u. Komp. in Köln, die man als blödsinnige Dunkelmänner darstellte, waren keineswegs so ganz dumme Tröpfe, sondern sie waren fernsichtige Inquisitoren, welche das Unheil, das die Bekanntschaft mit der Heiligen Schrift für die Kirche herbeiführen würde, wohl voraussahen: daher ihr Verfolgungseifer gegen alle hebräische Schriften, die sie ohne Ausnahme zu verbrennen rieten, während sie die Dolmetscher dieser heiligen Schriften, die Juden, durch den verhetzten Pöbel auszurotten suchten. Jetzt, wo die Motive jener Vorgänge aufgedeckt liegen, sieht man, wie jeder im Grunde recht hatte. Die Kölner Dunkelmänner glaubten das Seelenheil der Welt bedroht, und alle Mittel, sowohl Lüge als Mord, dünkten ihnen erlaubt, zumal in betreff der Juden. Das arme niedere Volk, die Kinder des Erbelends, haßte die Juden schon wegen ihrer aufgehäuften Schätze, und was heutzutage der Haß der Proletarier gegen die Reichen überhaupt genannt wird, hieß ehemals Haß gegen die Juden. In der Tat, da diese letztern, ausgeschlossen von jedem Grundbesitz und jedem Erwerb durch Handwerk, nur auf den Handel und die Geldgeschäfte angewiesen waren, welche die Kirche für Rechtgläubige verpönte, so waren sie, die Juden, gesetzlich dazu verdammt, reich, gehaßt und ermordet zu werden. Solche Ermordungen freilich trugen in jenen Zeiten noch einen religiösen Deckmantel, und es hieß, man müsse diejenigen töten, die einst unsern Herrgott getötet. Sonderbar! Eben das Volk, das der Welt einen Gott gegeben, und dessen ganzes Leben nur Gottesandacht atmete, ward als Deicide verschrien! Die blutige Parodie eines solchen Wahnsinns sahen wir beim Ausbruch der Revolution von Sankt Domingo, wo ein Negerhaufen, der die Pflanzungen mit Mord und Brand heimsuchte, einen schwarzen Fanatiker an seiner Spitze hatte, der ein ungeheures Kruzifix trug und blutdürstig schrie: „Die Weißen haben Christum getötet, laßt uns alle Weißen totschlagen!"

Ja, den Juden, denen die Welt ihren Gott verdankt, verdankt sie auch dessen Wort, die Bibel; sie haben sie gerettet aus dem Bankerott des römischen Reichs, und in der tollen Raufzeit der Völkerwanderung bewahrten sie das teure Buch, bis es der Protestantismus bei ihnen aufsuchte und das gefundene Buch in die Landessprachen übersetzte und in alle Welt verbreitete. Diese Verbreitung hat die segensreichsten Früchte hervorgebracht und dauert noch bis auf heutigen Tag, wo die Propaganda der Bibelgesellschaft eine providentielle Sendung erfüllt, die bedeutsamer ist und jedenfalls ganz andere Folgen haben wird, als die frommen Gentlemen dieser britischen Christentums-Speditions-Sozietät selber ahnen. Sie glauben eine kleine enge Dogmatik zur Herrschaft zu bringen und wie das Meer auch den Himmel zu monopolisieren, denselben zur britischen Kirchendomäne zu machen: und siehe! sie fördern, ohne es zu wissen, den Untergang aller protestantischen Sekten, die alle in der Bibel ihr Leben haben und in einem allgemeinen Bibeltume aufgehen. Sie fördern die große Demokratie, wo jeder Mensch nicht bloß König, sondern auch Bischof in seiner Hausburg sein soll; indem sie die Bibel über die ganze Erde verbreiten, sie sozusagen der ganzen Menschheit durch merkantilische Kniffe, Schmuggel und Tausch in die Hände spielen und der Exegese, der individuellen Vernunft überliefern, stiften sie das große Reich des Geistes, das Reich des religiösen Gefühls, der Nächstenliebe, der Reinheit und der wahren Sittlichkeit, die nicht durch dogmatische Begriffsformeln gelehrt werden kann, sondern durch Bild und Beispiel, wie dergleichen enthalten ist in dem schönen heiligen Erziehungsbuche für kleine und große Kinder, in der Bibel.

Es ist für den beschaulichen Denker ein wunderbares Schauspiel, wenn er die Länder betrachtet, wo die Bibel schon seit der Reformation ihren bildenden Einfluß ausgeübt auf die Bewohner und ihnen in Sitte, Denkungsart und Gemütlichkeit jenen Stempel des palästinischen Lebens aufgeprägt hat, das in dem Alten wie in dem Neuen Testamente sich bekundet. Im Norden von Europa und Amerika, namentlich in den skandinavischen und anglosächsischen, überhaupt in germanischen und einigermaßen auch in keltischen Landen, hat sich das Palästinatum so geltend gemacht, daß man sich dort unter Juden versetzt zu sehen glaubt. Z. B. die protestantischen Schotten, sind sie nicht Hebräer, deren Namen überall biblisch, deren Cant sogar etwas jerusalemitisch-pharisäisch klingt und deren Religion nur ein Judentum ist, welches Schweinefleisch frißt? So ist es auch mit manchen Provinzen Norddeutschlands und mit Dänemark; ich will gar nicht reden von den meisten neuen Gemeinden der Vereinigten Staaten, wo man das alttestamentarische Leben pedantisch nachäfft. Letzteres erscheint hier wie daguerreotypiert, die Konturen sind ängstlich richtig, doch alles ist grau in grau, und es fehlt der sonnige Farbenschmelz des Gelobten Landes. Aber die Karrikatur wird einst schwinden, das Echte, Unvergängliche und Wahre, nämlich die Sittlichkeit des alten Judentums, wird in jenen Ländern ebenso gotterfreulich blühen wie einst am Jordan und auf den Höhen des Libanons. Man hat keine Palme und Kamele nötig, um gut zu sein, und Gutsein ist besser denn Schönheit.

Vielleicht liegt es nicht bloß in der Bildungsfähigkeit der erwähnten Völker, daß sie das jüdische Leben in Sitte und Denkweise so leicht in sich aufgenommen. Der Grund dieses Phänomens ist vielleicht auch in dem Charakter des jüdischen Volks zu suchen, das immer sehr große Wahlverwandtschaft mit dem Charakter der germanischen und einigermaßen auch der keltischen Rasse hatte. Judäa erschien mir immer wie ein Stück Okzident, das sich mitten in den Orient verloren. In der Tat, mit seinem spiritualistischen Glauben, seinen strengen, keuschen, sogar ascetischen Sitten, kurz mit seiner abstrakten Innerlichkeit, bildete dieses Land und sein Volk immer den sonderbarsten Gegensatz zu den Nachbarländern und Nachbarvölkern, die, den üppig buntesten und brünstigsten Naturkulten huldigend, im bacchantischen Sinnenjubel ihr Dasein verluderten. Israel saß fromm unter seinem Feigenbaum und sang das Lob des unsichtbaren Gottes und übte Tugend und Gerechtigkeit, während in den Tempeln von Babel, Ninive, Sidon und Tyrus jene blutigen und unzüchtigen Orgien gefeiert wurden, ob deren Beschreibung uns noch jetzt das Haar sich sträubt! Bedenkt man diese Umgebung, so kann man die frühe Größe Israels nicht genug bewundern. Von der Freiheitsliebe Israels, während nicht bloß in seiner Umgebung, sondern bei allen Völkern des Altertums, sogar bei den philosophischen Griechen, die Sklaverei justifiziert war und in Blüte stand, will ich gar nicht reden, um die Bibel nicht zu kompromittieren bei den jetzigen Gewalthabern. Es gibt wahrhaftig keinen Sozialisten, der terroristischer wäre als unser Herr und Heiland, und bereits Moses war ein solcher Sozialist, obgleich er als ein praktischer Mann bestehende Gebräuche, namentlich in bezug auf das Eigentum, nur umzumodeln suchte. Ja, statt mit dem Unmöglichen zu ringen, statt die Abschaffung des Eigentums tollköpfig zu dekretieren, erstrebte Moses nur die Moralisation desselben, er suchte das Eigentum in Einklang zu bringen mit der Sittlichkeit, mit dem wahren Vernunftrecht, und solches bewirkte er durch die Einführung des Jubeljahrs, wo jedes alienierte Erbgut, welches bei einem ackerbauenden Volke immer Grundbesitz war, an den ursprünglichen Eigentümer zurückfiel, gleichviel, in welcher Weise dasselbe veräußert worden. Diese Institution bildet den entschiedensten Gegensatz zu der „Verjährung" bei den Römern, wo nach Ablauf einer gewissen Zeit der faktische Besitzer eines Gutes von dem legitimen Eigentümer nicht mehr zur Rückgabe gezwungen werden kann, wenn letzterer nicht zu beweisen vermag, während jener Zeit eine solche Restitution in gehöriger Form begehrt zu haben. Diese letzte Bedingnis ließ der Schikane offnes Feld, zumal in einem Staate, wo Despotismus und Jurisprudenz blühte und dem ungerechten Besitzer alle Mittel der Abschreckung, besonders dem Armen gegenüber, der die Streitkosten nicht erschwingen kann, zu Gebote stehn. Der Römer war zugleich Soldat und Advokat, und das Fremdgut, das er mit dem Schwerte erbeutet, wußte er durch Zungendrescherei zu verteidigen. Nur ein Volk von Räubern und Kasuisten konnte die Proskription, die Verjährung, erfinden und dieselbe konsakrieren in jenem abscheulichsten Buche, welches die Bibel des Teufels genannt werden kann, im Kodex des römischen Zivilrechts, der leider noch jetzt herrschend ist.

Ich habe oben von der Verwandtschaft gesprochen, welche zwischen Juden und Germanen, die ich einst „die beiden Völker der Sittlichkeit" nannte, stattfindet, und in dieser Beziehung erwähne ich auch als einen merkwürdigen Zug den ethischen Unwillen, womit das alte deutsche Recht die Verjährung stigmatisiert; in dem Munde des niedersächsischen Bauers lebt noch heute das rührend schöne Wort: „Hundert Jahr Unrecht machen nicht ein Jahr Recht." Die mosaische Gesetzgebung protestiert noch entschiedener durch die Institution des Jubeljahrs. Moses wollte nicht das Eigentum abschaffen, er wollte vielmehr, daß jeder dessen besäße, damit niemand durch Armut ein Knecht mit knechtischer Gesinnung sei. Freiheit war immer des großen Emanzipators letzter Gedanke, und dieser atmet und flammt in allen seinen Gesetzen, die den Pauperismus betreffen. Die Sklaverei selbst haßte er über alle Maßen, schier ingrimmig, aber auch diese Unmenschlichkeit konnte er nicht ganz vernichten, sie wurzelte noch zu sehr im Leben jener Urzeit, und er mußte sich darauf beschränken, das Schicksal der Sklaven gesetzlich zu mildern, den Loskauf zu erleichtern und die Dienstzeit zu beschränken. Wollte aber ein Sklave, den das Gesetz endlich befreite, durchaus nicht das Haus des Herrn verlassen, so befahl Moses, daß der unverbesserliche servile Lump mit dem Ohr an den Türpfosten des herrschaftlichen Hauses angenagelt würde, und nach dieser schimpflichen Ausstellung war er verdammt, auf Lebenszeit zu dienen. O Moses, unser Lehrer, Mosche Rabenu, hoher Bekämpfer der Knechtschaft, reiche mir Hammer und Nägel, damit ich unsere gemütlichen Sklaven in schwarzrotgoldner Livree mit ihren langen Ohren festnagle an das Brandenburger Tor!

★

GEDANKEN UND EINFÄLLE

Daß ich ein Christ ward, ist die Schuld jener Sachsen, die bei Leipzig plötzlich umsattelten, oder Napoleons, der doch nicht nötig hatte, nach Rußland zu gehn, oder seines Lehrers, der ihm zu Brienne Unterricht in der Geographie gab und ihm nicht gesagt hat, daß es zu Moskau im Winter sehr kalt ist.

Unterschied des Heidentums (der Inder, Perser) vom Judentum: sie haben alle ein unendliches, ewiges Urwesen, aber dieses ist bei jenen in der Welt, mit welcher es identisch, und es entfaltet sich mit dieser aus dem Gesetze der Notwendigkeit — der Gott der Juden ist außer der Welt und erschafft sie durch einen Akt des freien Willens.

Judentum — Aristokratie: Ein Gott hat die Welt erschaffen und regiert sie; alle Menschen sind seine Kinder, aber die Juden sind seine Lieblinge, und ihr Land ist sein auserwähltes Dominium. Er ist ein Monarch, die Juden sind der Adel, und Palästina ist das Exarchat Gottes.

Christentum — Demokratie: Ein Gott, der alles erschaffen und regiert, aber alle Menschen gleich liebt und alle Reiche gleich beschützt. Er ist kein Nationalgott mehr, sondern ein universeller.

Die Juden waren die einzigen, die bei der Christlichwerdung Europas sich ihre Glaubensfreiheit behaupteten.

Judäa, dieses protestantische Ägypten.

Die Germanen ergriffen das Christentum aus Wahlverwandtschaft mit dem jüdischen Moralprinzip, überhaupt dem Judaismus. Die Juden waren die Deutschen des Orients, und jetzt sind die Protestanten in den germanischen Ländern (in Schottland, Amerika, Deutschland, Holland) nichts anders als altorientalische Juden.

Der Judenhaß beginnt erst mit der romantischen Schule, mit der Freude am Mittelalter, Katholizismus, Adel, gesteigert durch die Teutomanen (Rühs).

Die jüdische Geschichte ist schön; aber die jungen Juden schaden den alten, die man weit über die Griechen und Römer setzen würde. Ich glaube: gäbe es keine Juden mehr und man wüßte, es befände sich irgendwo ein Exemplar von diesem Volk, man würde hundert Stunden reisen, um es zu sehen und ihm die Hände zu drücken — und jetzt weicht man uns aus!

Die Geschichte der neueren Juden ist tragisch, und schrieb man über dieses Tragische, so wird man noch ausgelacht — das ist das Allertragischste.

Es ist charakteristisch für den Hamburger Judenkrawall (im September 1830), daß die Revolutionäre erst ihr Tagesgeschäft vollendeten und eine Abendrevolution machten.

Ich war bei van Aken während des Tumults: Der Löwe war am ruhigsten, vornehm indigniert, die Affen freuten sich, die Schlangen wandten sich, die Hyäne war unruhig gierig, der Eisbär streckte sich bequem hin und wartete, das Chamäleon veränderte jeden Augenblick die Farbe, rot, blau, weiß, endlich sogar dreifarbig — die Tiere sahen menschlich vernünftig aus, im Gegensatz zu den Menschen, die tierisch wild rasten.

Ein Jude sagte zum andern: „Ich war zu schwach." Dies Wort empfiehlt sich als Motto zu einer Geschichte des Judentums.

Eine Phryne, welche am Dammtor stand, sagte: „Wenn heute die Juden beleidigt werden, so geht's bald gegen den Senat und endlich gegen uns." Kassandra der Drehbahn, wie bald gingen deine Worte in Erfüllung!

Seid ganz tolerant oder gar nicht, geht den guten Weg oder den bösen; um am Scheidewege zagend stehen zu bleiben, dazu seid ihr zu schwach — dies vermochte kein Herkules, und er mußte sich für einen der Wege bald entscheiden.

Der Taufzettel ist das Entreebillett zur europäischen Kultur.

Niemals von jüdischen Verhältnissen sprechen! Der Spanier, welcher sich im Traume mit der Muttergottes allnächtlich unterhält, berührt nie ihr Verhältnis zu Gott-Vater, aus Delikatesse: die unmakulierteste Empfängnis sei doch immer eine Empfängnis.

Ich liebe sie (die Juden) persönlich.

B. Wenn ich von dem Stamme wäre, dem unser Heiland entsprossen, ich würde mich dessen eher rühmen als schämen.

A. Ach, das tät ich auch, wenn unser Heiland der einzige wäre, der diesem Stamm entsprossen — aber es ist demselben soviel Lumpengesindel ebenfalls entsprossen, daß diese Verwandtschaft anzuerkennen sehr bedenklich ward.

Die Juden, wenn sie gut, sind sie besser, wenn sie schlecht, sind sie schlimmer als die Christen.

Für das Porzellan, das die Juden einst in Sachsen kaufen mußten, bekommen die, welche es behielten, jetzt den hundertfachen Wert bezahlt — am Ende wird Israel für seine Opfer entschädigt durch die Anerkennung der Welt, durch Ruhm und Größe.

Die Juden — dieses Volkgespenst, das bei seinem Schatze, der Bibel, unabweisbar wachte! Vergebens war der Exorzismus — Deutsche hoben ihn.

Ist die Mission der Juden geendigt? Ich glaube: wenn der weltliche Heiland kommt: Industrie, Arbeit, Freude. Der weltliche Heiland kommt auf einer Eisenbahn, Michel bahnt ihm den Weg, Rosen werden gestreut auf seinen Pfaden.

Wieviel hat Gott schon getan, um das Weltübel zu heilen! Zu Mosis Zeit tat er Wunder über Wunder, später in der Gestalt Christi ließ er sich sogar geißeln und kreuzigen, endlich in der Gestalt Enfantins tat er das Ungeheuerste, um die Welt zu retten: er machte sich lächerlich — aber vergebens! Am Ende erfaßt ihn vielleicht der Wahnsinn der Verzweiflung und er zerschellt sein Haupt an der Welt, und er und die Welt zertrümmern.

Jede Religion gewährt auf ihre Art Trost im Unglück. Bei den Juden die Hoffnung: „Wir sind in der Gefangenschaft, Jehovah zürnt uns, aber er schickt einen Retter.“ Bei den Mohammedanern Fatalismus: „Keiner entgeht seinem Schicksal, es steht oben geschrieben auf Steintafeln, tragen wir das Verhängte mit Ergebung, Allah il Allah!“ Bei den Christen spiritualistische Verachtung des Angenehmen und der Freude, schmerzsüchtiges Verlangen nach dem Himmel, auf Erden Versuchung des Bösen, dort oben Belohnung — Was bietet der neue Glauben?

Meyerbeer ist ganz Jude geworden. Wenn er wieder nach Berlin in seine früheren Verhältnisse zurücktreten will, muß er sich erst taufen lassen.

Die Schere, welche die Bärte der Juden in Polen abschneidet, ist dieselbe, womit in der Conciergerie dem Ludwig Capet die Haare abgeschnitten wurden, es ist die Schere der Revolution, ihre Zensurschere, womit sie nicht einzelne Phrasen oder Artikel, sondern den ganzen Menschen, ganze Zünfte, ja ganze Völker aus dem Buche des Lebens schneidet.

Es war grausam von den Russen, den polnischen Juden das Schubbez zu nehmen — sie brauchten kein Hemd darunter zu tragen, es war so bequem zum Kratzen! — und die Bärte — die Hauptsache war: er selber ging so hinterher! — und die Pajes, die heiligen Schläfenlocken, ihren einzigen Stolz!

Wieviel höher steht die Frau bei Moses als bei den andern Orientalen oder als noch bis auf den heutigen Tag bei den Mohammedanern! Diese sagen bestimmt, daß die Frau nicht einmal ins Paradies kommt; Mohammed hat sie davon ausgeschlossen. Glaubte er etwa, daß das Paradies kein Paradies mehr sei, wenn jeder seine Frau dort wiederfände?

Die wahnsinnige Jüdin, die das Jahrzeitlämpchen des Kindes wiegt.

★

Der Zweck heiligt die Mittel. Hat doch der liebe Gott selbst, als er auf dem Berg Sinai sein Gesetz promulgierte, nicht verschmäht, bei dieser Gelegenheit tüchtig zu blitzen und zu donnern, obgleich das Gesetz so vortrefflich, so göttlich gut war, daß es füglich aller Zutat von leuchtendem Kolophonium und donnernden Paukenschlägen entbehren konnte. Aber der Herr kannte sein Publikum, das mit seinen Ochsen und Schafen und aufgesperrten Mäulern unten am Berge stand, und welchem gewiß ein physikalisches Kunststück mehr Bewunderung einflößen konnte als alle Mirakel des ewigen Gedankens.

⋆

Es herrscht eine Solidarität der Generationen, die aufeinanderfolgen, ja die Völker, die hintereinander in die Arena treten, übernehmen eine solche Solidarität, und die ganze Menschheit liquidiert am Ende die große Hinterlassenschaft der Vergangenheit. Im Tale Josaphat wird das große Schuldbuch vernichtet werden oder vielleicht vorher noch durch einen Universalbankrott.

Der Gesetzgeber der Juden hat diese Solidarität tief erkannt und besonders in seinem Erbrecht sanktioniert; für ihn gab es vielleicht keine individuelle Fortdauer nach dem Tode, und er glaubte nur an die Unsterblichkeit der Familie; alle Güter waren Familieneigentum, und niemand konnte sie so vollständig alienieren, daß sie nicht zu einer gewissen Zeit an die Familienglieder zurückfielen.

Einen schroffen Gegensatz zu jener menschenfreundlichen Idee des mosaischen Gesetzes bildet das römische, welches ebenfalls im Erbrechte den Egoismus des römischen Charakters bekundet.

⋆

Mein Vater selbst war sehr einsilbiger Natur, sprach nicht gern, und einst als kleines Bübchen, zur Zeit, wo ich die Werkeltage in der öden Franziskanerklosterschule, jedoch die Sonntage zu Hause zubrachte, nahm ich hier eine Gelegenheit wahr, meinen Vater zu befragen, wer mein Großvater gewesen sei. Auf diese Frage antwortete er halb lachend, halb unwirsch: „Dein Großvater war ein kleiner Jude und hatte einen großen Bart."

Den andern Tag, als ich in den Schulsaal trat, wo ich bereits meine kleinen Kameraden versammelt fand, beeilte ich mich sogleich, ihnen die wichtige Neuigkeit zu erzählen: daß mein Großvater ein kleiner Jude war, welcher einen langen Bart hatte.

Kaum hatte ich diese Mitteilung gemacht, als sie von Mund zu Mund flog, in allen Tonarten wiederholt ward, mit Begleitung von nachgeäfften

Tierstimmen. Die Kleinen sprangen über Tische und Bänke, rissen von den Wänden die Rechentafeln, welche auf den Boden purzelten nebst den Tintenfässern, und dabei wurde gelacht, gemeckert, gegrunzt, gebellt, gekräht — ein Höllenspektakel, dessen Refrain immer der Großvater war, der ein kleiner Jude gewesen und einen großen Bart hatte.

Der Lehrer, welchem die Klasse gehörte, vernahm den Lärm und trat mit zornglühendem Gesichte in den Saal und fragte gleich nach dem Urheber dieses Unfugs. Wie immer in solchen Fällen geschieht: ein jeder suchte kleinlaut sich zu diskulpieren, und am Ende der Untersuchung ergab es sich , daß ich Ärmster überwiesen ward, durch meine Mitteilung über meinen Großvater den ganzen Lärm veranlaßt zu haben, und ich büßte meine Schuld durch eine bedeutende Anzahl Prügel.

★

Da ich mich immer einer guten Gesinnung und eines ebenso guten Stiles beflissen, so genieße ich die Genugtuung, daß ich es wagen darf, unter dem anspruchvollen Namen „Denkworte“ die vorstehenden Blätter hier mitzuteilen, obgleich sie anonym für das Tagesbedürfnis der „Augsburger Allgemeinen Zeitung“ bereits vor zehn Jahren geschrieben worden. Seit jener Zeit hat sich vieles in Deutschland verändert, und auch die Frage von der bürgerlichen Gleichstellung der Bekenner des mosaischen Glaubens, die gelegentlich in obigen Blättern besprochen ward, hat seitdem sonderbare Schicksale erlitten. Im Frühling des Jahres 1848 schien sie auf immer erledigt, aber wie mit so vielen andern Errungenschaften aus jener Blütezeit deutscher Hoffnung, mag es jetzt in unserer Heimat auch mit besagter Frage sehr rückgängig aussehen. und an manchen Orten soll sie sich wieder, wie man mir sagt, im schmachvollsten statu quo befinden. Die Juden dürften endlich zur Einsicht gelangen, daß sie erst dann wahrhaft emanzipiert werden können, wenn auch die Emanzipation der Christen vollständig erkämpft und sichergestellt worden. Ihre Sache ist identisch mit der des deutschen Volkes, und sie dürfen nicht als Juden begehren, was ihnen als Deutschen längst gebührte.

★

Warum muß der Gerechte soviel leiden auf Erden? . . . Das Buch Hiob löst nicht diese böse Frage. Im Gegenteil, dieses Buch ist das Hohelied der Skepsis, und es zischen und pfeifen darin die entsetzlichen Schlangen ihr ewiges: Warum? Wie kommt es, daß bei der Rückkehr aus Babylon die fromme Tempelarchivkommission, deren Präsident Esra war, jenes Buch in den Kanon der heiligen Schriften aufgenommen?

Ich habe mir oft diese Frage gestellt. Nach meinem Vermuten taten solches jene gotterleuchteten Männer nicht aus Unverstand, sondern weil sie in ihrer hohen Weisheit wohl wußten, daß der Zweifel in der menschlichen Natur tief begründet und berechtigt ist, und daß man ihn also nicht täppisch ganz unterdrücken, sondern nur heilen muß. Sie verfuhren bei dieser Kur ganz homöopathisch, durch das gleiche auf das gleiche wirkend, aber sie gaben keine homöopathisch kleine Dosis, sie steigerten vielmehr dieselbe aufs ungeheuerste, und eine solche überstarke Dosis von Zweifel ist das Buch Hiob; dieses Gift durfte nicht fehlen in der Bibel, in der großen Hausapotheke der Menschheit. Ja, wie der Mensch, wenn er leidet, sich ausweinen muß, so muß er sich auch auszweifeln, wenn er sich grausam gekränkt fühlt in seinen Ansprüchen auf Lebensglück; und wie durch das heftigste Weinen, so entsteht auch durch den höchsten Grad des Zweifels, den die Deutschen so richtig die Verzweiflung nennen, die Krisis der moralischen Heilung. — Aber wohl demjenigen, der gesund ist und keiner Medizin bedarf!

★

AN JOSEPH LEHMANN

Paris, 5. Oktober 1854

Ich gebe meine Werke auf französisch bei Michel Levy frères heraus, die man mir als Verleger empfahl. Ich hatte die Wahl zwischen ihnen und einem andern Verleger, der ein ehemaliger Bonnetier, d. h. baumwollener Nachtmützenfabrikant war, und ich gab ersteren den Vorzug, vielleicht weil sie vom Stamme Levy. Ich glaube, daß Herr Levy darum nicht minder ein ehrlicher Mann ist und mein Vertrauen verdient, und wenigstens ich, sollte ich mich auch zu meinem größten Schaden irren, ich darf vom alten Vorurteil gegen die Juden mich nicht leiten lassen. Ich glaube, wenn man sie Geld verdienen läßt, so werden sie wenigstens dankbar sein und uns weniger übervorteilen als ihre christlichen Kollegen. Eine große Zivilisation des Herzens blieb durch eine ununterbrochene Tradition von zwei Jahrtausenden. Ich glaube, sie konnten deshalb auch so schnell teilnehmen an der europäischen Kultur, weil sie eben in betreff des Gefühls nichts zu erlernen hatten und nur das Wissen sich anzueignen brauchten.

★

AN BETTY ROTHSCHILD

Paris, 10. Dezember 1855

Nichts ist mir mehr zuwider wie jene üblichen Kondolenzen, jene grausame barbarische Sitte, wo es dem ersten besten erlaubt ist, zu jeder beliebigen Stunde den Verband von unseren Wunden abzureißen und unsern Schmerz durch nichtssagende Redensarten aufzustacheln. Solches tröstlich wimmernde lauwarme Trostgeschwätze ist mir weit fataler als das laute Geheul der heidnischen Totenklage, und ich sehe hier, wie echt menschlich, wie gefühlvoll zartsinnig dagegen der fromme Gebrauch der alten Juden ist, die sich schweigend zu dem Leidtragenden niedersetzten und nach einer Weile, ebenfalls ohne ein Wort zu sagen, wieder fortgehen!

★

FÜR DIE MOUCHE

Es träumte mir von einer Sommernacht
Wo bleich, verwittert, in des Mondes Glanze
Bauwerke lagen, Reste alter Pracht,
Ruinen aus der Zeit der Renaissance.

Nur hie und da, mit dorisch ernstem Knauf,
Hebt aus dem Schutt sich einzeln eine Säule,
Und schaut ins hohe Firmament hinauf,
Als ob sie spotte seiner Donnerkeile.

Gebrochen auf dem Boden liegen rings
Portale, Giebeldächer mit Skulpturen,
Wo Mensch und Tier vermischt, Zentaur und Sphinx,
Satyr, Chimäre — Fabelzeitfiguren.

Es steht ein offner Marmorsarkophag
Ganz unverstümmelt unter den Ruinen,
Und gleichfalls unversehrt im Sarge lag
Ein toter Mann mit leidend sanften Mienen.

Karyatiden mit gerecktem Hals,
Sie scheinen mühsam ihn emporzuhalten.
An beiden Seiten sieht man ebenfalls
Viel basrelief gemeißelte Gestalten.

Hier sieht man des Olympos Herrlichkeit
Mit seinen liederlichen Heidengöttern,
Adam und Eva stehn dabei, sind beid'
Versehn mit keuschem Schurz von Feigenblättern.

Hier sieht man Trojas Untergang und Brand,
Paris und Helena, auch Hektor sah man;

AUS DER MATRATZENGRUFT (1849—1856)

ZWISCHEN TAUFE UND EXIL (1825—1831)

ziner Bruder Thomas und mit ihm sein Bedienter. Der vermißte Mönch hatte seit 1806 in Damaskus gelebt und sich mit Pockenimpfung an Kindern aller Konfessionen befaßt. Merlato schildert den Mönch, der sich ein großes Vermögen erworben hatte, als geizig, leichtsinnig, unmäßig, aber bei der Bevölkerung beliebt. Der Verdacht der Ermordung wurde vom französischen Konsulat aus auf die Juden gelenkt, denen durch die Folter Geständnisse abgepreßt wurden. Der Prozeß erregte in Europa großes Aufsehen, Robert Peel interpellierte die englische Regierung im Parlament, auch O'Connel setzte sich für die Juden ein. Montefiore wurde vor seiner Abreise nach Damaskus, wohin er sich zur Unterstützung seiner Glaubensgenossen begab, von einer großen Versammlung der Londoner City gefeiert, auch Cremieux erlebte auf seiner Reise vielfache Ehrungen. Montefiore und Cremieux setzten es durch, daß die überlebenden Angeklagten durch einen Ferman Mehemed Alis in Freiheit gesetzt wurden. Vgl. über diese Ereignisse, die ähnliche Verfolgungen der Juden in Rhodos nach sich zogen: L. H. Loewenstein: Damascia, Die Judenverfolgung zu Damaskus und ihre Wirkungen auf die öffentliche Meinung; Rödelheim 1840 und „Stimmen berühmter Christen über den Damaszener Blutprozeß", 1843.

S. 158. Ja, sogar die Juden sollen. — Nach Fanny Lewalds Mitteilung hat Heine diese Stelle einem übrigens sehr verständigen und liberalen Manne nachgedichtet, mit dem er in Göttingen verkehrt hat. Dieser war Apotheker und forderte für die Juden volle Gleichberechtigung, nur Apotheker dürften sie nicht werden.

S. 163. Endlich kam ein Wiedehopf. — Vgl. Ludwig Marcus, Denkworte, S. 172.

S. 165. Das neue Israelitische Hospital. — Das Hospital, eine Stiftung Salomon Heines, ist 1842 eröffnet worden.

S. 167. Die steinernen Häuser schauten mich an. — In der Buchausgabe hat Heine für „Judenhasse" „Glaubenshasse" eingesetzt.

N.B Die in Kursiv gesetzten Worte hinter den Seitenzahlen sind die Anfänge oder die Titel der Stücke, auf die sich die Anmerkungen beziehen.

★

INHALTSVERZEICHNIS

S. 13. Brief an Wohlwill. — Mit Immanuel Wolf, genannt Wohlwill (1799—1848), dem späteren Leiter der Jacobson-Schule in Seesen, ist Heine durch den „Verein für Kultur und Wissenschaft der Juden" bekannt geworden (s. Anmerkung zu S. 19). — Leopold Zunz (1794—1886), einer der hervorragendsten Vertreter der Wissenschaft des Judentums in Deutschland. Mitbegründer des „Vereins für Kultur und Wissenschaft der Juden" (s. auch Ludwig Marcus, Denkworte, S. 173).

S. 14. Brief an Wohlwill. — Ludwig Marcus (1796—1844) s. Ludwig Marcus, Denkworte, S. 170. — Das Edikt vom 11. März 1812, das den Juden in Preußen bürgerliche Rechte gewährte, wurde 1823 teilweise wieder aufgehoben. — Moses Moser (1796—1838), einer der intimsten Freunde Heines, Anhänger der jüdischen Kultusreform, einer der drei Begründer des „Vereins für Kultur und Wissenschaft der Juden" (s. auch Ludwig Marcus, Denkworte, S. 174). — Eduard Gans (1798—1839). Hervorragender Jurist und Rechtsphilosoph, einer der drei Begründer des „Vereins für Kultur und Wissenschaft der Juden", aber schon 1825, kurz vor Heine, getauft (s. auch Ludwig Marcus, Denkworte, S. 174). — David Friedländer hatte an Elise von der Recke ein Sendschreiben gerichtet: „Beitrag zur Geschichte der Verfolgung der Juden im 19. Jahrhundert durch Schriftsteller", Berlin 1820.

S. 15. Brief an Moser, Mai 1823. — Ganstown. Mardochai Manual Noah, „Bürger der Vereinigten Staaten Amerikas, vormals Konsul dieser Staaten in Tunis, high sheriff in New-York, Justizrat und durch Gottes Gnade Lenker und Richter in Israel", hatte einen Aufruf an die Juden der ganzen Erde erlassen, sich in einer von ihm zu gründenden Kolonie auf Grand Island zu sammeln; dort wollte er eine Stadt Ararat bauen, und die Juden sollten daselbst einen eigenen Staat im Vollgenuß der amerikanischen Freiheit unter seiner Leitung bilden. Er hatte Gans und Zunz zur Verbreitung dieses Aufrufes in Deutschland ermächtigt.

S. 16. Brief an Moser v. 18. Juni 1823. — J. Rubo (1794—1866), Syndikus der Jüdischen Gemeinde, Mitglied des „Vereins für Kultur und Wissenschaft der Juden". — J. M. Jost (1793—1860), Verfasser einer seinerzeit viel gelesenen „Geschichte des Judentums und seiner Sekten". — Joseph Lehmann (1801—1873), Mitglied des „Vereins für Kultur und Wissenschaft der Juden", Begründer des „Magazins für Literatur". — Auerbach (s. Anmerkung zu S. 17).

S. 16. Brief an Moser v 23. Aug. 1823. — Der Berliner Historiker Chr. Fr. Rühs bekämpfte die Ansprüche der Juden auf politische und soziale Gleichberechtigung („Die Rechte des Christentums und des deutschen Volkes, verteidigt gegen die Ansprüche der Juden und ihrer Verfechter", Berlin 1816); ebenso der Jenenser Philosoph Jacob Friedrich Fries („Über die Gefährdung des Wohlstandes und Charakters des deutschen Volkes durch die Juden", Leipzig 1816).

S. 17. — Gustav Gerson Cohen, Zuckermakler in Hamburg, eifriger Anhänger der jüdischen Tempelreform, Freund Salomon Heines. — Gotthold Salomon (1789—1862), Prediger am reformjüdischen Tempel in Hamburg. — Eduard Kley (1789—1867), Amtsgenosse Salomons, vorher Prediger in Berlin. — Monas, Spitzname für Immanuel Wohlwill. — Isaak Bernays, Rabbiner der orthodoxen Synagoge in Hamburg. — Auerbach I und II: J. L. Auerbach, liberaler Rabbiner, und Baruch Auerbach, Direktor der jüdischen Gemeindeschule in Berlin. Die Abneigung Heines richtete sich besonders gegen J. L. Auerbach. — Cartouche: berüchtigter Verbrecher. — Steinweg: Hamburger Straße, in der zu Heines Zeit viele Juden wohnten.

S. 18. Brief an Moser v. 27. Sept. 1823. — Salomon Heine (1767—1844), Oheim Heinrich Heines, bekannter Finanzmann und Philanthrop.

S. 19. Brief an Moser v. 30. Sept. 1823. — „Verein für Kultur und Wissenschaft der Juden", begründet 1819 von Gans, Moser und Zunz. Weitere Mitglieder waren: Heinrich Heine, Joseph Lehmann, Rubo, Immanuel Wohlwill, Ludwig

Marcus von Jüngeren, von den Älteren: David Friedländer, Israel Jacobson, Lazarus Bendavid u. a. Vgl. Heines Ausführungen in „Ludwig Marcus, Denkworte", S. 175).

S. 20. Brief an Moser. — Das Anliegen betrifft Gustav Heine. — Israel Jacobson (1768—1828), Kammeragent des Herzogs von Braunschweig, jüdischer Reformer und Philanthrop.

S. 20. Donna Clara. — Vgl. Brief an Moses Moser vom 5. November 1823 (S. 23) und Brief an Ludwig Robert vom 27. November 1823 (S. 24).

S. 24. Brief an Robert. — Ludwig Robert (1778—1832), Rahels Bruder, verheiratet mit Friederike, geb. Braun, Schriftsteller.

S. 25. Briefe an Moser. — Michael Beer (1800—1833), Bruder des Komponisten Meyerbeer, dramatischer Schriftsteller, Verfasser des Trauerspiels „Der Paria".

S. 27. Brief an Moser v. 25. Juni 1824. — Caholach Manga, richtig transkribiert: k'ho lachma anja; Anfangsworte eines aramäischen Spruches aus der Pessachhagadah auf die drei Mazzoth beim Sederfest. — Benjamin von Tudela machte 1159—1173 eine Reise von Saragossa über Frankreich, Italien und Griechenland nach Palästina, durchstreifte dann Persien und Mittelasien bis nach China und kehrte über den Indischen Ozean und Ägypten nach Spanien zurück. Sein Reisebericht erschien hebräisch 1543 in Konstantinopel und wurde in viele Sprachen übersetzt. Heine benutzte die französische Übersetzung von Jean Philippe Baratier, Amsterdam 1734. Zunz gab 1840 eine wissenschaftliche Ausgabe heraus. — Schudt: „Jüdische Merkwürdigkeiten", Frankfurt a. M. 1717/18.

S. 27. Brief an Moser v. 20. Juli 1824. — Lazarus Bendavid (1762—1832), ein Jünger Mendelssohns und eifriger Kantianer, Mitglied des „Vereins für Kultur und Wissenschaft der Juden" (s. auch Ludwig Marcus, Denkworte, S. 173). — Saul Ascher (1767—1822), Buchhändler und populär-philosophischer Schriftsteller, Anhänger der gemäßigten Reform. — Pius Alexander Wolff und Auguste Stich-Crelinger, Schauspieler in Berlin.

S. 28. Brief an Moser v. 25. Okt. 1824. — Histoire de la réligion des juifs depuis Jesus-Christ jusqu'à présent par Jacques Basnage de Beauval. Rotterdam 1707. Heine rühmt wiederholt die Unparteilichkeit Basnages.

S. 31. Brief an Charlotte Embden. — Mitteilung über den Taufakt.

S. 32. — Heines Taufe hat seiner Arbeit am „Rabbi von Bacherach" eine Wendung gegeben, die nicht im ursprünglichen Plan der Dichtung vorgesehen war. Die beiden ersten Kapitel des Romans, die an dieser Stelle zum Abdruck gelangen, wurzeln noch in der Stimmung, deren Höhepunkt das Widmungsgedicht (S. 29) ausdrückt. Heine hatte den „Rabbi von Bacherach" schon weiter ausgeführt, vielleicht sogar schon die Handlung zu einem Abschluß geführt, aber noch nicht zur Druckreife durchgearbeitet. Dieses Manuskript ist bei einem Brande im Hause von Heines Mutter vernichtet worden. Das in ganz anderer Stimmung später verfaßte dritte Kapitel des Romans folgt S. 131.

S. 64. Brief an Christiani. — Rudolf Christiani, von Heine als „Goetheaner", später als „Mirabeau der Lüneburger Heide" angeulkt, hatte Heine an den Hamburger Rechtsanwalt Dr. Halle empfohlen, der dann Therese Heine heiratete und zu den eifrigsten Gegnern des Dichters in der Familie gehörte.

S. 65. Einem Abtrünnigen. — Wahrscheinlich auf Eduard Gans gemünzt, kurz nach dessen Übertritt entstanden, aber in der vorliegenden Form wohl später überarbeitet.

S. 67. Ich rate aber. — Symbolische Entschuldigung der Taufe.

S. 114. Brief an Lewald. — August Lewald, Schriftsteller (1792—1871); für ihn schrieb Heine die „Briefe über die französische Bühne".

S. 145 Die Verdächtigung. — Karl Rosenkranz (1805—1879), Schüler Hegels.

S. 148. Damaskus-Briefe — Nach dem Bericht des österreichischen Konsuls Merlato in Damaskus vom 23. März 1840 verschwand am 5. Februar d. J. plötzlich der Kapu-

ANMERKUNGEN
INHALTSVERZEICHNIS

ANMERKUNGEN

Am Schluß des Manuskriptes der „Wünnebergiade", der ersten selbständigen Dichtung, die von Heine erhalten ist und wohl noch aus seiner Düsseldorfer Schulzeit stammt, findet sich die Strophe:

> Aber, der euch dies erzählet,
> Wundert euch, das ist ein Jude,
> Und er hat ein Schwein besungen
> Aus purer Toleranz.

Diese Strophe ist aber von anderer Hand hinzugefügt. Heines Verfasserschaft steht nicht fest.

S. 7. Brief an Sethe v. 6. Juli 1816. — Christian Sethe (1798—1857) war Heines Schulfreund. Ihm sind Heines „Freskosonette" gewidmet. — Joseph Levy, Mitschüler Heines und Sethes auf dem Düsseldorfer Lyzeum, war der Sohn eines als Wucherer berüchtigten Kornhändlers; er wurde von seinem Vater schlecht behandelt und wegen seines scheuen, exaltierten Wesens von den meisten Mitschülern gemieden. Heines Familie sah den Umgang mit Levy sehr ungern.

S. 7. Brief an Sethe v. 27. Okt. 1816. — Reflex der unglücklichen Liebe Heines zu seiner Kusine Amalie, Tochter Salomon Heines in Hamburg.

S. 8. Brief an Beughem. — Friedrich von Beughem, Jugendfreund Heines. — Mit dem Juden ist Heines Jugendfreund, der Mediziner Joseph Neunzig gemeint.

S. 8. Belsatzar. — Nach einer späteren Angabe Heines soll „Belsatzar" entstanden sein, bevor er noch das sechzehnte Jahr zurückgelegt hatte, und durch das hebräische Passahlied Wajhi bachazi halajlah angeregt sein. Das Gedicht ist aber schwerlich vor der Fühlungnahme mit Byrons Hebräischen Melodien entstanden.

S. 10. Brief an Keller. — Keller war damals Regierungsreferendar und veröffentlichte unter dem Namen „Hartmann vom Rhein" Aufsätze im Sinne eines gemäßigten Liberalismus.

S. 10. Zwischen dem Bauer. — Heines Angaben über den zahlenmäßigen Anteil der Juden an der Bevölkerung Polens fand in der „Zeitung für das Großherzogtum Posen" eine Erwiderung, die darauf hinwies, daß nach der offiziellen Zählung von 1821 der Anteil der Juden an der Bevölkerung nur $^1/_{15}$ ausmache. — David Friedländer (1750—1834), ein Jünger Moses Mendelssohns, eifriger Anhänger der Aufklärungs- und Reformbewegung unter den Juden, Verfasser zahlreicher Schriften über Rechtsgleichheit der Juden.

S. 13. Du bist wie eine Blume. — Dieses Gedicht soll sich nach Heinischer Familienüberlieferung auf ein armes jüdisches Mädchen aus Gnesen beziehen, das Heine in Berlin auf der Straße aufgefunden und aus seiner hilflosen Lage befreit hat.

S. 13. Brief an Embden. — Moritz Embden heiratete am 22. Juni 1823 Heines Schwester Charlotte.

Moses und Aaron gleich daneben stand,
Auch Esther, Judith, Holofern und Haman.

Desgleichen war zu sehn der Gott Amur,
Phöbus Apoll, Vulkanus und Frau Venus,
Pluto, Proserpina und Merkur,
Gott Bacchus und Priapus und Silenus.

Daneben stand der Esel Balaams
— Der Esel war zum Sprechen gut getroffen —
Dort sah man auch die Prüfung Abrahams
Und Lot, der mit den Töchtern sich besoffen.

Hier war zu schaun der Tanz Herodias',
Das Haupt des Täufers trägt man auf der Schüssel,
Die Hölle sah man hier und Satanas,
Und Petrus mit dem großen Himmelsschlüssel.

Abwechselnd wieder sah man hier skulpiert
Des geilen Jovis Brunst und Freveltaten,
Wie er als Schwan die Leda hat verführt,
Die Danae als Regen von Dukaten.

Hier war zu sehn Dianas wilde Jagd,
Ihr folgten hochgeschürzte Nymphen, Doggen,
Hier sah man Herkules in Frauentracht,
Die Spindel drehend hält sein Arm den Rocken.

Daneben ist der Sinai zu sehn,
Am Berg steht Israel mit seinen Ochsen,
Man schaut den Herrn als Kind im Tempel stehn
Und disputieren mit den Orthodoxen.

Die Gegensätze sind hier grell gepaart,
Des Griechen Lustsinn und der Gottgedanke
Judäas! Und in Arabeskenart
Um beide schlingt der Efeu seine Ranke.

Doch, wunderbar! Derweilen solcherlei
Bildwerke träumend ich betrachtet habe,
Wird plötzlich mir zu Sinn, ich selber sei
Der tote Mann im schönen Marmorgrabe.

Zu Häupten aber meiner Ruhestätt'
Stand eine Blume, rätselhaft gestaltet,
Die Blätter schwefelgelb und violett,
Doch wilder Liebreiz in der Blume waltet.

Das Volk nennt sie die Blum' der Passion
Und sagt, sie sei dem Schädelberg entsprossen,
Als man gekreuzigt hat den Gottessohn,
Und dort sein welterlösend Blut geflossen.

Blutzeugnis, heißt es, gebe diese Blum',
Und alle Marterinstrumente, welche
Dem Henker dienten bei dem Märtyrtum,
Sie trüge sie abkonterfeit im Kelche.

Ja, alle Requisiten der Passion
Sähe man hier, die ganze Folterkammer,
Zum Beispiel: Geisel, Stricke, Dornenkron',
Das Kreuz, den Kelch, die Nägel und den Hammer.

Solch eine Blum' an meinem Grabe stand,
Und über meinen Leichnam niederbeugend,
Wie Frauentrauer, küßt sie mir die Hand,
Küßt Stirne mir und Augen, trostlos schweigend.

Doch, Zauberei des Traumes! Seltsamlich,
Die Blum' der Passion, die schwefelgelbe,
Verwandelt in ein Frauenbildnis sich,
Und das ist Sie — die Liebste, ja Dieselbe!

Du warst die Blume, du geliebtes Kind,
An deinen Küssen mußt ich dich erkennen.
So zärtlich keine Blumenlippen sind,
So feurig keine Blumentränen brennen!

Geschlossen war mein Aug', doch angeblickt
Hat meine Seel' beständig dein Gesichte,
Du sahst mich an, beseligt und verzückt
Und geisterhaft beglänzt vom Mondenlichte!

Wir sprachen nicht, jedoch mein Herz vernahm,
Was du verschwiegen dachtest im Gemüte —

Das ausgesprochne Wort ist ohne Scham,
Das Schweigen ist der Liebe keusche Blüte.

Lautloses Zwiegespräch! Man glaubt es kaum,
Wie bei dem stummen, zärtlichen Geplauder
So schnell die Zeit verstreicht im schönen Traum
Der Sommernacht, gewebt aus Lust und Schauder.

Was wir gesprochen, frag es niemals, ach!
Den Glühwurm frag, was er dem Grase glimmert,
Die Welle frage, was sie rauscht im Bach,
Den Westwind frage, was er weht und wimmert.

Frag, was er strahlet, den Karfunkelstein,
Frag, was sie duften, Nachtviol' und Rosen —
Doch frage nie, wovon im Mondenschein
Die Marterblume und ihr Toter kosen!

Ich weiß es nicht, wie lange ich genoß
In meiner schlummerkühlen Marmortruhe
Den schönen Freudentraum. Ach, es zerfloß
Die Wonne meiner ungestörten Ruhe!

O Tod! mit deiner Grabesstille, du,
Nur du kannst uns die beste Wollust geben;
Den Krampf der Leidenschaft, Lust ohne Ruh',
Gibt uns für Glück das albern rohe Leben!

Doch wehe mir! Es schwand die Seligkeit,
Als draußen plötzlich sich ein Lärm erhoben;
Es war ein scheltend, stampfend wüster Streit,
Ach, meine Blum' verscheuchte dieses Toben!

Ja, draußen sich erhob mit wildem Grimm
Ein Zanken, ein Gekeife, ein Gekläffe;
Ich glaubte zu erkennen manche Stimm' —
Es waren meines Grabmals Basrelieffe.

Spukt in dem Stein der alte Glaubenswahn?
Und disputieren diese Marmorschemen?
Der Schreckensruf des wilden Waldgotts Pan
Wetteifernd wild mit Mosis Anathemen!

O, dieser Streit wird enden nimmermehr,
Stets wird die Wahrheit hadern mit dem Schönen,
Stets wird geschieden sein der Menschheit Heer
In zwei Partein: Barbaren und Hellenen.

Das fluchte, schimpfte! Gar kein Ende nahm's
Mit dieser Kontroverse, der langweil'gen,
Da war zumal der Esel Balaams,
Der überschrie die Götter und die Heil'gen!

Mit diesem I—a, I—a, dem Gewiehr,
Dem schluchzend ekelhaften Mißlaut, brachte
Mich zur Verzweiflung schier das dumme Tier,
Ich selbst zuletzt schrie auf — und ich erwachte.

*